Daniel Burgwinkel (Hrsg.)

Blockchain Technology

Weitere empfehlenswerte Titel

Information Governance
D. Burgwinkel, 2017
ISBN 978-3-11-044369-1, e-ISBN 978-3-11-044526-8,
e-ISBN (EPUB) 978-3-11-043623-5, Set-ISBN 978-3-11-044527-5

Informatik und Gesellschaft
A. Kienle, G. Kunau, 2014
ISBN 978-3-486-73597-0, e-ISBN 978-3-486-78145-8,
e-ISBN (EPUB) 978-3-486-99058-4

Vernetzte Organisation
A. Richter (Hrsg.), 2014
ISBN 978-3-486-74728-7, e-ISBN 978-3-486-74731-7,
e-ISBN (EPUB) 978-3-486-98956-4, Set-ISBN 978-3-486-98957-1

Kooperation von Rechenzentren
D. von Suchodoletz et al. (Hrsg.), 2016
ISBN 978-3-11-045888-6, e-ISBN 978-3-11-045975-3,
e-ISBN (EPUB) 978-3-11-045895-4, Set-ISBN 978-3-11-045976-0

Blockchain Technology

Einführung für Business- und IT Manager

Herausgegeben von Daniel Burgwinkel

DE GRUYTER
OLDENBOURG

Herausgeber
Dr. Daniel Burgwinkel
Blockchain Advisory
Neuhausstr. 30
4057 Basel
Schweiz
daniel.burgwinkel@blockchain.jetzt
www.blockchain.jetzt

ISBN 978-3-11-048731-2
e-ISBN (PDF) 978-3-11-048895-1
e-ISBN (EPUB) 978-3-11-048751-0
Set-ISBN 978-3-11-048896-8

Library of Congress Cataloging-in-Publication Data
A CIP catalog record for this book has been applied for at the Library of Congress.

Bibliografische Information der Deutschen Nationalbibliothek
Die Deutsche Nationalbibliothek verzeichnet diese Publikation in der Deutschen Nationalbibliografie; detaillierte bibliografische Daten sind im Internet über http://dnb.dnb.de abrufbar.

Einbandabbildung: ublubachka/iStock/thinkstock
Druck und Bindung: CPI books GmbH, Leck
♾ Gedruckt auf säurefreiem Papier
Printed in Germany

MIX
Papier aus verantwortungsvollen Quellen
FSC® C083411
www.fsc.org

www.degruyter.com

Inhalt

Vorwort

In der Wirtschaftspresse und in der Startup-Community wird intensiv über zukünftige Anwendungsfelder der Blockchain-Technologie diskutiert. Das vorliegende Buch führt Business- und IT Manager in die neue Technologie Blockchain ein und dient als Grundlage für ein dreitägiges Seminar, welches in Kooperation mit der Fachhochschule Nordwestschweiz durchgeführt wird. Folgende Ziele werden hier verfolgt:

- **Blockchaintechnologie und deren Funktionsweise verstehen:** In den Beiträgen von Daniel Burgwinkel und Tarmo Ploom wird die Funktionsweise sowohl aus Business- und IT Sicht erläutert.
- **Aktuelle Blockchain-Plattformen verstehen und beurteilen:** Im Kapitel von Romeo Kienzler wird die Plattform Hyperledger vorgestellt.
- **Einsatzgebiete von Blockchaintechnologie kennen und verstehen:** Michael Merz erläutert die Potenziale im Energiesektor und Martin Ploom beschreibt Einsatzgebiete in der Finanzindustrie.
- **Potential und Auswirkungen von Blockchains auf das eigene Unternehmensumfeld erkennen und übertragen:** Anhand von Checklisten unterstützt Daniel Burgwinkel die Konzeption von Blockchainanwendungen. Bruno Wildhaber beschreibt in seinem Beitrag die Rolle des Vertrauens im Kontext Blockchain. Vladimir Tosovic nimmt den aktuellen Fall des Hackerangriffes auf das Crowdfundingprojektes „DAO“ zum Anlass um Potenziale und Grenzen von Smart Contracts zu beschreiben.

Der Markt und die Blockchain-Technologie entwickeln sich dynamisch. Daher werden wir auf der Website www.blockchain.jetzt und auf der Verlagswebsite www.degruyter.com Zusatzmaterial und ergänzende Beiträge publizieren. Somit versteht sich das vorliegende Buch als Startpunkt für neue Diskurse und soll den Einstieg in das Thema für den deutschsprachigen Leser erleichtert.

Ich bedanke mich bei meinem Autoren Michael Merz, Romeo Kienzler, Martin Ploom, Tarmo Ploom, Vladimir Tosovic und Bruno Wildhaber für Ihre Beiträge. Gerne steht das Autorenteam bei Fragen und Anregungen zur Verfügung.

Basel, im September 2016

Dr. Daniel Burgwinkel

Daniel Burgwinkel

Blockchaintechnologie und deren Funktionsweise verstehen

1 Einleitung

Dieses Kapitel führt in die grundlegenden Begriffe der Blockchain-Technologie ein und zeigt auf für welche Einsatzgebiete Blockchain-Plattformen genutzt werden können.

Das Thema Blockchain wird zurzeit intensiv sowohl von Business- als auch IT Managern diskutiert. Businessmanager sehen neue disruptive Geschäftsmodelle und die Technologie fasziniert IT-Fachleute, die über die digitale Währung Bitcoin erste Erfahrungen sammeln durften. Stand 2016 analysieren globale Banken und Fintech-Startups neue Anwendungsfelder wie elektronische Handelssysteme oder digitale Zahlungssysteme auf Basis dieser Technologie. Sowohl Fachpresse, wie der Economist [1] und das Handelsblatt [2], als auch Trendforscher, wie das World Economic Forum [3], sehen in der Blockchain-Technologie einen zukunftsweisenden Trend.

Auch die globalen IT-Unternehmen IBM [4] und Microsoft [5] haben die Bedeutung der Blockchain Technologie erkannt und neue Blockchain-Services auf ihren Cloud-Plattformen eingeführt.

Mit dem Begriff Blockchain wird ein technisches Konzept bezeichnet, welches Daten nicht in einer zentralen Datenbank, sondern verteilt auf den Systemen der Nutzer mithilfe von kryptographischer Verfahren speichert. Das Wort „Blockchain" wurde gewählt, da die Daten in einzelnen Blöcken gespeichert werden, welche dann verteilt auf den Systemen der Netzwerkteilnehmer abgelegt werden und die Reihenfolge der Blöcke anhand einer Kette dokumentiert wird. Im Verlauf dieses Kapitels werden wir das Prinzip näher erläutern.

Obwohl dies nur ein technisches Konzept ist, sind Experten der Meinung, dass dieser Ansatz die Geschäftsmodelle in verschiedensten Branchen revolutionieren wird. Will man diese Technologie für ein Einsatzgebiet nutzen so stellen sich folgende Fragen:
- Welche Anwendungen und Use Cases lassen sich auf Basis Blockchain realisieren?
- Welche Daten lassen sich sinnvoll in Blockchains abspeichern?
- Welche Transaktionen können sinnvoll durch Blockchains unterstützt werden?
- Welche technischen Restriktionen gibt es?

Die neue Technologie Blockchain, die zum Beispiel für Bitcoin verwendet wird, hat das Potential die Geschäftsmodelle in allen Branchen zu verändern. Blockchains ermöglichen Banken neue Modelle für den Handel- und Zahlungsverkehr während Industrieunternehmen den Einsatz im Bereich Internet-of-Things (IoT) erforschen. Blockchains werden bereits heute produktiv im eHealth und eGoverment in anderen Ländern eingesetzt. Experten gehen davon aus, dass die Blockchaintechnologie in allen Branchen neue Geschäftsmodelle ermöglicht, welche im Wettbewerb zu etablierten Unternehmen stehen.

2 Grundlegende Begriffe im Kontext Blockchain

Beginnt man sich in das Thema Blockchain einzulesen, so stößt man auf eine Vielzahl von Pressemeldungen und Fachartikeln. Die Meinungen schwanken zwischen Euphorie und der Ankündigung des Untergangs und sind typischerweise nach dem folgenden Schema aufgebaut:
- „Startup X will mit Blockchain die Branche Y revolutionieren…"
- „Expertengruppe X hat Studie zum Einfluss von Blockchains auf den Wirtschaftszweig Y erarbeitet…"
- „Softwarehersteller X bietet eine Blockchain Plattform als Clouddienst an…"
- „Die Kryptopwährung X steigt von 1 Dollar auf 15 Dollar innerhalb von sechs Monaten…"
- „Börse für Kryptowährung X wurde durch einen Hacker angegriffen und Kurs der Währung fällt…"

Als Leser dieser Meldungen sollte man sich zuerst Klarheit schaffen, was der eigentliche Gegenstand ist:
- Handelt es sich um den Einfluss des Blockchainkonzeptes auf eine bestimmte Branche?
- Ist es ein konkreter Anwendungsfall (Use Case) der mit Blockchains gelöst wurde?
- Ist es eine Meldung über Blockchain Software, welche zur Programmierung genutzt werden kann?
- Ist es eine Meldung über eine Blockchain Plattform auf welcher Applikationen betrieben werden können?
- Ist es eine Blockchain im Kontext einer Kryptowährung?
- Oder ein Clouddienst, welcher Blockchain Software zur Verfügung stellt?

In der Presse und im Internet findet sich eine Vielzahl Artikeln die Funktionsweise von Blockchains erläutern. Für das grundlegende Verständnis ist es wichtig, folgende Begriffe zu unterscheiden:

- **Blockchain als technisches Konzept** in der Informatik, welches Methoden einsetzt die mehr als dreißig Jahre bekannt sind.
- **Blockchain Software**, die den Programmcode bereitstellt, um die kryptographischen Verfahren durchzuführen. In 2016 sind mehr als zwanzig verschiedene kommerzielle als auch Open-Source Softwareprodukte verfügbar.
- **Blockchain-Applikationen** zur Realisierung eines bestimmten Anwendungsfalles (Use Case). Typischerweise werden diese Applikationen mit Hilfe einer Blockchainsoftware bzw. auf einer Blockchain Plattform betrieben.
- **Blockchain-Plattformen**, welche eine ausgewählte Software nutzen und im Internet als Dienst betrieben werden, z.B. als offenes Peer-to-Peer Netzwerk oder als kommerzieller Dienst.
- **Blockchain-as-a-Service**, der in einer Cloud die erforderliche Software und Dienste zur Verfügung stellt. In diesen Angeboten kann eine ausgewählte Blockchain-Software auf virtuellen Rechnern in der Cloud betrieben werden.

Diese Zusammenhänge sind in der folgenden Abbildung dargestellt.

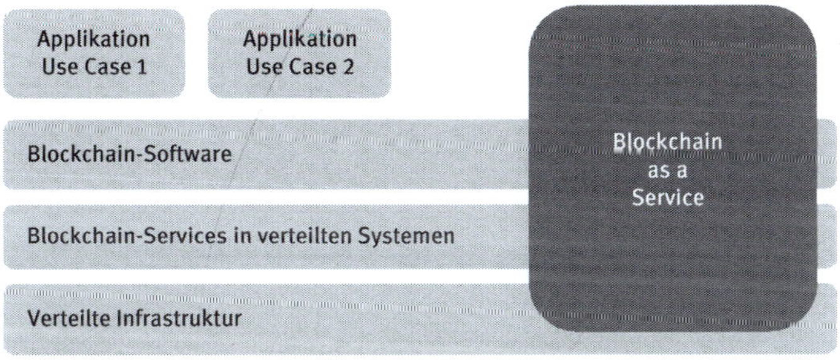

Abb. 1: Zusammenhang Blockchain Software, Plattform, Service

2.1 Das technische Grundkonzept von Blockchains

Für das vorliegende Buch führen wir folgende Definitionen ein:

Mit dem Begriff **Blockchain** wird ein technisches Konzept bezeichnet, welches einzelne Datensätze (z.B. Transaktionen) zu Blöcken zusammenfasst und mit Hilfe kryptografischer Verfahren die Datenintegrität gewährleistet.

Die **Blöcke sind miteinander sequentiell verkettet**, so dass die zeitliche Reihenfolge als auch die Datenintegrität des gesamten Datenbestandes sichergestellt ist. Eine Manipulation eines Datensatzes würde nachweisbar sein. Bei einer Blockchain werden neue Daten zu einem neuen Block zusammengefasst und dieser wird an die bestehende Blockchain angehängt.

Eine Blockchain kann entweder als einzelne Instanz betrieben werden oder wird als verteiltes System aufgebaut. Im **verteilten Ansatz** werden die Daten nicht in einer zentralen Datenbank gespeichert, sondern verteilt auf den Systemen der Netzwerkteilnehmer abgelegt und mithilfe von kryptographischer Verfahren die Integrität gewährleistet.

Um das Prinzip der Blockchain zu erläutern, wollen wir ein vereinfachtes Beispiel der Erzeugung einer Blockchain beschreiben. In den nachfolgenden Abschnitten werden wir dann auch komplexere Fälle beschreiben.

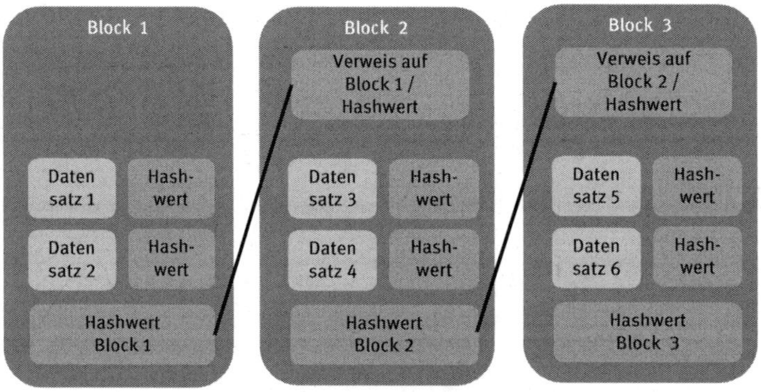

Abb. 2: Vereinfachtes Beispiel des Blockchain Prinzips

In Beispiel 1 wollen wir eine Blockchain erzeugen, die uns dabei unterstützt nachzuweisen, dass der Datensatz D1

- exakt zum Zeitpunkt T1 erzeugt wurde
- nicht nachträglich verändert wurde und
- und die Reihenfolge der Datensätze D1, D2, D3 etc. nicht manipuliert wurde.

In der folgenden Tabelle sind die Schritte aufgeführt:

Tab. 1: Beispiel 1 – Vereinfachtes Beispiel der Erzeugung einer Blockchain

Nr.	Aktion	Eingesetzte Methoden
1	Die einzelnen Datensätze werden von einer Applikation erzeugt, z.B. pro Sekunde werden zwei Datensätze erzeugt.	

Nr.	Aktion	Eingesetzte Methoden
2	Die Datensätze werden in einem Block zusammengefasst und Hashwerte (Prüfsummen) werden erzeugt.	Hashwert erzeugen
3	Die Daten und die Hashwerte werden zusammen mit der Nummer des Vorgängerblocks in Block Nr. 1 gespeichert.	Bildung eines Blocks
4	Im nächsten Block Nr. 2 wird auf Blockes 1 verwiesen und die neuen Datensätze hinzugefügt.	Verkettung der Blöcke
5	Die Blockchain, welche zurzeit aus Block 1 und Block 2 besteht, wird auf mehrere Rechner kopiert. Es existieren somit mehrere Kopien der Blockchain.	Kopieren der Blockchain auf mehrere Rechner

In diesem einfachen Beispiel wurde eine lange Datei (Blockchain) erzeugt, welche auf zwei Rechnersystemen gespeichert wurde. Im Beispiel 2 wollen wir das Grundprinzip um folgende Funktionen erweitern:

- Je nach Konzept können in der Blockchain die geschäftsrelevanten Informationen selber gespeichert werden (wie z.B. Transaktionsdaten) oder die Daten der Blockchain enthalten eine Referenz auf externe Daten, weil z.B. die Daten ein hohes Speichervolumen besitzen oder die Daten sehr vertraulich sind.
- Um zu vermeiden, dass die kryptografischen Berechnungen manipuliert werden setzt man auf eine Verteilung der Rechenkapazität. Je nach Consensus-Verfahren berechnen mehrere Rechner die Operationen, um sich dann auf ein Ergebnis zu einigen.
- Um einen Verlust der gesamten Daten in der Blockchain vorzubeugen wird die Blockchain kopiert und im Netzwerk auf die Systeme verteilt.

Tab. 2: Beispiel 2 – Vereinfachtes Beispiel der Erzeugung einer Blockchain

Nr.	Aktion	Eingesetzte Methoden
1	Die einzelnen Datensätze werden von einer Applikation erzeugt, z.B. pro Sekunde werden 10 Datensätze erzeugt.	
2a	Die Datensätze werden auf die verteilten Rechner übermittelt und jedes Rechnersystem (Knoten) führt die kryptographischen Funktionen aus. Der Knoten welcher den „Wettbewerb" gewinnt führt die Blockbildung aus.	– Verteilung der kryptographischen Berechnung auf verschiedene Rechner – Abstimmung durch einen Konsens-Algorithmus
2b	Falls die Blockchain mit einer Kryptowährung betrieben wird, wir dem Rechnerknoten (Miner) ein Betrag gutgeschrieben.	– Bezahlung der Miner mit einer Kryptowährung
2c	Die Datensätze werden in einem Block zusammengefasst und ein Hashwert erzeugt.	– Hashwert erzeugen

Nr.	Aktion	Eingesetzte Methoden
3	Die Daten, Hashwerte werden zusammen mit der Nummer des Vorgängerblocks in Block 1 gespeichert.	– Bildung eines Blocks
4	Im nächsten Block Nr. 2 wird der Hashwert des Blockes 1 gespeichert und wiederum der Hashwert der neuen 10 Datensätze errechnet.	– Verkettung der Blöcke
5	Die Blockchain, welche aus Block 1 und Block 2 besteht, wird auf verschiedene Rechner kopiert.	– Kopieren der Blockchain auf Rechner Nr. 2

Ein vielzitiertes Beispiel der Anwendung von Blockchains ist die Bitcoin-Blockchain, welche die Transaktionen im Peer-to-Peer Netzwerk Bitcoin speichert. Bei der Speicherung von Transaktionen werden zusätzliche Verfahren eingesetzt, wie z.B. die Verwendung von Adressen für die Teilnehmer. In dem vorliegenden Kapitel wollen wir nicht detaillierter auf die Transaktionen eingehen, sondern verweisen auf die zahlreichen Publikationen im Kontext Bitcoin, wie z.B. die Bitcoin Entwicklerdokumentation [6].

Um die verschiedenen Arten von Blockchains zu unterscheiden ist es jedoch wichtig zu verstehen, dass die Bitcoin-Blockchain als öffentliches Register, auch Kontobuch genannt (englischer Ausdruck „Ledger“) aufgebaut ist, in welches alle Teilnehmer Einblick haben. Die im Bitcoin-Netzwerk durchgeführten Zahlungen sind als Transaktionen mit Zeitstempeln dokumentiert. Mehre Einträge der Transaktionen werden zu einem Block zusammengefasst. Durch diese Dokumentation in der Blockchain (und weitere Mechanismen) wird vermieden, dass die Geldeinheiten doppelt ausgegeben werden. Ein Missbrauch z.B. durch Fälschung der Transaktionshistorie ist nachweisbar. Zudem wird die Ausfallsicherheit erhöht, da jeder Teilnehmer des Netzwerkes, welcher einen Knotenpunkt betreibt, eine Kopie der Blockchain speichert.

In diesem Einführungskapitel haben wir vier wichtige Gestaltungsvarianten von Blockchains angesprochen, welche in der unteren Tabelle aufgeführt sind. Weitere Merkmale und Unterschiede werden in den folgenden Kapiteln erläutert.

Tab. 3: Grundlegende Unterscheidungsmerkmale von Blockchains

Kriterium	Ausprägungen
Art der Verteilung der Rechnerknoten	– Blockchain auf einem Einzelrechner bzw. in einem geschlossen organisationsinternen Netzwerk (private Blockchain). – Blockchain auf verteilten Rechnern in einem öffentlichen Netzwerk (public Blockchain). – Blockchain auf verteilten Rechnern bei denen nur ausgewählte Rechnerknoten zugelassen sind (Consortium Blockchain, z.B. innerhalb einer Branche).

Kriterium	Ausprägungen
Daten in der Blockchain	– Die Nutzdaten (z.B. Transaktionen) werden in der Blockchain gespeichert. – Die Nutzdaten sind außerhalb der Blockchain gespeichert. Eine Referenz auf die Daten und die Hashwerte wird in der Blockchain gespeichert.
Einsatz einer Kryptowährung	– Keine Kryptowährung (z.B. Guardtime) – Einsatz einer Kryptowährung als Lohn für die Betreiber der Rechnerknoten (z.B. Bitcoin, Ethereum). – Einsatz einer Kryptowährung um Zahlungen zwischen Teilnehmern zu ermöglichen (z.B. Bitcoin, Ethereum).
Weitere Eigenschaften	Werden in nachfolgenden Kapiteln erläutert.

Bei diesen aufgeführten Unterscheidungsmerkmalen von Blockchains sind folgende Aspekte von Interesse:

- Das Blockchain-Konzept kann sowohl in einem **Einzelsystem**, z.B. in einem unternehmensinternen Archiv, eingesetzt werden oder in einem **verteilten Ansatz**, z.B. in einem Peer-to-Peer Netzwerk. Insbesondere im Finanzbereich werden diese neuen verteilten Ansätze intensiv diskutiert und der Begriff „Distributed Ledger" also eine Art „verteiltes Kontobuch" wird hierbei verwendet, um aufzuzeigen, dass die Datenhaltung in einem verteilten System erfolgt.
- Es gibt Blockchains, welche eine Kryptowährung verwenden und Blockchains die ohne diesen Ansatz konzipiert sind. Ein Kryptowährung wird zum einen eingesetzt, um die Betreiber der Rechenknoten für ihre Arbeitsleistung zu bezahlen und kann außerdem als Währung für Transaktionen und Zahlungen genutzt werden.

2.2 Blockchain Software

In den letzten Jahren sind verschiedene Blockchain Software Codes als freie oder kommerzielle Softwareprodukte auf den Markt gekommen. In einem einfachen Einsatzszenario lässt sich die Blockchain-Software auch als Einzelsystem betreiben, wie z.B. für ein Dokumentenarchivsystem, welches die Datenintegrität mit dem Blockchainprinzip gewährleistet.

Die wesentliche Innovation der neuen Implementierungen ist der Aspekt der Verteilung der Rechenkapazität und der Datenspeicherung in einem verteilten Netzwerk. Für die Koordination des verteilten Rechnens müssen Services im Netzwerk zur Verfügung gestellt werden:

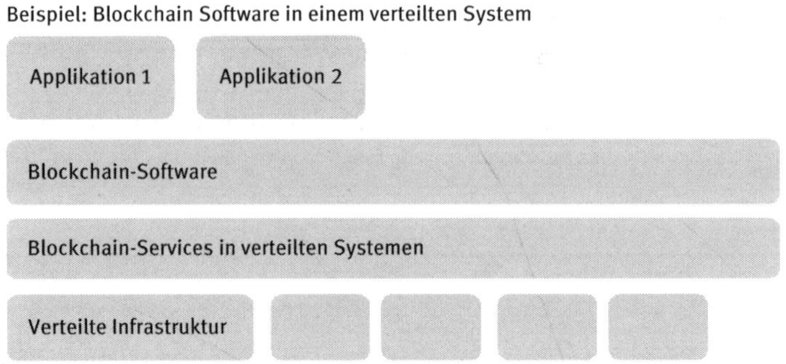

Abb. 3: Blockchain auf verteilten Systemen

Zum einen gibt es Blockchain Software die sich auf ein Einsatzfeld bzw. Use Case fokussiert. Seit 2013 sind vermehrt Softwareprodukte auf den Markt gekommen, welche sich als universeller Software verstehen und auf Anwendungsfälle anpassen lassen:

Tab. 4: Kategorien von Blockchain Software

Kategorie	Einsatzgebiete	Beispiele
Blockchain Software mit Fokus auf einen Use Case	– Digitale Zahlungen – Internet-Domains	– Bitcoin – Namecoin
Blockchain Software mit Fokus auf ein Einsatzgebiet	– Datenintegrität – Cybersecurity	– Guardtime
Blockchain Software als universelle Entwicklungs-umgebung	– Gestaltung von Anwendungen möglich	– Ethereum – Hyperledger – Tendermint

2.3 Blockchain Plattformen

Ausgewählte Blockchain-Software steht nicht nur als Programmcode zur Verfügung, sondern wird als operative Plattform in Peer-to-Peer Netzwerken betrieben. Als Blockchain-Plattform wollen wir einen operativen Dienst bezeichnen, an den sich einzelne Nutzern oder Organisationen anschließen können. Ausgewählte Plattformen ermöglichen es Blockchain Applikation zu entwickeln und zu betreiben.

Als **Blockchain Plattform** wird eine Software- und Dienste Infrastruktur bezeichnet, welche für unterschiedliche Einsatzfelder genutzt werden kann. Die operative Blockchainplattform kann öffentlich zugänglich sein (public) oder nur für einen geschlossenen Benutzerkreis (private/consortium). Im Modell „Consortium" Blockchain werden die kryptographischen Verfahren von definierten Teilnehmern ausgeführt während bei einer Public Blockchain jeder Teilnehmer seine Rechenleistung zur Verfügung stellen kann.

Stand 2016 sind insbesondere folgende Plattformen bekannt:
- **Die Bitcoin-Blockchain:** Das Zahlungssystem wurde 2008 in Betrieb genommen. Auf Basis der Bitcoin-Blockchain wurden zahlreiche Erweiterungen, sogenannte „Sidechains" entwickelt, welche sich aber noch nicht am Markt durchgesetzt haben.
- **Guardtime:** Die Blockchain ist seit 2007 am Markt und fokussiert sich auf den Nachweis der Integrität von Daten und Cybersecurity.
- **Ethereum:** Die Plattform wird seit 2013 entwickelt und versteht sich als universelle Plattform auf der die Nutzer eigene Anwendungen erstellen können.
- **Hyperleder:** Das Projekt wurde 2015 gestartet mit dem Ziel die Blockchaintechnologie für Unternehmen zu entwickeln. Stand 2016 stehen erste Versionen des Softwarecodes bereit.

Neben diesen branchenübergreifenden Plattformen gibt es zahlreiche Brancheninitiativen (insbesondere im Finanzbereich wie Digital Asset Holding und das R3 Konsortium) sowie neue Entwicklungsprojekte.

2.4 Blockchain Applikationen für bestimmte Use Cases

Eine Vielzahl von Blockchainapplikationen und Entwicklungsprojekten wird in der Presse genannt von denen sich viele in der Startup-Phase befinden:
- Grundbuchdienste in Entwicklungsländern (Fatcom)
- Anwendungen im Kontext Internet of Things (slock.it)

Eine **Blockchain Applikation** kann entweder auf einer Blockchainplattform entwickelt und betrieben werden oder das Blockchainkonzept wird innerhalb einer Applikation eingesetzt. Eine Applikation hat immer ein konkretes Anwendungsszenario.

2.5 Blockchain-as-a-Service

Seit 2016 haben Microsoft und IBM ihre Cloudplattformen um sogenannte *Blockchain-as-a-Service* Dienste erweitert. Hierbei wird sowohl die Hardwareinfrastruktur bzw. Rechenleistung als auch ausgewählte Blockchain-Software und Applikationen dem Kunden zur Verfügung gestellt.

2.6 Die Historie und Meilensteine im Bereich Blockchain

Die Konzepte auf denen Blockchains basieren beruhen auf mehr als dreißig Jahren Forschung:

- Im Jahr 1979 erfindet Ralph Merkle das Prinzip von Hashbäumen, welche auch als „Merkle-Tree" bezeichnet werden [7].
- Im Jahr 1991 haben Haber/Stornetta in einem wissenschaftlichen Artikel publiziert, wie man Dokumente mit ein Zeitstempel versieht und diese Zeitstempel verkettet, dies wird auch als „linked timestamping" bezeichnet [8].
- In 1997 publizierte Nick Szabo seine Vision von „Smart Contracts", um aufzuzeigen wie sich der E-Commerce weiterentwickeln kann und wie Vertragsprozesse im Internet unterstützt werden könnten [9].
- Die in Estland entwickelte Blockchain „Guardtime" wird 2007 als kommerzielles System in Betrieb genommen.
- In 2008 publizierte ein Autor unter dem Pseudonym Satoshi Nakamoto den Artikel „Bitcoin: A Peer-to-Peer Electronic Cash System", welcher die Funktionsweise des Bitcoin Systems beschreibt [10].
- 2013 wird das Projekt „Ethereum" gegründet mit dem Ziel eine weltweite, offene Plattform für Blockchain-Applikationen zu gründen.
- 2015 wird das Hyperleger Projekt gegründet.
- 2015 erweitern Microsoft und IBM das Angebot ihrer Clouddienste um Blockchain-Anwendungen.

Insbesondere die Finanzindustrie hat ein reges Interesse an Blockchains. Im Jahr 2014 wurden die ersten Blockchain Pilotprojekte in London gestartet. In 2015 wurde das Konsortium R3 wird in New York gegründet, welches im September 2015 mit drei Banken zusammenarbeitete. Im Jahr 2016 sind mehr als fünfzig Banken an dieser Initiative beteiligt.

3 Einsatzfelder der Blockchain-Technologie

Blockchains können in vielen Einsatzfeldern eingesetzt werden und verschiedenste Funktionalitäten anbieten. Um einen Überblick zu geben wollen wir die folgenden drei wichtigen Grundfunktionen von Blockchains beschreiben:

- Blockchains zum Nachweis der Integrität von Daten
- Blockchains zur Registrierung und Beurkundung
- Blockchains zur Abwicklung von Transaktionen

3.1 Blockchains zur Sicherung der Integrität von Daten

3.1.1 Grundprinzip

Der Nachweis der Integrität von Daten kann mit Hilfe einer Blockchain erbracht werden, d.h. es lässt sich nachweisen, dass Daten nicht nachträglich verändert wurden.

Blockchains zur Sicherung der Integrität von Daten:
Der Datensatz D1 wurde zum Zeitpunkt T1 vom Akteur mit der Identität I1 gespeichert. Mit Hilfe der Blockchain lässt sich zu einem späteren Zeitpunkt mit kryptographische Verfahren nachweisen, ob Datensatz D1 verändert wurde.
Hierbei kann man zwei Konzepte unterscheiden:

(a) Der Datensatz D1 kann in der Blockchain gespeichert werden. Hierbei gilt es zu beachten, dass Blockchains zur Zeit Begrenzungen bzgl. Zeichengröße pro Eintrag speichern, z.B. die Daten einer Transaktion speichern können.

(b) In einer anderen Variante wird der Datensatz bzw. das Dokument außerhalb der Blockchain gespeichert und in der Blockchain befindet sich der Hashwert und eine Referenz auf den gespeicherten Datensatz.

Bisher wurden ähnliche Funktionen mit dem Einsatz von digitalen Signaturen oder Speichermedien mit Verfahren zum Integritätsschutz abgebildet. Im Vergleich zum Einsatz von digitalen Signaturen oder hardwarebasierten Integritätsschutz hat eine Blockchain folgende Vorteile:

- Die Blockchain kann sowohl die Integrität als auch die Vollständigkeit einer Menge von Daten sowie die zeitliche Reihenfolge nachweisen.
- Beim Einsatz von digitalen Signaturen wird mit dem Schlüssel einer Person oder Organisation signiert. Das Management der öffentlichen und privaten Schlüssel ist somit erforderlich und kann insbesondere bei der Langzeitarchivierung aufwändig sein.
- Die Blockchain ist primär ein softwarebasiertes Verfahren und somit von der eingesetzten Hardware unabhängig. Somit lässt sich auch für Daten, die in der Cloud gespeichert werden, die Datenintegrität nachweisen.

Beim Einsatz einer Blockchain für den Nachweis der Datenintegrität kommt folgender Ablauf zum Einsatz:

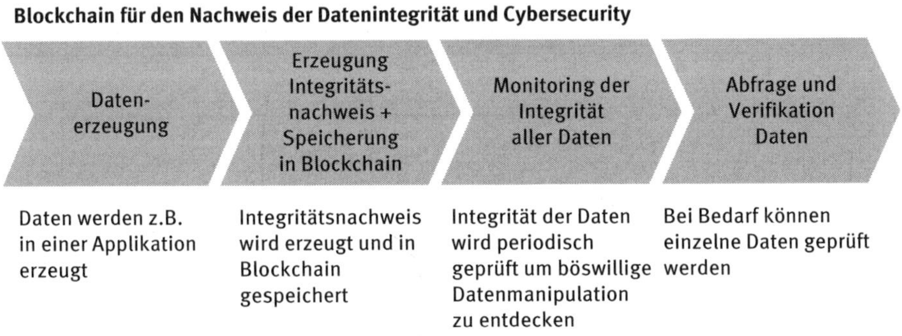

Abb. 4: Blockchains zum Nachweis der Datenintegrität und Cybersecurity

- Die Daten werden außerhalb der Blockchain erzeugt, z.B. ein Dokument oder ein Datensatz.
- Der Integritätsnachweis wird mit Hilfe eines Hashverfahrens erzeugt und in der der Blockchain abgelegt.
- In regelmäßigen Abständen werden die Daten auf Integrität überprüft. Hierbei richtet sich der Zeitabstand nach dem Schutzbedürfnis. So werden im Kontext der Cybersecurity wichtige Daten in kurzen Zeitabständen überprüft, um die Veränderung der Daten durch einen Angreifer zu entdecken. Bei der Langzeitarchivierung werden typischerweise länge Zeitabstände für das Monitoring gewählt.
- Neben der periodischen Überprüfung des gesamten Datenbestandes können bei Bedarf einzelne Dokumente überprüft werden, z.B. ein externer Auditor kann die Echtheit eines Dokuments überprüfen.

Diese Funktionen sind in Einsatzbereichen von Interesse bei denen der Nachweis wichtig ist, dass Daten nicht nachträglich manipuliert worden sind. Beispiele sind Forschungsdaten bei Medikamenten, Diagnosen im Gesundheitswesen oder die Konfiguration von Maschinenanlagen.

Auf den ersten Blick scheint der Einsatz von Blockchains in diesem Bereich sehr technisch ausgerichtet zu sein. Wenn wir allerdings in die Zukunft schauen und immer mehr „Dinge des Lebens“ in digitaler Form vorliegen nimmt die Bedeutung zu. Wenn beispielsweise ein Autounfall mit einem autonom fahrenden Fahrzeug passiert, ist es wichtig zu beweisen, wie die Software des Autos konfiguriert war und welche Daten zum Zeitpunkt des Unfalls von externen Sensoren verarbeitet wurden.

3.1.2 Beispiel: Blockchains in eHealth und eGoverment in Estland

In Estland ist die Blockchain-Technologie ein Bestandteil der eHealth- und eGovernment-Infrastruktur und wird dazu genutzt die Datenintegrität zu gewährleisten und die Protokollierung der Zugriffe auf die Daten zu dokumentieren [11]. Folgende Abbildung skizziert das Einsatzszenario:

Abb. 5: Einsatz von Blockchains im eGovernment in Estland

3.2 Blockchains zur Registrierung und Beurkundung

3.2.1 Grundprinzip

Mit Hilfe einer Blockchain kann eine Beurkundung eines Sachverhaltes erfolgen, dass zu einem bestimmten Zeitpunkt ein Sachverhalt bzw. Zustand eines Objektes gültig war. Einsatzgebiete können Ursprungs- und Echtheitsnachweise von Produkten in einer Supply-Chain sein.

Blockchains für Notariatsfunktionen
In bestimmten Einsatzszenarien, wie z.B. Unternehmen in regulierten Branchen, müssen Daten/Dokumente direkt nach der Entstehung integritätsgeschützt speichern. Der Eintrag des Datensatz D1 zum Zeitpunkt T1 von der Identität I1 gespeichert. Durch zusätzliche Mechanismen wird sichergestellt, dass das Register in der Blockchain als vertrauenswürdiger Dienst, wie ein Grundbuchamt, anerkannt wird.

Folgende Abbildung skizziert den Ablauf eines Notariatsdienstes auf Basis Blockchain:

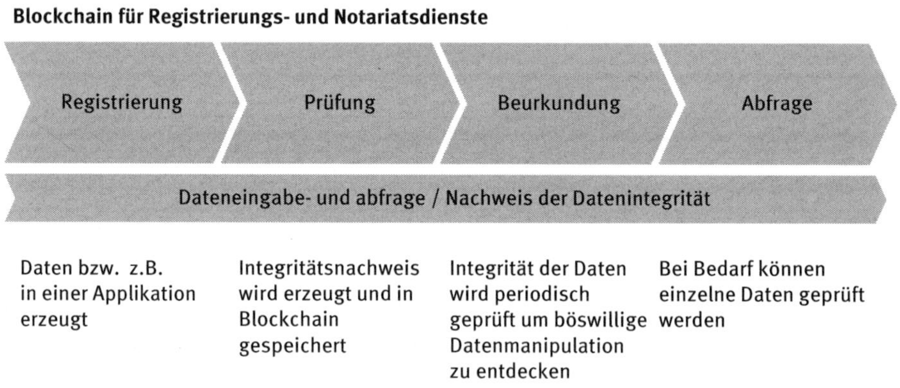

Abb. 6: Blockchain für Notariatsdienste

Anwendungsfälle sind u.a. die Registrierung von Hochschulabschlüssen, Produkten in einer Supply-Chain, Kunstwerke oder Diamanten.

- **Registrierung:** Daten bzw. ein Sachverhalt wird in der Blockchain dokumentiert.
- **Prüfung:** In bestimmten Szenarien muss eine Prüfung erfolgen, ob der Sachverhalt bzw. die Daten korrekt sind.
- **Beurkundung:** In der Blockchain wird die „Echtheit" bzw. „Korrektheit" dokumentiert.
- **Abfrage:** Die Teilnehmer des Netzwerkes können auf die Blockchain zugreifen, um zu prüfen ob z.B. ein Produkt „echt" bzw. zu einem bestimmten Zeitpunkt bestimmte Kriterien erfüllt hat.

3.2.2 Beispiel: Beurkundung von Hochschulabschlüssen

Das „Digital Certificates Project" des MIT arbeitet an einer Blockchain, um Zeugnisse und Zertifikate im Hochschulwesen abzubilden [12]. In der folgenden Tabelle sind die Ziele und Konzepte dargestellt:

Tab. 5: Beispiel einer Blockchain für Zertifikate in der Weiterbildung

Aspekt	Beispiel
Ziel der Blockchain	Nachweis der Echtheit von Hochschulabschlüssen, um Betrugsfälle zu vermeiden und die Administration zu erleichtern.
Nutzer / Betreiber	Nutzer sind Studierende und Hochschuladministration.
Business Modell	Öffentliches Interesse die Fälschung von Zeugnissen zu verhindern. Der Einsatz einer Kryptowährung wäre optional.
Identität der Nutzer	Identität der Studierenden muss geprüft sein.
Prozesse/Funktionen	Beurkundung und Verifikation der Echtheit von Abschlüssen.
Sichtbarkeit der Daten	Sichtbar nur für Studierenden und die Hochschuladministration.
Daten in der Blockchain	Es können die Daten direkt in der Blockchain gespeichert werden (z.B. Noten) und Verweise auf Dokumenten (Abschlusszeugnis).
Datenintegrität	Datenintegrität durch Einsatz von Kryptoverfahren.
Verteilung der Daten	Kopien der Blockchain können im Hochschulnetzwerk gespeichert werden.

3.3 Blockchains zur Abwicklung von Transaktionen

Die Abwicklung von Transaktionen ist insbesondere für die Finanzindustrie und den Handel von hohem Interesse, da Zahlungs-, Settlement und Buchhaltungsprozesse radikal vereinfacht werden können. Der Einsatz von Blockchains kann zudem die Märkte für E-Commerce und Services stark beeinflussen, da sich u.a. Mobilitätsdienste wie ein „dezentraler Taxiservice wie Uber" und Vermietungs- und Buchungsplattformen wie „AirBnB" mit Hilfe von Blockchain Plattformen aufbauen lassen. Somit würde neue Konkurrenz zu den bisher zentralistisch organisierten Anbietern entstehen.

Blockchains für Transaktionen
Die Marktteilnehmer (Verkäufer, Bank, Börse/Marktplatz, Käufer) nutzen die Blockchain, um die Transaktionen zu dokumentieren und die Zahlungs- und Lieferungsprozesse zu koordinieren.

Die Datensätze in der Blockchain können die für den Prozess relevanten Informationen enthalten (Verträge, Bestellungen/Orders, Zahlungsinformationen, Lieferinformationen).
Während in traditionellen Handel jeder Akteur seine eigene Buchhaltung führt, greifen im Blockchainkonzept die Marktteilnehmer auf eine zentrale logische Buchhaltung in der Blockchain zu, welche dann verteilt auf den Systemen der Teilnehmer abgelegt wird.

Zudem können die Zahlungsprozesse durch die Kryptowährung der Blockchain und die Vertragsprozesse durch „Smart Contracts“ unterstützt werden, d.h. Zahlung und automatisierte Ausführung von Vertragsklauseln.

Folgende Abbildung zeigt den Ablauf bei der Nutzung von Blockchains bei der Transaktionsabwicklung:

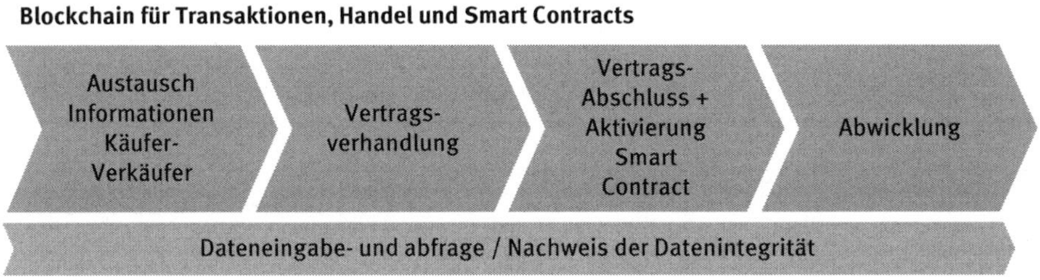

Abb. 7: Blockchain für Transaktionen

Betrachtet man die heutigen Geschäftsmodelle von elektronischen Marktplätzen, zum Beispiel Börsenhandel oder Internetauktionen, so nutzen heute Verkäufer und Käufer eine zentrale Instanz für den Kauf- und Abwicklungsprozess, etwa eine Börsen- oder Auktionsplattform. Der Betreiber der Plattform koordiniert den Verkaufsprozess und garantiert die reibungslose Abwicklung des Geschäftes.

Die wesentliche Innovation von Anwendungen auf Basis der Blockchain-Technologie besteht in der Möglichkeit, dass Käufer und Verkäufer direkt miteinander interagieren und keinen zentralen Betreiber benötigen, welcher den Kauf- und Abwicklungsprozess kontrolliert und somit sicherstellt, dass der Käufer das Gut erhält und der Verkäufer den Preis bezahlt.

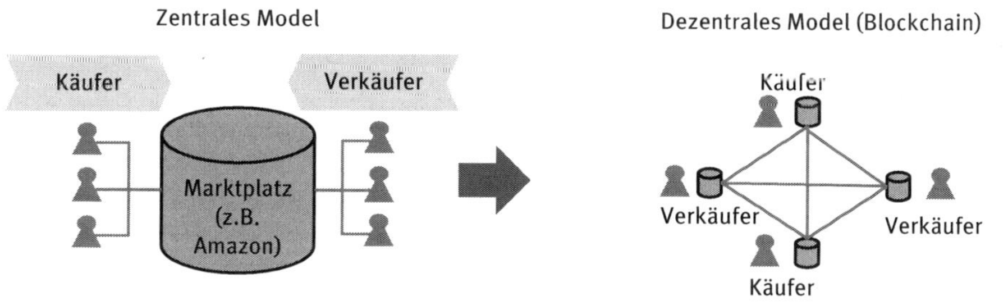

Abb. 8: Blockchains unterstützen dezentrale Transaktionsmodelle

In einem elektronischen Marktplatz auf Basis einer Blockchain würde der Kaufvertrag in der Blockchain mit kryptografischen Verfahren gespeichert, so dass eine Manipulation des Vertrages festgestellt werden könnte. Die in der Blockchain hinterlegten Programmcodes würden dann automatisch die Bedingungen für die Vertragsabwicklung prüfen, etwa ob der Käufer den Preis für das Gut schon bezahlt hat.

Die Blockchain-Ansätze von Nicht-Banken bedrohen die etablierten Geschäftsmodelle der Finanzinstitute. Deshalb versuchen die Fintech-Inkubatoren der Banken fieberhaft Anwendungsfelder zu besetzen, bevor branchenfremde Start-ups diese Chancen nutzen. Zum einem können mit der Blockchain-Technologie kostengünstige Alternativen zu Zahlungs- oder Handelssystemen aufgebaut werden. Im Jahr 2015 haben sich mehr als fünfzig globale Banken zu einer Initiative zusammengeschlossen, um im sogenannten R3 CEV Konsortium die Entwicklung voranzutreiben.

Zum anderen kann die Blockchain-Technologie genutzt werden, um gänzlich neue Use Cases zu realisieren wie etwa die Abwicklung von digitalen Verträgen, neuartige Verfahren zur dezentralen Beurkundung von geschäftsrelevanten Informationen oder die Speicherung von sensitiven Gesundheitsdaten

3.4 Einsatzgebiete von Blockchains

Verschiedene Opensource und kommerzielle Softwareprojekte setzen das Blockchain-Konzept ein und suchen nach sinnvollen Anwendungsfeldern. Im wöchentlichen Rhythmus melden Banken und IT-Unternehmen neue Blockchain-Projekte, so hat beispielsweise Goldman Sachs im Dezember 2015 angekündigt, die Blockchain-Technologie für den digitalen Handel von Wertschriften einzusetzen. Microsoft stellt Blockchain-Anwendungen in seiner Cloud zur Verfügung. Die Linux Foundation hat bekanntgegeben, dass sie im Hyperledger-Projekt gemeinsam mit Anwender- und Technologienunternehmen einen Blockchain-Standard auf Basis Open-Source entwickeln will.

In der Presse und Literatur, wie z.B. Handelsblatt, werden zahlreiche zukünftige Einsatzgebiete aufgezählt [13],[14]. Die folgende Tabelle ordnet ausgewählte Use Case den Kategorien zu.

Tab. 6: Beispiele für Einsatzgebiete

Einsatzgebiet	Datenintegrität/ Cybersecurity	Ursprungsnachweise /Register	Transaktion / Vertragsabwicklung
eHealth – Speicherung von Patientendaten	x	x	
Pharmaforschung – Datenintegrität bei klinischen Studien	x	x	
Treuhand- und Verwaltungsservice		x	x
Digitaler Wertpapierhandel		x	x
Cloud - Nachweis der Datenintegrität	x		
Internet of Things/Industrie 4.0	x	x	x
Fälschung von Produkten verhindern		x	
Transparenz bei der Verwendung von Spenden an Hilfsorganisationen		X	X
Grundbuchämter	x	x	x
Umfragen und Abstimmungen		x	

Die Auswirkungen auf bestehende Geschäftsmodelle und die neuen Möglichkeiten von Blockchains werden in der aktuellen Wirtschaftsliteratur besprochen. Für Business- und IT Manager sind verschiedene englischsprachige Publikationen verfügbar.

Das WEF [15] hat in einer Studie Blockchain als Key-Technologie identifiziert und es wurden verschiedene Branchenstudien im Bankumfeld publiziert.

Melanie Swan publizierte in 2015 im Buch „Blockchain – blueprint for a new economy“ Überlegungen zu möglichen Anwendungsfeldern von Blockchains [16].

Don Tapscott hat mit der Publikation „Blockchain Revolution“ [17] und Artikel im Harvard Business Review [18] in 2016 das Thema einem breiten Publikum in der Wirtschaftspresse zugänglich gemacht.

William Mougayar beschreibt in seinem in 2016 erschienenen Buch “The business blockchain: promise, practice, and application of the next Internet technology” mögliche Vorgehensweisen um die Schnittstelle Business und IT zu verbessern.

Alle wichtigen englischsprachen Medien u.a. Economist [19] und deutschsprachige Medien wie Handelsblatt [20], Zeit, Spiegel sowie die IT-Presse u.a. Heise [21] berichten seit Herbst 2015 regelmäßig über Blockchain.

Bei Start-ups im Kontext der Blockchain-Technologie herrscht Aufbruchsstimmung, da ausgewählte Player in kurzer Zeit Venture Capital akquirieren konnten, so wurden allein im letzten Quartal 2015 rund zwanzig Startups in diesem Feld mit rund 80 Millionen Dollar ausgestattet. Zudem zeigen die Partnerschaften mit globalen Softwareanbietern wie Microsoft und der Linux Foundation, dass auch etablierte Technologieanbieter das Blockchain-Konzept ernst nehmen. Auch die globalen Banken haben das Thema für sich entdeckt. Die Vielzahl der potenziellen Einsatzgebiete zeigt auch, dass Blockchains und Smart Contracts nicht nur zu Umbrüchen bei Banken und Versicherungen führen können, sondern der Einsatz in allen Branchen für neue Geschäftsmodelle sinnvoll sein kann. Voraussetzung ist aber, dass nachhaltige Anwendungsszenarien gefunden werden und die Blockchain-Technologie die Performance- und Sicherheitsanforderungen erfüllt. Insbesondere im Business-to-Business-Bereich können Blockchains einen Beitrag leisten, um Netzwerke für digitale Verträge aufzubauen, welche bisher nicht durch traditionelle EDI oder B-2-B-Marktplätze abgedeckt wurden.

3.5 Das 7-V-Modell der Blockchain Innovationen

Bei der Gestaltung von neuen Anwendungen und Geschäftsmodellen auf Basis der Blockchain-Technologie, muss man sich intensiv mit den Potentialen beschäftigten. Das folgende Modell hilft die einzelnen Elemente der Innovation zu unterscheiden:

Tab. 7: Das 7-V-Modell der Blockchain Innovationen

Blockchain Prinzip	**Innovation / Vorteile**
Verkettung von Datenblöcken	Nachweis der Datenintegrität: Eine Veränderung der Daten kann nachgewiesen werden.
Verteilung der Daten auf verschiedene Rechnersysteme	Durch Kopien der Blockchain ist das Risiko eines Komplettverlustes der Daten minimiert und eine Ausfallsicherheit gewährleistet.
Vertrauen durch verteilte Berechnung	Da verschiedene Teilnehmer die Berechnungen durchführen ist das Risiko einer Manipulation durch einen Teilnehmer minimiert.
Verteiltes „Kontobuch“ der Transaktionen	Alle Teilnehmer haben Einblick in die Daten der Blockchain, welche ein logisches „Kontobuch“ darstellt. Somit haben alle Teilnehmer den aktuellen Stand der Informationen.

Blockchain Prinzip	Innovation / Vorteile
Verrechnung der Zahlungen zwischen Teilnehmern mit einer Kryptowährung	Die Teilnehmer können eine Kryptowährung als Zahlungssystem innerhalb der Blockchain nutzen.
Verrechnung des Betriebs der Infrastruktur mit Hilfe einer Kryptowährung	Der Einsatz einer Kryptowährung kann zur Verrechnung der Leistungen der Knotenbetreiber eingesetzt werden.
Verträge als maschinenausführbare Smart Contracts	In der Blockchain können vertragliche „Wenn-Dann"-Beziehungen abgebildet werden, welche beim Eintritt einer vordefinierten Bedingung automisch ausgeführt werden. Der Softwarecode ist auf allen Rechnerknoten verteilt, so dass eine Manipulation des Vertrags schwierig ist.

4 Überblick Blockchain Plattformen

Im Folgenden soll ein kurzer Überblick über die aktuelle Blockchain Plattformen gegeben werden. Da die Entwicklung sehr dynamisch ist, finden Sie Ergänzungen und Details unter www.blockchain.jetzt.

Eine wichtige Unterscheidungsmerkmale von Blockchain-Plattformen ist, ob diese für genau einen Anwendungszweck konzipiert sind oder ob verschiedene Use Cases sich durch Programmierung von Applikationen realisieren lassen.

Im Bitcoin-Netzwerk wird der Blockchain-Ansatz für einen dedizierten Use Case genutzt, nämlich um eine digitale Währung zu erschaffen. Ein Beispiel für eine Blockchain-Plattform, auf der sich verschiedenste Use Cases realisieren lassen, ist die Initiative Ethereum, die in 2014 als Stiftung ins Leben gerufen wurde und über eine eigene Programmiersprache verfügt. Ethereum bietet eine öffentliche Blockchain-Plattform an und stellt Software zur Verfügung mit deren Hilfe die Teilnehmer eigene Programme und Smart Contracts für verschiedenste Einsatzwecke entwickeln können.

Tab. 8: Ausgewählte Blockchainplattformen und Einsatzgebiete

Einsatzgebiet	Datenintegrität/ Cybersecurity	Ursprungsnachweise /Register	Transaktion / Vertragsabwicklung
Bitcoin Blockchain			Zahlungen mit Kryptowährung
Guardtime	x		
Ethereum		x	x
Hyperleder		x	x
Eris		x	x

4.1 Bitcoin

Die zurzeit bekannteste Anwendung von Blockchain ist das digitale Zahlungsnetzwerk Bitcoin, welches im Jahr 2009 gegründet wurde. Die Teilnehmer können Zahlungen in der Kryptowährung Bitcoin direkt untereinander austauschen und müssen keine traditionellen Banken involvieren.

Die Zahlungsinformationen werden verteilt auf den Systemen der Teilnehmer mit dem Blockchain-Ansatz gespeichert. Jede durchgeführte Transaktion ist somit im Register der Bitcoin-Blockchain einsehbar, z.B. User A einen Betrag X an User B überwiesen hat. Im Gegensatz zum traditionellen Zahlungsverkehr müssen die Teilnehmer aber nicht ihre wahre Identität angeben, sondern können anstatt ihres Namens ein Pseudonym wählen. Mittlerweile ist klar, dass die Blockchain-Technologie, insbesondere der Ansatz der verteilten Datenspeicherung, noch für viele weitere Szenarien verwendbar ist.

Folgende Abbildung veranschaulicht die Funktionsweise des Bitcoinsystems. Die Nutzer haben auf ihrem System eine Anwendung auch „Wallet" bzw. Geldbörse genannt. Die Transaktion zwischen Nutzer A und Nutzer B wird in der Bitcoin-Blockchain dokumentiert.

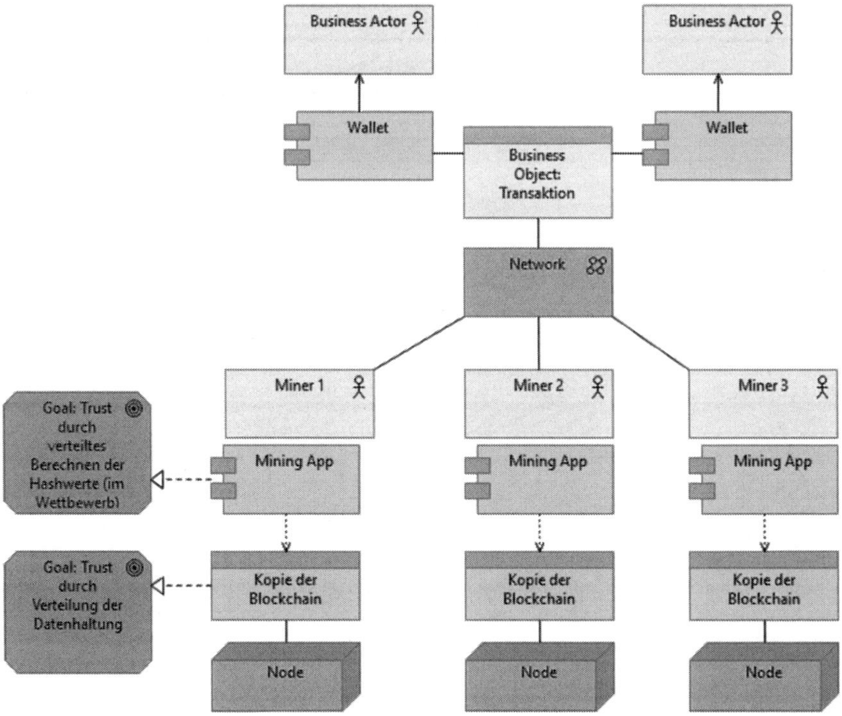

Abb. 9: Grundkonzept Bitcoin Blockchain

Folgende zwei Elemente sind wichtig, um das Vertrauen zwischen den Teilnehmern zu gewährleisten:

- **Trust durch verteiltes Berechnen:** Im Bitcoinnetzwerk sind sogenannte Miner aktiv, welche die kryptographischen Berechnungen mit ihren Systemen durchführen. Um zu vermeiden, dass ein Miner die Berechnungen fälschen könnte wird in einem Konkurrenzverfahren gerechnet. Alle Miner beginnen mit der Berechnung und der schnellste Node „gewinnt" und das Ergebnis wird in einen Block geschrieben.
- **Trust durch verteilte Datenhaltung:** Die Blockchain wird im Bitcoinnetzwerk auf die Systeme der Teilnehmer kopiert. Somit ist sichergestellt, dass die Blockchain immer verfügbar ist und nicht unbemerkt von einem Teilnehmer verändert werden kann.

Tab. 9: Kurzprofil der Bitcoin Blockchain

Merkmal	Ausprägung
Name	Bitcoin
Hersteller	Open Source basierend auf Whitepaper von Satoshi Nakamoto
URL	www.bitcoin.org
Kommerziell/Open Source	Open Source
Gründung	2008
Anwendungsgebiete	Kyrptowährung Bitcoin
Fokus der Use Cases	Digitale Zahlungen
Datenmanagement	Transaktionsdaten werden in der Blockchain gespeichert
Einsatz Kryptowährung für Transaktionen/Zahlungen	ja
Einsatz Kryptowährung für Betrieb/Mining	ja
Erweiterungen und Programmiersprachen	Erweiterungen (Sidechains)

4.2 Blockchain-Plattform Ethereum

Die Blockchainplattform Ethereum stellt Softwarekomponenten für Enduser, Entwickler und Betreiber von Knoten bereit.

- Enduser: Der Endbenutzer kann eine Anwendung „Wallet" installieren, welche die Währung „Ether" verwaltet. Ethereum ist nicht in erster Linie als Zahlungsplattform gedacht, sondern der Enduser kann mit der Währung auch Dienste der Plattform in Anspruch nehmen, welche z.B. in einem Smart Contract geregelt sind.
- Software für Entwickler: Es stehen verschiedene Entwicklungsumgebungen bereit. Die Besonderheit von Ethereum ist, dass eine eigene Programmiersprache „Solidity" eingeführt wurde mit der sich u.a. „Smart contracts" programmieren lassen.
- Software für Miners/Nodes: Für Miners stehen verschiedene Softwareanwendungen zur Verfügung

Tab. 10: Kurzprofil der Ethereum Blockchain

Merkmal	Ausprägung
Name	Ethereum
Hersteller	Ethereum Foundation mit Sitz in Zug, Schweiz
URL	www.ethereum.org
Kommerziell/Open Source	Open Source unter der Koordination der Ethereum Foundation
Gründung	2013
Anwendungsgebiete	Blockchainplattform mit Programmiersprache
Fokus der Use Cases	Universelle Einsatzzwecke mit Option „smart contracts" zu programmieren
Datenmanagement	Transationsdaten und zusätzliche Daten werden in der Blockchain gespeichert
Einsatz Kryptowährung für Transaktionen/Zahlungen	Ja, Währung „Ether"
Einsatz Kryptowährung für Betrieb/Mining	Ja

4.3 Blockchain-Plattform Guardtime

Das Ziel der Blockchain von Guardtime ist der Nachweis der Integrität von digitalen Daten und Dokumenten. Ein Unternehmen oder eine eGovernement-Organisation kann die Software unternehmensintern einsetzen, um für Daten oder Dokumente Hashwerte als Integritätsnachweis zu erzeugen. Diese Nachweise können dann sowohl unternehmensintern als auch in der globalen Guardtime-Blockchain hinterlegt werden. Somit verlassen die primären Daten/Dokumente nicht die Organisation. Eine externe Stelle, z.B. eine Regulierungsbehörde welche ein Dokument eines Medikamentenherstellers prüft, kann in der globalen Blockchain nachprüfen, ob das Dokumente zu der vom Hersteller angegeben Zeit erstellt und nicht verändert wurde.

Ein weiteres Hauptanwendungsfeld ist die Cybersecurity, bei der die Daten in kurzen Zeitabständen auf Integrität überprüft werden, um einen möglichen Hackerangriff oder böswillige Datenmanipulation festzustellen.

Tab. 11: Kurzprofil der Guardtime Blockchain

Merkmal	Ausprägung
Name	Guardtime
Hersteller	Guardtime, gegründet in Estland

Merkmal	Ausprägung
URL	www.guardtime.com
Kommerziell/Open Source	Kommerzieller Dienst
Gründung	2007
Anwendungsgebiete	– Cybersecurity: Nachweis, dass Daten nicht durch Cyberangriffe verändert wurden – Nachweis der Datenintegrität und Audit Trails in Branchen wie eGovernment, Militär und Pharma.
Fokus der Use Cases	Verschiedene Use Cases und Branchen können die Blockchain nutzen.
Datenmanagement	In der Blockchain werden Hashwerte gespeichert. Die primären Daten werden ausserhalb der Blockchain gespeichert
Einsatz Kryptowährung für Transaktionen/Zahlungen	nein
Einsatz Kryptowährung für Betrieb/Mining	nein
Erweiterungen und Programmiersprachen	– Schnittstellen zu Oracle DB, Sharepoint und Dokumentenmanagementsystemen verfügbar. – Die kryptographischen Komponenten für den unternehmensinternen Einsatz sind als Softwaremodul (auch auf Basis Microsoft Azure) oder als Hardwaremodul verfügbar.

4.4 Blockchain-Plattform Hyperledger

Das Hyperledger Projekt hat in 2016 die erste Version des Softwarecodes der Öffentlichkeit zur Verfügung gestellt. Weitere Details werden in Kapitel von Romeo Kienzler beschrieben.

Tab. 12: Kurzprofil Blockchain Hyperledger

Merkmal	Ausprägung
Name	Hyperledger
Hersteller	Linux Foundation Collaborative Project
URL	www.hyperledger.org
Kommerziell/Open Source	Open Source
Gründung	2015
Anwendungsgebiete	Blockchainsoftware mit Fokus auf den Einsatz im Unternehmensumfeld

Merkmal	Ausprägung
Fokus der Use Cases	Verschiedene Use Cases / Branchenanwendungen werden zurzeit erarbeitet
Datenmanagement	konfigurierbar
Einsatz Kryptowährung für Transaktionen/Zahlungen	konfigurierbar
Einsatz Kryptowährung für Betrieb/Mining	konfigurierbar
Erweiterungen und Programmiersprachen	ja

4.5 Blockchain-as-a-Service

4.5.1 Blockchain-as-a-Service von IBM

IBM bietet auf seiner Cloudplattform Bluemix verschiedene Blockchainsoftwaremodule an [4].

4.5.2 Blockchain-as-a-Service von Microsoft (Azure)

Microsoft stellt mit der Azure Cloud Plattform einen Dienst bereit, der es ermöglicht Applikationen in der Cloud einzurichten und und Daten dort zu speichern. Die Nutzung dieser Dienste wird für die Dauer der Nutzung berechnet. Beispielweise kann ein Unternehmen Applikationen zur Big-Data-Analyse nutzen, ohne Investitionen in eigene Hardware zu tätigen. Seit Dezember 2015 bietet Microsoft auch Blockchainsoftware von Ethereum sowie weitere Blockchainanwendungen an. Das Angebot an Blockchainsoftware wird ständig erweitert [5].

4.6 Weitere Software und Applikationen

Der Markt für Blockchain Software entwickelt sich dynamisch. In folgender Liste soll nur ein kleiner Ausschnitt aus dem aktuellen Angebot gegeben werden:

- **Tendermint:** Die Software wird seit 2014 als eigenständiger Code entwickelt, welcher aber auch Schnittstellen zu anderen Blockchainsystemen, z.B. Ethereum, bietet [22].
- **BigchainDB:** Die Blockchainsoftware wird in Berlin entwickelt und soll skalierbare Anwendungen zum Einsatz kommen [23].
- **Factom:** Der Anbieter hat beispielsweise eine Grundbuchregister in Honduras realisiert [24].

- **GEM:** Die GEM Blockchain Anwendungen haben insbesondere einen Fokus auf das Gesundheitswesen [25].
- **Multichain:** Die Multichain Blockchain Software lässt sich für firmeninterne Anwendungen einsetzen [26].
- **IPFS - InterPlanetary File System:** Das IPFS System is ein Ansatz für Datenpeicherung in Peer-to-Peer Netzwerken [27].

In der Finanzbranche wurden viele Initiativen und Pilotprojekte gestartet. Insbesondere folgende Anbieter dominieren in der Berichterstattung:
- Das R3 CEV Konsortium hat mehr als fünfzig Banken als Teilnehmer und im August 2016 Information zu der Blockchainsoftware CORDA publiziert [28]
- Die „Digital Asset Holding" hat u.a. Projekte mit der australischen Aktienbörse durchgeführt [29].

5 Checkliste für die Konzeption einer Blockchainanwendung

In diesem Kapitel möchten wir ein Vorgehen vorstellen, um neue Blockchain Anwendung zu konzipieren. Die vorgestellte Checkliste eignet sich aber auch zur Analyse von bestehenden Blockchainanwendungen, um z.B. das Wettbewerbsumfeld zu analysieren.

5.1 Kernfragen bei der Konzeption eines Blockchain Use Cases

Blockchains werden in verschiedensten Branchen und für verschiedene Use Cases eingesetzt. Die vorgestellte Checkliste gliedert sich in vier Analysesichten mit den folgenden Fragen:
- Welches Use Cases und Business Modell unterstützt die Blockchain? Wer sind die Nutzer und wer sind die Betreiber der Blockchain?
- Welche Geschäftsprozesse werden unterstützt und welche Daten werden im Systemkontext der Blockchain gespeichert?
- Welche Services muss die Blockchain bieten, um den Use Case und die Prozesse zu unterstützen?
- Wie ist die Infrastruktur der Blockchain aufgebaut?

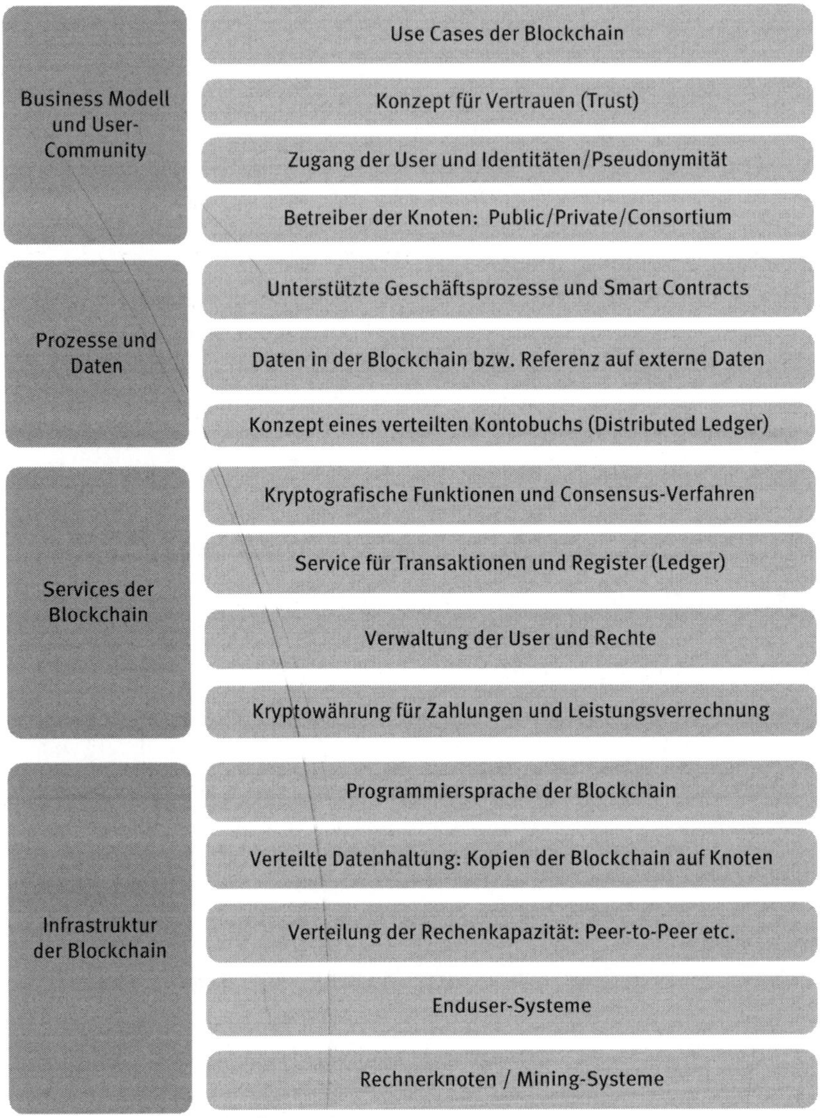

Abb. 10: Analyseraster für Blockchain Use Cases und Architektur

Das Model soll bei der Planung und Konzeption von Blockchainanwendungen helfen. Im Folgenden sind die wichtigsten Fragestellungen und Checkpunkte aufgeführt, welche bei der Konzeption beantwortet werden müssen.

5.2 Business Modell und User-Community der Blockchain

In der folgenden businessorientierten Analyse werden Geschäftsziele und Konzepte der geplanten Blockchain Anwendung betrachtet.

Tab. 13: Checkliste 1 bei der Konzeption und Analyse von Blockchain Anwendungen

Gestaltungselement	Frage
Ziele der Blockchain	– Was ist das Ziel und Zweck der Blockchain?
Use Cases	– Welche Use Cases werden unterstützt?
Nutzer	– Wer sind die Endnutzer der Blockchain?
Betreiber	– Wer sind die Betreiber der Blockchain? – Wer stellt die Rechenleistung und Infrastruktur zur Verfügung?
Identitäten der Nutzer/Betreiber	– Sind die Teilnehmer identifiziert oder werden Pseudonyme verwendet?
Zugang zur Blockchain	– Wer hat Zugang zur Blockchain und wie wird dieser gemanagt?
Definition der Betreiber Knoten (Miners)	– Wer betreibt die Rechnerknoten? (permissioned/unpermissioned)
Consensus-Algorithmus	– Wie werden die verteilten Berechnungen koordiniert und abgestimmt: Welcher Consensus-Algorithmus kommt zum Einsatz?
Kryptowährung	– Wird eine Kryptowährung eingesetzt (ja/nein)? – Für welche Zwecke wird eine Kryptowährung eingesetzt? (a) für die interne Leistungsverrechnung und/oder (b) für die Transaktionen zwischen Usern ?
Business Modell	– Was das Geschäftsmodell der Blockchain bzw. unterstützt die Blockchain ein neues Geschäftsmodell (Disruption)?
Vertrauen	– Wie wird Vertrauen zwischen den Teilnehmern der Blockchain erzeugt?

5.2.1 Was sind die Ziele und Use Cases der Blockchainanwendung?

Die Blockchain-Technologie bietet die Grundlage neue und innovative Anwendungen zu erstellen, welche möglicherweise bestehende Geschäftsmodelle in Frage stellen. Es stellt sich bei jedem Use Case die Frage, welches strategische Ziele verfolgt wird. Anbei sind Beispiele aufgeführt:

Tab. 14: Beispiele von Zielen

Strategisches Ziel	**Branchen**	**Beispiele**
Zentralistisches kommerzielles Modell durch eine dezentrale Anwendung ersetzen	Finanzindustrie/ E-Commerce	Zentrale Händler oder Börsen werden durch ein Peer-to-Peer Netzwerk ersetzt (z.B. Börsen, Amazon, Uber)
	Marktforschung	Statt eines zentralen Markforschungsinstitutes werden Befragungen und Abstimmungen dezentral durchgeführt
	Energiemarkt	Handel zwischen Endkonsumenten bzw. privaten/lokalen Solarenergie Erzeugern.
Ziel digitale Anwendungen in Entwicklungsländern anzubieten	Finanzindustrie	Finanzdienste von Blockchain-Startups, weil globale Banken und Konzerne den Markt als nicht attraktiv betrachten.
Innovation und Prozessverbesserungen	Pharmaindustrie	Supply Chain: Mit der Technologie von Blockchains kann die Sicherheit erhöht und Kosten eingespart werden, da eine verbesserte Koordination zwischen den Parteien möglich ist.

In vielen Branchen sind Aktivitäten zur Erarbeitung von Blockchain Use Cases in Arbeit. Beispielsweise publiziert das Hyperledger-Projekt seine Use Cases und stellt eine Vorlage für Use Cases zur Verfügung [30].

5.2.2 Wer sind die Nutzer und wer sind die Betreiber der Blockchain?

Eine Kernfrage ist, wer die Teilnehmer des Netzwerkes sind und welchen Nutzen sie an der Teilnahme am Blockchain Netzwerk haben. Folgende Beispiele sollen dies veranschaulichen:

- **Konsumenten** nutzen eine Blockchainanwendungen, weil sie dem zentralen und marktbeherrschenden Anbieter (wie Amazon, Uber etc.) nicht mehr „vertrauen“, insbesondere in den Aspekten Datenschutz und fairer Wettbewerb.
- **Bürger** nutzen die vom eGovernment bereitgestellte Infrastruktur und „vertrauen“ somit dem Staat, welcher durch Einsatz der Blockchain Technologie ein hohes Sicherheitsniveau gewährleistet.

Bei jeder Blockchainanwendung stellt sich die Frage, wie die Rollen zwischen Nutzern, Betreibern der Rechnerknoten und den Organisatoren aufgeteilt sind. Eine Variante ist, dass diese Rollen getrennt sind. Die Endnutzer greifen auf die Funktionen zu und andere Teilnehmer betreiben die Rechnerknoten. Zudem gibt es die Teilnehmer, welche die Blockchainanwendung konzipiert haben und Entscheidungen bezüglich Erweiterungen und Kryptowährung treffen. Dies Frage der Governance einer öffentlichen Blockchain wurde durch den Vorfall des DAO Hacks (siehe Kapitel in diesem Buch) in 2016 erstmals in der Öffentlichkeit diskutiert. Eine alternative Variante ist, dass die Nutzer gleichzeitig auch Rechnerknoten betreiben. Folgende Abbildung zeigt diese Varianten:

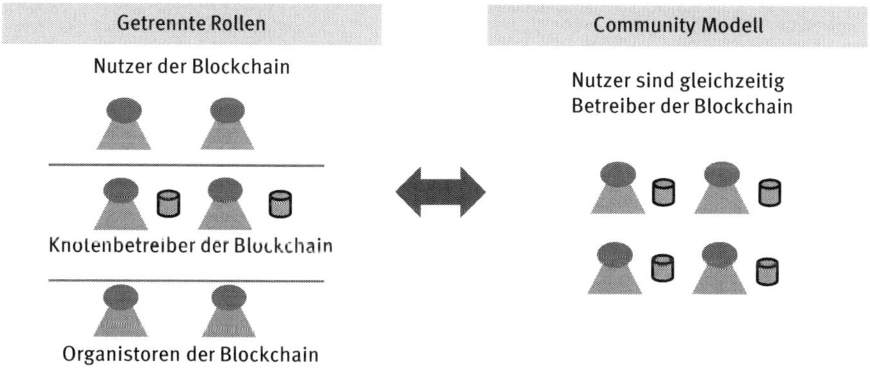

Abb. 11: Nutzer und Betreiber einer Blockchain

Weitere Gestaltungsfragen sind, welche weiteren Rollen in der Blockchain Anwendung realisiert werden, z.B.

- Käufer und Verkäufer.
- Notar bzw. Organisation welche eine Beurkundung durchführt.
- Teilnehmer eine Umfrage.
- Patienten und medizinische Fachpersonen im Gesundheitswesen.

5.2.3 Verwenden die Nutzer ihre echte Identität?

Ein wichtiges Designkriterium bei der Konzeption einer Blockchainanwendung ist, ob der Nutzer mit seiner „echten" Identität registriert ist oder ein Pseudonym verwenden kann. Im Fall von Bitcoin verwenden die Nutzer Pseudonyme, d.h. die echte Identität des Nutzers wird nicht überprüft.

Tab. 15: Checkliste Identitäten der Teilnehmer

Frage	Checkpunkte
Wie wird der Zugang der Teilnehmer zur Blockchain kontrolliert?	– Kann jeder beliebige Nutzer teilnehmen oder ist der Zugang beschränkt?
Welche Bedingungen müssen die Teilnehmer erfüllen und wie werden diese identifiziert?	– Muss der Nutzer bestimmte Kriterien erfüllen oder Nachweise erbringen?
Sind die Teilnehmer mit Ihren wahren Identitäten in der Blockchain präsent oder werden Pseudonyme verwendet?	– Die Verwendung von Pseudonymen bietet einen gewissen Grad an Datenschutz, ermöglicht aber auch den Missbrauch für kriminelle Geschäfte

5.2.4 Wer hat Zugang zur Blockchain?

Bei Blockchain-Anwendungen kann man verschiedene Kategorien des Zugangs unterschieden. In der folgenden Tabelle sind die Begriffe aus der Blockchain-Welt in Analogie zu den Begriffen Internet, Intranet und Extranet gesetzt:

Tab. 16: Vergleich Public, Private und Konsortium Blockchain

Kategorie Blockchain	Analogie
Public Blockchain	Vergleichbar mit einer Internetseite, welche im Internet öffentlich zugänglich ist.
Private Blockchain	Vergleichbar einem Intranet, welches nur unternehmsintern genutzt wird.
Consortium Blockchain	Extranet bei dem Teilnehmer einer Branche zusammenarbeiten.

Zum einen gibt es offene Plattformen, auch Public Blockchains genannt, bei denen sich jeder User anmelden und die Dienste nutzen kann. Zum anderen gibt es geschlossene Netzwerk, die nur von ausgewählten Teilnehmern genutzt werden dürfen, beispielsweise Unternehmen einer bestimmten Branche.

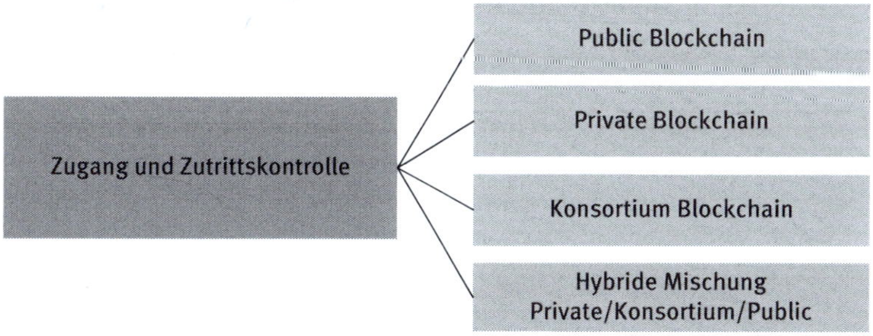

Abb. 12: Öffentliche und geschlossene Blockchain Netzwerke

Bei der Bitcoin-Blockchain handelt es sich um eine «Public Blockchain», das heißt jeder beliebige neue User kann sich dem Bitcoin-Netzwerk anschließen. Es lassen sich aber auch Use Cases mit beschränkten Zugang, wie etwa für den Einsatz in einem geschlossenen Branchennetzwerk, in der Praxis umsetzen. Insbesondere in der Finanzindustrie beteiligen sich Unternehmen beim Aufbau von Konsortiums-Blockchains.

5.2.5 Wer betreibt die Rechnerknoten? (permissioned/unpermissioned)

Ein weiteres wichtiges Gestaltungsmerkmal einer Blockchain Anwendung ist die Festlegung, welche Teilnehmer die Rechenleistung erbringen und ob sie hierfür bezahlt werden. Den Aspekt der Kryptowährung werden wir im nächsten Abschnitt betrachten.

Tab. 17: Unterscheidung Permissioned und unpermissioned Blockchains

	Permissioned Blockchain	Unpermissioned Blockchain
Welche Teilnehmer führen die kryptographischen Rechenoperationen aus (Consensus-Algorithmus)?	Definierte Teilnehmer mit entsprechenden Rechten	Jeder beliebige User kann Rechnerknoten betreiben
Welche Teilnehmer dürfen Applikationen erstellen bzw. Smart Contracts programmieren?	Definierte Teilnehmer mit entsprechenden Rechten	Jeder beliebige User kann teilnehmen

5.2.6 Für welche Zwecke wird eine Kryptowährung eingesetzt?

Man kann zwischen Blockchains mit und ohne Kryptowährung unterscheiden. Verschiedene Blockchainplattformen, wie z.B. Ethereum, haben eine eigene Kryptowährung eingeführt. Diese dient zum einen zur Entlohnung der Teilnehmer, welche das Mining durchführen, d.h. ihre Rechnerknoten für die Berechnungen zur Verfügung stellen. Zum anderen kann die Kryptowährung auch eingesetzt werden um im Anwendungsfall Transaktionen zwischen den Teilnehmer durchzuführen.

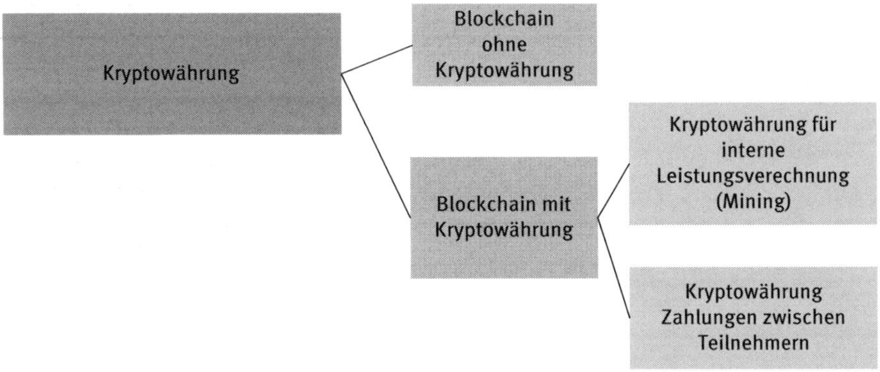

Abb. 13: Einsatz von Kryptowährungen bei Blockchains

Folgende Checkliste führt ausgewählte Fragen und Aspekte auf, welche beim Einsatz von Kryptowährungen zu beachten sind:

Tab. 18: Checkliste Kryptowährung

Frage	Kommentar
Wird für den Use Case ein Zahlungssystem zwischen den Teilnehmern benötigt?	– Ja, der Einsatz einer Kryptowährung kann als Alternative zu traditionellen Zahlungssystemen zum Einsatz kommen. – Nein, Use Case benötigt kein Zahlungsmechanismus.
Welche Chancen ergeben sich, falls eine Kryptowährung für die Zahlungen zwischen Nutzern eingesetzt wird?	– Eine Kryptowährung ermöglicht die Unabhängigkeit von traditionellen Zahlungssystemen, z.B. eine Transaktion kann ohne Einbindung von Banken erfolgen. – Eine Kryptowährung ermöglicht bessere Koordination im Prozess bei Zahlung- und Abwick-

Frage	Kommentar
	lung (z.B. wenn der Rechnungsbetrag beim Verkäufer eingegangen, wird digitales Produkt sofort geliefert) – Eine Kryptowährung ermöglicht die Hinterlegung eines „Pfands“ (analog der Reservierung eines Geldbetrags auf einer Kreditkarte). – Eine Kryptowährung kann für mehrere Use Cases auf einer Blockchain Plattform eingesetzt werden (z.B. Ethereum). – In Verbindung mit „Smart Contracts“ ermöglicht eine Kryptowährung innovative Use Cases.
Welche Risiken bestehen, falls eine Kryptowährung für Zahlungen zwischen Nutzern eingesetzt wird?	– Die Kursentwicklung bzw. Spekulationen mit der Kryptowährung können negativen Einfluss auf den Use Case haben. – Ausgewählte Teilnehmer der Blockchain Plattform könnten nur ein Interesse an der Spekulation bzw. Geldwäsche haben und kein Interesse an den Funktionen des eigentlichen Use Cases. – Die Einbindung einer Kryptowährung kann „Hacker“ anziehen, da Sicherheitslücken in der Anwendung ausgenützt werden könnten, um Einheiten in der Kryptowährung zu „stehlen“.
Welche Chancen bestehen, falls eine Kryptowährung für die Entlohnung der Betreiber der Rechenknoten (Miners) eingesetzt wird?	– Durch den Einsatz einer Kryptowährung sind öffentliche Blockchainplattform, wie Ethereum, entstanden die einen Anreiz für Betreiber von Rechenknoten bieten. Der Initiator einer neuen Blockchainanwendung kann auf diese Infrastruktur aufbauen und muss (via Kryptowährung) dafür bezahlen.
Welche Risiken ergeben sich, falls eine Kryptowährung für die Entlohnung der Betreiber der Rechenknoten (Miners) eingesetzt wird?	– Es besteht das Risiko, dass ausgewählte Betreiber der Rechnerknoten das Ziel haben Gewinne mit der Kryptowährung zu erzielen. Die Erfahrungen mit Bitcoin und Ethereum zeigen, dass ein Teil der Knotenbetreiber/Miner, weil sie an die Visionen der jeweiligen Plattform glauben (z.B. Unabhängigkeit von zentralen Instanzen, die Schaffung eines „Welt-Computers“) und andere Gruppen von Betreibern ein Interesse am Gewinn mit der jeweiligen Kryptowährung haben.
Welche Alternativen gibt es zum Einsatz einer Krytowährung?	– Der Betrieb einer Blockchainplattform kann als **kommerzieller Dienst** erfolgen. Somit wäre der Betreiber der Blockchain ein Erbringer von IT-

Frage	Kommentar
	Services (IT-Outsourcing, Software-as-a-Service bzw.Cloud-Services). – Innerhalb einer Branche oder eines Konsortiums kann die Leistungsverrechnung durch kommerzielle Verträge geregelt werden bzw. jeder Unternehmen betreibt einen Knoten im Netzwerk.

5.2.7 Was ist das Business Modell der Blockchain und wie wird Vertrauen erzeugt?

Die Erstellung und Diskussion von Business Modellen ist insbesondere bei Internet- und E-Commerce Startups eine der wichtigsten Aktivitäten. Alexander Osterwalder hat eine Analysemethode für Business Modelle eingeführt, welche ein Geschäftsmodell in neun Bausteine gliedert [31]. Dieser Ansatz lässt sich auch auf Blockchain Cases anwenden und kann um spezifische Fragen erweitert werden:

Tab. 19: Checkliste für das Business Modell einer Blockchain Anwendung

Frage / Baustein Business Modell (nach A. Osterwalder)	Kommentar
Kundensegmente	– Für welche Kunden/Nutzer schafft die Blockchainanwendung einen Wert?
Werteangebot (Value Proposition)	– Welche Kundenprobleme werden mit der Blockchain Anwendung gelöst? – Welcher Wert entsteht für den Kunden, z.B. ein erhöhtes Vertrauen oder der Vorteil nicht von einem zentralen Anbieter abhängig zu sein? – Wieso wollen die Teilnehmer Blockchain einsetzen und nicht eine traditionelle Technologie? – Warum wird sich die Blockchain-Anwendung im Markt etablieren und traditionelle Angebote ablösen?
Kanäle (über die Kundensegmente erreicht werden)	– Über welche Kanäle nutzen die Kunden die Blockchainanwendung? – Sind es komplett neue Kanäle oder wird die Blockchainanwendung in z.B. bestehende E-Commerceprozesse eingebunden? – Welcher Vorteil ergibt sich durch das Auslassen der bisherigen zentralen Instanz, welche

Frage / Baustein Business Modell (nach A. Osterwalder)	Kommentar
	die Marktteilnehmer koordinierte und das Vertrauen garantierte?
Kundenbeziehungen (bzw. Beziehungen der Netzwerkteilnehmer)	– Welche neuen Beziehungen ermöglicht die Blockchainanwendung, z.B. den direkten Kontakt Kunde-Produzent ohne die Einbindung von Zwischenhändlern? – Bei Business-to-Business Anwendungen: welche Teilnehmer (Lieferanten, Prüfstellen, Produzenten etc.) nutzen die Blockchain für ihre Koordination?
Einnahmequellen	– Welches Geschäftskonzept/Einnahmequellen verfolgen die Gründer der Blockchainanwendung? – Welches Geschäftskonzept verfolgt der Betreiber der Blockchain Plattform (z.B. Ethereum)?
Schlüsselressourcen	– Welche Services stellt die Blockchainplattform als Basis zur Verfügung? – Welche besonderen Ressourcen bzw. Funktionen/Fähigkeiten werden durch den Use Case realisiert?
Schlüsselaktivitäten	– Nutzt die Anwendung eine bestehende Blockchainplattform (wie Ethereum) oder wird eine eigenständige Anwendung aufgebaut? – Wie werden Kunden/Nutzer dazu motiviert die Anwendung zu nutzen und evtl. dafür zu bezahlen?
Schlüsselpartnerschaften	– Wer sind die Partner bzw. Branchenkonsortium für den Aufbau der Blockchainanwendung? – Steht die neue Blockchainanwendung in Konkurrenz zu anderen traditionellen Partner (wie Banken?) – Warum engagieren sich die Partner (wollen sie evtl. keinen Trend verpassen oder sehen sie es als innovative Chance)? – Gibt es branchenübergreifende Partnerschaften, welche einen neuen Nutzen generieren? – Wie sind nationale und international Aufsichtsbehörden bzw. Branchengremien ein gebunden? – Wird der Use Case zu einer Alternative zu traditionellen Ansätzen oder bietet er einen komplett neuen Nutzen?

Frage / Baustein Business Modell (nach A. Osterwalder)	Kommentar
Kostenstruktur	– Weshalb bietet Blockchain im Anwendungsszenario technische Vorteile bzw. können Kosten im Vergleich zu traditionellen Technologien eingespart werden?

Die Vorteile von Blockchain-Applikationen sollen anhand eines fiktiven Beispiels illustriert werden. Angenommen eine gemeinnützige Umweltorganisation will ein weltweites Netzwerk aufbauen, um die Abgaswerte von Dieselfahrzeugen zu messen und sicher abzuspeichern. Grund hierfür ist, dass die Manipulation der Abgaswerte durch die Autohersteller das Vertrauen der Endverbraucher in die Autoindustrie und in die Behörden erschüttert hat. Die Umweltorganisation will nun aufzeigen, dass die Community durch ein verteiltes Netzwerk auf einer Blockchain-Plattform in der Lage ist, die objektiven Fakten für jeden zugänglich zu machen. Messwerte lassen sich nämlich bei jedem Werkstattbesuch erfassen – also jenseits der offiziellen Abgasmessung auf dem Prüfstand. Jeder Teilnehmer würde diese quasi privat ermitteln lassen und die Ergebnisse über Internet in die verteilte Blockchain abspeichern. Ein Smart Contract würde die Eingaben prüfen und bei Überschreitung der Messwerte Warnmeldungen erzeugen.

In diesem fiktiven Beispiel könnte die Organisation in relativ kurzer Zeit das Netzwerk auf einer bestehenden Blockchain-Plattform, zum Beispiel Ethereum, realisieren und muss keine Investitionen in einen zentralen Server in einem Hochsicherheitsrechenzentrum investieren. Die Integrität und Verfügbarkeit der Daten ist zudem durch die Nutzung einer Blockchain sichergestellt, wodurch die Daten nicht nachträglich durch Dritte geändert werden können. Zudem ist jede Transaktion, in diesem Fall die Eingabe der Abgasmesswerte, nachvollziehbar und einsehbar.

5.3 Daten und Prozesse in der Blockchain

Bei der Konzeption einer neuen Blockchain Applikation sind wichtige Fragen bezüglich des Datenmanagements, der Prozessabwicklung und der Sicherheit zu klären. Insbesondere die Frage, ob der gesamte Datensatz in der Blockchain gespeichert wird (Onchain) oder ob die Primärdaten außerhalb der Blockchain gespeichert werden ist eine wichtige Entscheidung bei der Konzeption. Folgende grundlegenden Optionen bestehen:

- Der gesamte Datensatz wird in der Blockchain gespeichert. Dies ist möglich, falls die Blockchain den Datensatz bezüglich Größe aufnehmen kann.

- Falls die Daten ein größeres Speichervolumen haben, kann ein Teil der Daten in der Blockchain gespeichert werden und es erfolgen Verweise auf extern gespeicherte Datensätze.
- Falls die Blockchain das Ziel hat den Nachweis der Datenintegrität zu erbringen und vertrauliche Daten gespeichert werden müssen, bieten ausgewählte Blockchainplattformen die Option nur die Hashwerte der Daten mit Referenzen zu speichern.

Die folgende Checkliste hilft dabei die wichtigsten Aspekte zu klären.

Tab. 20: Checkliste Daten

Frage	Kommentar
Daten in der Blockchain (on chain)	– Welche Daten werden innerhalb der Blockchain gespeichert? – Haben die Daten eine entsprechende Größe damit sie in der Blockchain gespeichert werden können? – Falls die Daten vertraulich sind: Müssen Lese/Schreibrechte konfiguriert werden bzw. müssen die sensiblen Daten außerhalb der Blockchain gespeichert werden?
Daten außerhalb der Blockchain (off chain)	– Welche Daten werden außerhalb der Blockchain gespeichert?
Sichtbarkeit der Daten	– Welche Teile der Daten sind öffentlich einsehbar Welche Teile sind nur für berechtige Teilnehmer sichtbar?
Logische und physikalische Datenspeicherung	– Wie wird die Synchronisation der Blockchain durchgeführt, falls ein Knoten ausfällt? Typischerweise werden Kopien der Blockchain im Netzwerk verteilt.
Funktionen für die Datenintegrität	– Wie wird durch die Blockchain ein Nachweis der Integrität der Daten erbracht? – Wie kann ein User nachprüfen, ob die Daten verändert wurden?
Funktionen für Zeitstempel und Blockbildung	– In welchen Zeitintervallen werden neue Blocks generiert? Passt das Zeitintervall der Blockchain zu den benötigen Anforderungen des Use Case? – Hat die Blockchain eine Zeitquelle die vertrauenswürdig und genau ist? (Trusted Timestamping)

Frage	Kommentar
Funktionen für die Beurkundung	– Wird durch die Blockchain ein „Sachverhalt/Zustand" beurkundet?
Funktionen zur Transaktionsabwicklung	– Wird durch die Blockchain eine Transaktion bzw. Vertragsabwicklung unterstützt?
Distributed Ledger = verteilte Speicherung einer „logischen Kontobuchs"	– Ist es für den Use Case erforderlich, dass eine gemeinsame logischen „Buchhaltung" existiert, welche verteilt auf den Systemen abgelegt wird? Oder benötigt der Use Case kein „Kontobuch der Transaktionen"?
Ordnungsmäßigkeit und Auffindbarkeit	– Nach welchem Ordnungssystem, werden die Daten abgelegt (z.B. chronologisch)?
Verfügbarkeit	– Wie gewährleistet die Blockchain, dass Daten verfügbar sind und nicht vernichtet werden können?
Glaubwürdigkeit des Datenerzeugers	– Wie wird sichergestellt, dass die Daten welche in die Blockchain „importiert" werden aus glaubwürdiger Quelle stammen?
Glaubwürdigkeit bzw. Zertifizierung des Blockchainbetreibers	– Wie vertrauenswürdig ist der Ersteller der Blockchain Anwendung? – Wie vertrauenswürdig ist der Betreiber der Blockchain Plattform?
	– Muss die Blockchain zertifiziert sein, z.B. Normen und Akkreditierungen bzgl. digitaler Signaturen oder Zeitstempeldienste (z.B. eIDAS Verordnung in der EU)?

5.4 Blockchain Funktionen und Services

Folgende Funktionen können je nach Einsatzgebiet in einer Blockchain umgesetzt werden (weitere Beispiele sind im Kapitel von Romeo Kienzler im Kontext der Blockchain Hyperledger aufgeführt):

Tab. 21: Funktionen

Funktionen	Checkpunkt
User/Mitgliederverwaltung (Membership Services)	– Wie werden Zugang und Berechtigungen für die User verwaltet? – Wie werden Zugang und Berechtigungen für die Knotenbetreiber verwaltet?

Funktionen	Checkpunkt
Entwicklung und Betrieb von Applikationen	– Wer koordiniert welche neu entwickelten Applikationen auf der Blockchain betrieben werden dürfen?
Consensus-Verfahren	– Welche Verfahren für die verteilte Berechnung werden eingesetzt? – Wie wird die Verteilung und Aktualisierung der Blockchain durchgeführt?
Mining	– Welche Verfahren für die Leistungsverrechnung der Knotenbetreiber werden angewendet?
Smart Contracts	– Verfügt die Blockchain über eine Programmiersprache zur Erstellung von Smart Contracts? – Können mit Hilfe Programmiersprache Applikationen entwickelt werden, welche die Nutzung von Smart Contracts durch die Teilnehmer erlauben?

Die vertraglichen Vereinbarungen zweier oder mehrerer Parteien können in einer Blockchain mit einem Smart Contract gespeichert und vollständig digital abgewickelt werden. Ein digitaler Vertrag dokumentiert die Vereinbarung der Parteien beispielsweise für den Kauf eines digitalen Produktes. In der Blockchain sind die Vertragsklauseln in maschinenlesbarer Form dokumentiert und können zudem beim Eintreten der Vereinbarung sofort vom Computersystem regelbasiert ausgeführt werden.

Die Blockchainplattformen Ethereum und Hyperledger unterstützen Smart Contracts, wobei bei Hyperledger der Begriff „Chaincode" verwendet wird. Solche Verträge sind insbesondere für Geschäfte interessant bei denen sich Käufer und Verkäufer nicht kennen, wie z.B. bei einer kurzfristigen Wohnungsvermietung. Somit könnten Smart Contracts auch als neuer Wettbewerb für etablierte Internet-Player wie AirBNB werden.

5.5 Infrastruktursicht

Der Aufbau einer Blockchain Architektur und Infrastruktur ist abhängig von der gewählten Blockchain Plattform und dem gewünschten Einsatzgebiert. Um dies Spannbreite der Möglichkeiten aufzuzeigen, geben wir im folgenden zwei Beispiele.

Im ersten Beispiel beschreiben wir eine vereinfachte Architektur eines Peer-to-Peer-Systems bei der die Teilnehmer auf ihren Rechnersystemen sowohl die Anwendungskomponenten für den Use Case, die Blockchainbasisdienste und die Kopie der

Blockchain gespeichert haben (ähnlich Bitcoin oder Ethereum). Die Systeme kommunizieren über Internet miteinander. Das Ziel der Blockchain ist es, dass alle Teilnehmer eine gemeinsame logische Sicht auf die Daten in der Blockchain haben, welche physikalisch auf den verteilten Rechnersystemen als Kopie existiert. Die folgende Abbildung nutzt die Notation Archimate zur Darstellung:

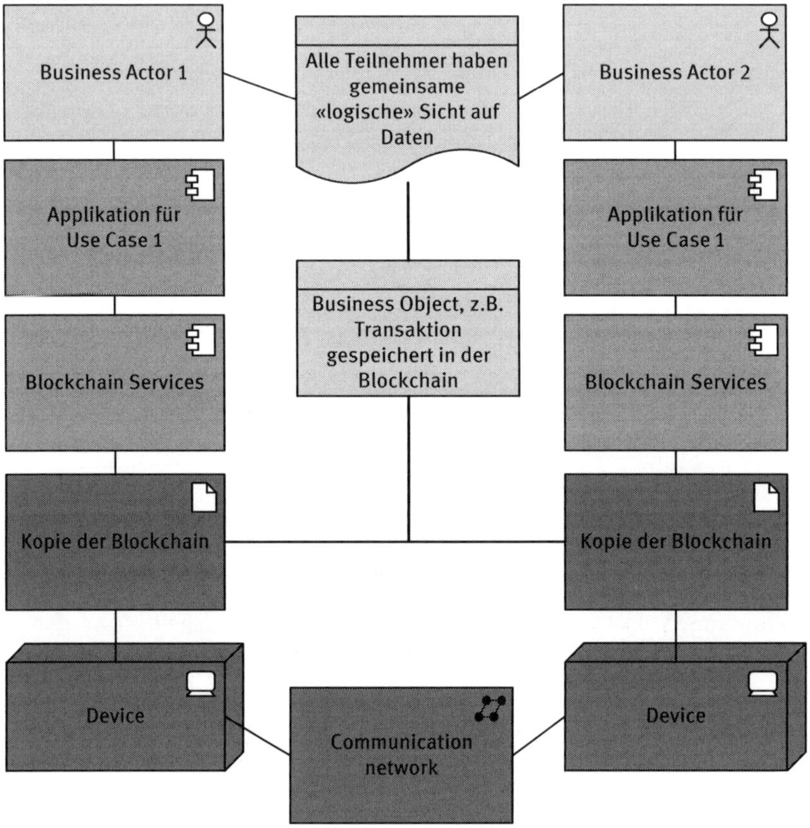

Abb. 14: Infrastruktur Beispiel 1

Alternative Architekturen kommen beispielsweise bei Blockchains zum Einsatz, welche sich auf die Datenintegrität und Cybersecurity fokussieren. Bei dem Use Case „Nachweis der Datenintegrität" mit der Guardtime Blockchain generieren Organisationen (z.B. Pharmaunternehmen) unternehmensintern Daten, z.B. Messwerte von Forschungsprojekten, welche innerhalb der Organisation gespeichert werden.

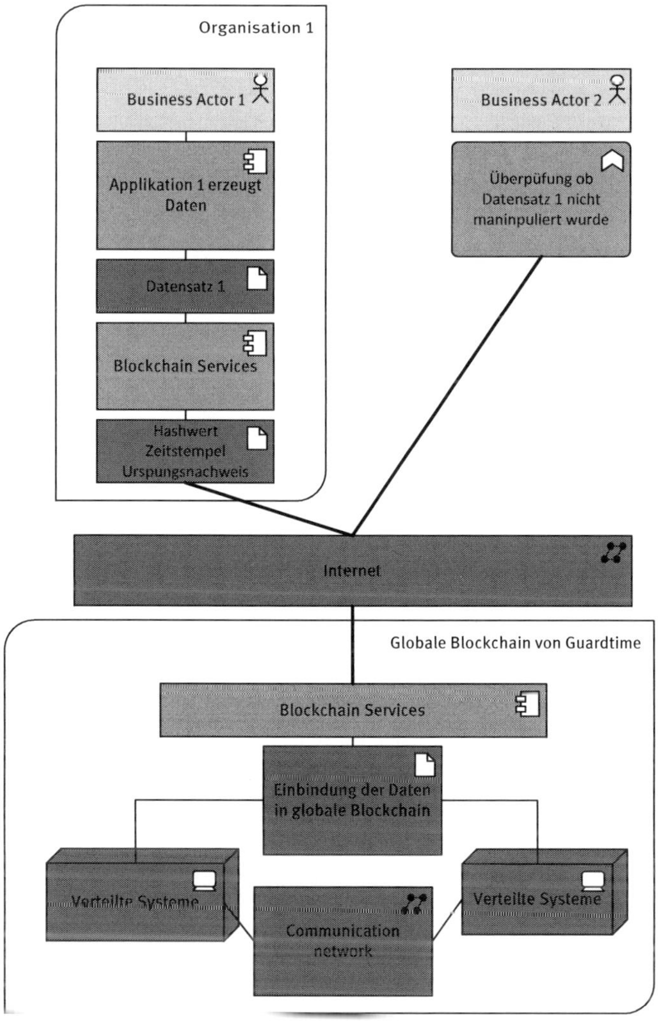

Abb. 15: Infrastruktur Beispiel 2 – Guardtime Blockchain

Mit Hilfe der Blockchainsoftware wird pro Datensatz eine Signatur bestehende aus Hashwert, Zeitstempel und Ursprungsnachweis generiert. Anhand dieser Signatur kann die Integrität des Datensatzes überprüft werden. Die Signatur wird in den globalen Blockchaindienst von Guardtime übermittelt, welcher in einem Netzwerk aus identifizierten und vertrauenswürdigen Rechnerknoten besteht. Ein Prüfer einer Regulierungsbehörde kann diese Blockchain abfragen, und die Datenintegrität z.B. der Forschungsdaten überprüfen.

Folgende Checkliste führt ausgewählte Leitfragen zum Einstieg in die Architekturgestaltung auf.

Tab. 22: Checkliste Architektur der Blockchainapplikation

Welches Architekturmodell wird angewendet?	**Beispiele**
Soll eine Applikation komplett neu auf Basis einer Blockchainplattform in der Programmiersprache der Blockchainplattform entwickelt werden?	– Ausgewählte Blockchainplattformen wie Ethererum und Hyperledger sind dafür konzipiert, dass Anwendungen mit spezifischen Programmiersprachen und Tools erstellt werden.
Soll eine bestehende Applikation (die Daten erzeugt) an eine Blockchain angebunden werden?	– Eine Applikation kann über eine Schnittstelle an eine globale Blockchainplattform angebunden werden. Beispiele sind z.B. Einsatz von verlinken Hashblöcken und Timestamping für die Archivierung von Daten
Soll ein Blockchain-as-a-Service bzw. Cloud Dienst genutzt werden?	– Eine Cloudplattform kann genutzt werden um die Basisdienste für den Betrieb der Blockchainapplikationen zu übernehmen.
WIrd eine spezielle Hardware für die Blockchain Services eingesetzt?	– Für das Bitcoin Mining und für Wallets wurden spezielle Hardwaredevices konzipiert. – Für die Guardtime Blockchain ist optional spezielle Hardware/Appliances verfügbar.

Auf der Website www.blockchain.jetzt und auf der Verlagswebsite www.degruyter.com ist aktuelles Zusatzmaterial zum Download verfügbar.

6 Glossar

Tab. 23: Glossar

Begriff	Erläuterung
Blockchain	Mit dem Begriff Blockchain wird ein technisches Konzept bezeichnet, welches Daten nicht in einer zentralen Datenbank, sondern verteilt auf den Systemen der Nutzer mithilfe von kryptographischer Verfahren speichert. Das Wort Blockchain wurde gewählt, da die Daten in einzelnen Blöcken gespeichert werden, welche dann verteilt auf den Systemen der Netzwerkteilnehmer abgelegt werden und die Reihenfolge der Blöcke anhand einer Kette dokumentiert wird.
Bitcoin-Blockchain	Das digitale Zahlungssystem Bitcoin hat eine Blockchain, in der die Transaktionen der Zahlungsteilnehmer dokumentiert werden. Verschiedene Projekte haben versucht die Bitcoin-Blockchain auch für weitere Anwendungszwecke zu nutzen, sogenannte „Sidechains“.
Blockchain-as-a-Service	Die Cloud-Dienste von Microsoft und IBM bieten seit 2015 die Möglichkeit an Blockchain Applikationen auf den Cloudplattformen zu installieren. Im Micosoft Azure Clouddienst sind verschiedene Softwareinstallationspakete erhältlich.
Consensus Regeln/ Algorithmus	Das Verfahren/Protokoll mit dem zwischen den verteilten Rechnern (Nodes) eine Einigung auf ein finales Ergebnis koordiniert wird (z.B. der Hashwertberechnung).
DAO: decentralized autonomous organization	Die Ethereum Plattform hat die Vision mit Hilfe von Blockchains “dezentrale autonome Organisationen” zu unterstützen. Im Gegensatz zu einer traditionellen Organisation, wie ein Unternehmen, stellt eine DAO einen Zusammenschluss von unabhängigen Personen bzw. Organisationen dar, welche sich für einen bestimmten Zweck zusammenschließen. Die Regeln und die finanziellen Abhängigkeiten werden in der Blockchain als Vertragsregelwerk hinterlegt. Die Grundidee lässt sich auf das Konzept von „Virtuell Enterprises" zurückführen. Mit „The DAO“ wird ein konkretes Crowd Funding Projekt bezeichnet, welches im Juni 2016 durch den Sicherheitsvorfall „The DAO Hack“ bekannt wurde.
Decentralized application (= dapp)	Ethereum definiert eine „dezentrale applikation“ als Anwendung welche direkt zwischen den Usern kommuniziert, sozusagen eine direkte Peer-to-Peer Kommunikation.
Ethereum	Die Blockchain Plattform „Ethereum“ ist seit 2015 in operativen Betrieb und kann für die Entwicklung von Anwendungen genutzt werden kann. Die Konzeption von Ethereum wurde durch Vitalik Buterin vorangetrieben [3] und in einem „yellow paper“ beschrieben [4]. Ethereum ist als Non-profit-Stiftung mit Sitz in der Schweiz organisiert [31].

Begriff	Erläuterung
Ether	Kryptowährung der Ethereum Plattform. Hauptziel ist die "Belohnung" der Miners. Ethereum ist nicht als dezidiertes Zahlungssystem konzipiert, sondern als Plattform auf der sich auf Applikationen entwickeln lassen, welche die Kryptowährung Ether nutzen können.
Guardtime	Softwareanbieter mit einer Blockchainsoftware insbesondere mit Fokus auf Anwendungen in der Cybersecurity. Die Blockchain wird u.a. in Estland für den Nachweis der Datenintegrität von eHealth und eGovernment Daten eingesetzt.
Hyperledger Project	Die erste Software des Hyperledger Projektes ist die Open Blockchain mit Releasenamen Fabric. Hyperledger wird von der Linux Foundation koordiniert.
Smart Contracts	Die vertraglichen Vereinbarungen zweier oder mehrerer Parteien können in einer Blockchain in einem Smart Contract spezifiziert und gespeichert werden. Somit kann der Vertrag vollständig digital abgewickelt werden. In der Blockchain sind die Vertragsklauseln in maschinenlesbarer Form dokumentiert und können zudem beim Eintreten der Vereinbarung sofort vom Computersystem regelbasiert ausgeführt werden.
Wallet	„Geldbörse" = Applikation auf System des Endusers, welche die Einheiten (token) einer Kryptowährung speichert.
Mining / Mining Pool	Im Kontext Blockchain wird mit "Mining" die Aktivität der Berechnung von u.a. Hashwerten bezeichnet. Als „Miningpool" wird der Zusammenschluss von mehreren Miners bezeichnet.
Solidity	Programmiersprache der Plattform Ethereum.
Proof-of-work	Im Kontext von Blockchains ist die Methode „Proof of Work", übersetzt „Nachweis durch Arbeit", ein Verfahren um das verteile Rechnen zu koordinieren (siehe Kapitel Romeo Kienzler).
Public Blockchain	Ein öffentlich zugängliche Blockchain bei der sich theoretisch jeder Internetnutzer als Nutzer der Applikation und/oder als Knotenbetreiber anmelden kann.
Private Blockchain	Ein Blockchain, welche innerhalb definierter Grenzen (z.B. unternehmensintern) genutzt und betrieben wird.
Konsortium Blockchain	Ein Blockchain, welche von einem vordefinierten Teilnehmerkreis genutzt und betrieben wird, z.B. einem Branchenkonsortium.
Kryptowährung	Digitale Zahlungsmittel bzw. Werte die mit Hilfe von kryptographischen Verfahren in verteilten Systemen genutzt werden können. Meist nicht als offizielle Währung anerkannt, aber an bestimmten Börsen gegen z.B. US-Dollar eintauschbar. Zurzeit sind Bitcoin und Ether die bekanntesten Kryptowährungen.

7 Literatur

[1] The Economist, „The trust machine“, *The Economist*. [Online]. Verfügbar unter: http://www.economist.com/node/21677198/print. [Zugegriffen: 30-Okt-2015].

[2] Handelsblatt, „Blockchain: Die nächste Revolution an der Wall Street“. [Online]. Verfügbar unter: http://www.handelsblatt.com/my/unternehmen/banken-versicherungen/blockchain-die-naechste-revolution-an-der-wall-street-/12355038.html. [Zugegriffen: 15-Okt-2015].

[3] WEF World Economic Forum, „WEF_GAC15 Technological_Tipping_Points_report_2015.pdf“. [Online]. Verfügbar unter: http://www3.weforum.org/docs/WEF_GAC15_Technological_Tipping_Points_report_2015.pdf#page=24. [Zugegriffen: 08-Okt-2015].

[4] „IBM Blockchain“. [Online]. Verfügbar unter: http://www.ibm.com/blockchain/. [Zugegriffen: 21-März-2016].

[5] „Blog | Microsoft Azure“. [Online]. Verfügbar unter: https://azure.microsoft.com/de-de/blog/tag/blockchain/. [Zugegriffen: 10-Mai-2016].

[6] „Developer Guide - Bitcoin“. [Online]. Verfügbar unter: https://bitcoin.org/en/developer-guide#block-chain. [Zugegriffen: 20-Apr-2016].

[7] „Hash-Baum“, *Wikipedia*. 22-Okt-2015.

[8] Haber und Stornetta, „Stuart Haber and W. Scott Stornetta. How to time-stamp a digital document. Journal of Cryptology , 3(2):99–111, 1991“.

[9] N. Szabo, „Formalizing and Securing Relationships on Public Networks“, *First Monday*, Bd. 2, Nr. 9, Sep. 1997.

[10] S. Nakamoto, „Bitcoin: A Peer-to-Peer Electronic Cash System“. [Online]. Verfügbar unter: https://bitcoin.org/bitcoin.pdf. [Zugegriffen: 11-Mai-2016].

[11] Estonia, „E-health – Estonian Digital Solutions for Europe - e-Estonia“. [Online]. Verfügbar unter: https://e-estonia.com/e-health-estonian-digital-solutions-for-europe/. [Zugegriffen: 06-Sep-2016].

[12] „Digital Certificates Project“. [Online]. Verfügbar unter: http://certificates.media.mit.edu/. [Zugegriffen: 15-Juni-2016].

[13] „Use Cases · hyperledger/hyperledger Wiki · GitHub“. [Online]. Verfügbar unter: https://github.com/hyperledger/hyperledger/wiki/Use-Cases. [Zugegriffen: 01-Mai-2016].

[14] F. Wiebe, „Blockchain: Der schwierige Schritt in die Praxis“, *Handelsblatt*, 05-Feb-2016.

[15] WEF World Economic Forum, „WEF_GAC15_Technological_Tipping_Points_report_2015.pdf“. [Online]. Verfügbar unter: http://www3.weforum.org/docs/WEF_GAC15_Technological_Tipping_Points_report_2015.pdf#page=24. [Zugegriffen: 08-Okt-2015].

[16] M. Swan, *Blockchain: blueprint for a new economy*. O'Reilly, 2015.

[17] D. Tapscott, *Blockchain revolution: the brilliant technology changing money, business and the world*. [S.l.]: Portfolio Penguin, 2016.

[18] D. Tapscott und A. Tapscott, „The Impact of the Blockchain Goes Beyond Financial Services“, *Harvard Business Review*, 10-Mai-2016. [Online]. Verfügbar unter: https://hbr.org/2016/05/the-impact-of-the-blockchain-goes-beyond-financial-services. [Zugegriffen: 11-Mai-2016].

[19] The Economist, „The trust machine“, *The Economist*. [Online]. Verfügbar unter: http://www.economist.com/node/21677198/print. [Zugegriffen: 30-Okt-2015].

[20] Handelsblatt, „Blockchain: Die nächste Revolution an der Wall Street“. [Online]. Verfügbar unter: http://www.handelsblatt.com/my/unternehmen/banken-versicherungen/blockchain-die-naechste-revolution-an-der-wall-street-/12355038.html. [Zugegriffen: 15-Okt-2015].

[21] Heise, „Bitcoin-Technik: Blockchain als Wunderwaffe der Finanzwirtschaft | heise online“. [Online]. Verfügbar unter: http://www.heise.de/newsticker/meldung/Bitcoin-Technik-Blockchain-als-Wunderwaffe-der-Finanzwirtschaft-2699919.html?view=print. [Zugegriffen: 23-Juni-2015].

[22] „Blockchain app development simplified – Tendermint“. [Online]. Verfügbar unter: http://tendermint.com/. [Zugegriffen: 17-Sep-2016].

[23] „Whitepaper • • BigchainDB“, *BigchainDB*. [Online]. Verfügbar unter: https://www.bigchaindb.com/whitepaper/. [Zugegriffen: 09-Apr-2016].

[24] „A scalable data layer for the blockchain.“ [Online]. Verfügbar unter: http://factom.org. [Zugegriffen: 25-Dez-2015].

[25] „Gem: Blockchain Platform for Smart Networks“. [Online]. Verfügbar unter: https://gem.co/. [Zugegriffen: 15-Mai-2016].

[26] „MultiChain-White-Paper.pdf“.

[27] „IPFS is a new peer-to-peer hypermedia protocol.“ [Online]. Verfügbar unter: https://ipfs.io/. [Zugegriffen: 20-Apr-2016].

[28] „The Corda Non-Technical Whitepaper — R3“. [Online]. Verfügbar unter: https://r3cev.com/blog/2016/8/24/the-corda-non-technical-whitepaper. [Zugegriffen: 17-Sep-2016].

[29] „Digital Asset“.

[30] Hyperledger Project, „Use Case Template · hyperledger/hyperledger Wiki · GitHub“. [Online]. Verfügbar unter: https://github.com/hyperledger/hyperledger/wiki/Use-Case-Template. [Zugegriffen: 20-Aug-2016].

[31] A. Osterwalder und Y. Pigneur, *Business Model Generation: ein Handbuch für Visionäre, Spielveränderer und Herausforderer ; [entwickelt in Zusammenarbeit mit 470 überwältigenden Profis aus 45 Ländern] = Business model generation*. Frankfurt New York: Campus-Verlag, 2011.

Michael Merz

Einsatzpotenziale der Blockchain im Energiehandel

1 Prolog im Tennisclub, 10. August 2030

Sophie und Liz sitzen im Café ihres Tennisclubs. „Hallo Sophie, nun schau doch nicht immer auf Deinen Agenten, genieße doch mal das herrliche Wetter!“. „Entschuldige, mein Freund hat ihn mir umprogrammiert, und nun verkauft er seit einer Woche ganz viel Strom nach Schweden. Bei uns im Dorf stehen wir schon auf Platz zwei mit 230 EnerCoins in der letzten Woche“. „Was?“ Liz war überwältigt „wie habt Ihr das denn hinbekommen?“. Sophie: „Er hat festgestellt, dass wir vorher zu teuer angeboten haben! Unser Preis war für Schweden zu hoch wegen der ganzen Roaming-Gebühren, die ja unseren Strom noch verteuern. Jetzt hat er den Preis etwas gesenkt und plötzlich ist unser Akku immer fast leer, soviel verkauft unser George. Hoffentlich bleibt das Wetter noch einige Zeit so gut…“. „Ja, bei uns ist es herrlich – und seit Wochen Windstille in Schweden!“ meinte Liz „Wir haben uns auch schon überlegt, noch ein paar Panels und einen Akku dazu zu nehmen, die Preise schwanken in letzter Zeit so stark, dass sich das lohnt. An der Börse nennen wir es Arbitragegeschäfte: hier billig einkaufen – dort teuer verkaufen. Aber warum hast Du deinen Agenten ‚George‘ genannt?“. Sophie: „Das war früher ein berüchtigter Spekulant – George Soros – der hatte sogar einmal versucht gegen das britische Pfund zu spekulieren. Mein George macht das auch, zusammen mit Millionen anderer seiner Art, aber er spekuliert nur gegen das Wetter…“

2 Einleitung

Wir haben es der über siebenjährigen Existenz von Bitcoin zu verdanken, dass uns den Beweis liefert, dass das Prinzip Blockchain für Ausfallsicherheit über genau diese sieben Jahre gesorgt hat. Da sich heutige IT-Systeme exponentiell verteuern, wenn wir versuchen, uns der 100 % Verfügbarkeit immer weiter anzunähern, macht es aktuell für viele Menschen Sinn, sich einmal zurück zu lehnen und sich zu überlegen, ob ein radikaler Schnitt der Softwarearchitektur nicht die zukunftsweisendere Lösung sein kann.

Aktuell wird der der Markt an Blockchain-Lösungen und Start-ups, die damit Probleme unterschiedlichster Art lösen wollen, immer unübersichtlicher. Nahezu täglich lesen wir über neue Entwicklungen und unerwartete Einsatzbereiche. Vielleicht dauert es andererseits aber noch einige Jahre, bis eine Blockchain-Architektur entwickelt wird, die die in diesem Kapitel beschrieben Entwicklungen dienlich ist. Aber sicherlich wird eine solche Variante der Blockchain irgendwann in verschiedenen Branchen übernommen werden als Koordinationsmechanismus, der in die alltägliche Benutzung übergegangen ist, ohne ständig über sein disruptives Potenzial nachzudenken. Man kann heute mit der Blockchain eine neue Welle der „Disruption" spüren: Während normalerweise geschäftliche Anforderungen den Ausgangspunkt für das Design der IT-Infrastruktur bilden – also die Entwicklung „top-down" erfolgt –, so kehrt sich diese Richtung bei der Blockchain um: Man kann sie zwar ergänzend zu bestehenden Geschäftsprozessen einsetzen, aber wenn diese umgekehrt dem Potenzial der Blockchain folgen, dann erschließen sich neue Möglichkeiten, von denen später im Buch anhand des Energiehandels berichtet wird. Nach einiger Zeit hat sich dann aber das neue Geschäftsmodell dem Potenzial der Blockchain soweit angenähert, dass die Technologie nicht mehr im Vordergrund steht und ihr Einsatz selbstverständlich ist.

Eine ähnliche „bottom-up" Entwicklung nahm der Standard XML (eXtensible Markup Language) in den Jahren nach 1998: Nachdem diese Dokumentenauszeichnungssprache von Visionären der IT-Branche als zukünftige Lösung der B2B-Integration überhöht wurde und nachdem es jedes Jahr eine wachsende Anzahl an XML-Konferenzen gab, hat man nach einigen Jahren aufgehört, darüber nachzudenken, ob man für einen neuen Dokumentenstandard eine neue Syntax einführen sollte. Stattdessen benutzt man einfach XML, ohne es grundsätzlich zu hinterfragen. Konsequenterweise sind XML-zentrierte Konferenzen heute selten geworden.

Die Einsatzpotenziale der Blockchain im Energiehandel lassen sich heute nur ansatzweise beschreiben. Die seltene Symmetrie des Energiehandels, bei der heute Händler mit anderen Händlern handeln und morgen Prosumenten mit anderen Prosumenten zeigt sich auch bei der Lieferung von Strom: alle Marktteilnehmer sitzen auf einer Kupferplatte in der Form des Stromnetzes für den europäischen Kontinent und speisen Strom in diese Platte ein oder aus. Diese geschäftliche und physische Symmetrie kann mit Hilfe der Blockchain auf der Handelsseite durch Transaktionen auf einem nahezu perfekten Markt gespiegelt werden.

Wie bereits erwähnt, gibt es eine Vielzahl an Einsatzmöglichkeiten der Blockchain in der Industrie. Dennoch bin ich überzeugt, dass – neben der ebenfalls sehr symmetrischen Finanzbranche – vor allem auch der Energiehandel speziell profitieren kann. Wir haben also noch viele Jahre interessanter Entwicklungen vor uns. Wenn mich vor 20 Jahren ein 18-Jähriger gefragt hätte, was er studieren soll, hätte ich gesagt „irgendetwas mit dem Internet". Heute würde ich sagen: „Irgendetwas an der Schnittstelle zwischen Energie und IT" – ich hoffe, dass am Ende dieses Kapitel nachvollziehbar ist, dass dies in Zukunft auch „irgendetwas mit der Blockchain" bedeuten kann.

In diesem Kapitel steht der Einsatz der Blockchain in der Wirtschaft im Vordergrund. Hierzu lassen sich in aller Breite zahlreiche Einsatzmöglichkeiten aufzählen, dazu sei aber auf Bücher verwiesen, die sich mit diesem Thema generell beschäftigen [1] und [2]. Interessant ist es vermutlich aber auch, eine spezifische Branche mit ihren besonderen Marktrollen und Prozessen zu verstehen, um danach zu prüfen, in welcher Form die Blockchain dafür eingesetzt werden kann, ihre Prozesse völlig neu zu gestalten.

Einem solchem Vorgehen folgt die Struktur dieses Kapitels: zunächst stehen grundsätzliche Fragestellungen der Blockchain mit einigen Anwendungsbeispielen im Vordergrund, dann wird die Energiebranche mit ihren heutigen Prozessen des Handels und der Geschäftsabwicklung vorgestellt, um diese anschließend in Gedankenexperimenten schrittweise auf die Blockchain zu übertragen. Die näher liegenden Ergebnisse dürften sich dabei in wenigen Jahren einstellen, die eher ambitionierten wohl eher in 10 bis 15 Jahren.

2.1 Wertschöpfungsnetzwerke im B2B-Commerce

Kein Unternehmen kann isoliert am Markt agieren: Im Gegenteil, es unterhält unzählige Schnittstellen zu Kunden, Zulieferern, Partnern, Dienstleistern, Behörden, Verbänden, Verbrauchern und der allgemeinen Öffentlichkeit. Über die letzten Jahrzehnte hat sich die Kommunikationsintensität über diese Schnittstellen vervielfacht, insbesondere seit der Jahrtausendwende, als Unternehmen begannen, das Internet zur Ausweitung, Standardisierung und Beschleunigung der Kommunikation zu nutzen. Um die Jahrtausendwende entstanden folglich Begriffe wie B2B-Commerce, B2B-Integration, Supply-Chain-Integration, etc. [3].

Heute findet ununterbrochen Kommunikation, Koordination und Kooperation online statt. Während der Hersteller früher monatlich eine Bestellung seines industriellen Kunden erhielt, kann dies heute eher täglich erfolgen mit stündlichen Anpassungen. Veröffentlichte Brancheninformationen entstehen dabei als „Abfallprodukt“ und werden Dritten zur Verfügung gestellt, wie auch eben diese Daten vom Unternehmen selbst wieder verarbeitet und ausgewertet werden.

Die B2B-Integration erfordert vor allem Standardisierung: Wenn die Unternehmen einer Branche Daten auszutauschen haben, dann wäre es sehr ineffizient, wenn der Austausch von Daten mit jedem Kommunikationspartner immer wieder neu vereinbart werden müsste: Welches Datenformat soll verwendet werden? Welche Regeln und Rollen bestehen für den Geschäftsprozess? Welches Kommunikationsprotokoll verwenden die Partner, welche Aspekte der Datenkommunikation deckt das Protokoll ab und was ist dabei von den Partnern noch lokal zu leisten?

Vor über zehn Jahren habe ich dies einmal das „Yin-Yang-Yong“ der B2B-Integration genannt. Die Idee ist hierbei, dass eine effiziente branchenweite Integration nur dann möglich ist, wenn alle Parteien, die miteinander Daten auszutauschen haben es schaffen, die Aspekte

- Datenformat (Yin),
- Geschäftsprozess (Yang) und
- Kommunikationsprotokoll (Yong)

so weit wie möglich untereinander zu standardisieren.

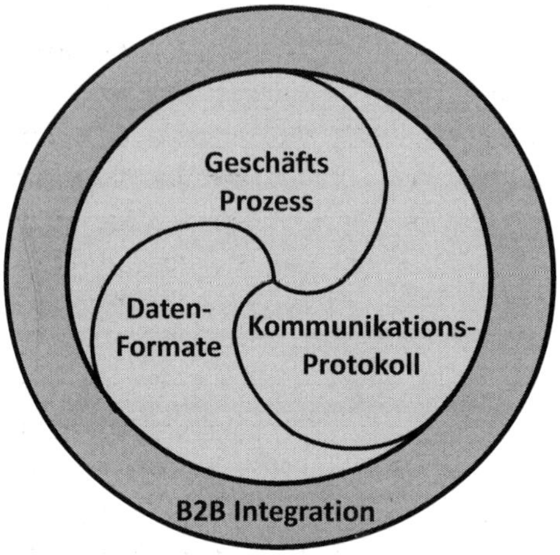

Abb. 1: Das Yin-Yang-Yong der Datenkommunikation

Der Normalfall ist bei B2B-Integrationsprojekten allerdings eher, dass sich ein Konsortium auf das „Yin", also ein einheitliches Datenformat einigt, zumeist ist dies ein XML-Schema mit detailliert dokumentierten Regeln. Auch das „Yang", also der Geschäftsprozess, ist detailliert spezifiziert einschließlich aller Prozessregeln und –rollen. Daraus ergibt sich dann ein 700-seitiges Dokument, das sich auf Seite 699 in einem Satz auf das „Yong" bezieht: „Als Kommunikationsprotokoll ist FTP oder E-Mail zu verwenden". Ein Standard ohne „Yong" ist allerdings wie ein dreibeiniger Hocker, bei dem das dritte Bein fehlt! Denn wenn Fragen der Verschlüsselung, der Authentifizierung, der Identifikation von Teilnehmern, der Verhaltensweise bei Nichtzustellbarkeit von Nachrichten, der Bedeutung von technischen und fachlichen Bestätigungen, der Kompatibilität elektronischer Zertifikate, und sehr vieler weiterer Anforderungen nicht eindeutig für alle Teilnehmer festgelegt sind, dann wird eine branchenweite Integration zu einem kostspieligen Vorhaben, bei dem jede individuell hergestellte Verbindung ein eigenes Projekt bedeutet.

Meine persönliche Erfahrung mit der B2B-Integration sammelte ich bei Projekten mit unterschiedlichen Branchen wie Papierindustrie (Projekt papiNet), der Anbindung von Dienstleistern an Krankenkassen sowie auch bei den vielfältigen Kommunikationsprozessen in der Energiebranche (OTC- und börsliche Abwicklung von Handelsgeschäften, Lieferantenwechselprozesse, etc.). In allen dieser Projekte hat sich bestätigt, dass die B2B-Integration dann besonders erfolgreich ist, wenn die Standardisierungsdisziplin nicht nur während der initialen Phase des Aufbaus eines Branchennetzwerks, sondern über Jahre der Anpassung und Evolution weiterhin von den Teilnehmern aufrechterhalten wird. Förderlich ist hier insbesondere der disziplinierende Einfluss einer Kommunikationsinfrastruktur, welche die Teilnehmer zur Einhaltung von Formaten, Prozessen und Protokollen „zwingt“. Ansonsten sind die Zentrifugalkräfte, die Teilnehmer dazu verleiten, individuelle Sonderwünsche durchzusetzen, so groß, dass die Kooperation „Vieler mit Vielen“ bald gefährdet ist.

Damit nähern wir uns der Blockchain-Technologie von einer weniger technischen Seite als es in vielen Artikeln der Fall ist: Die Blockchain als Infrastruktur der Kommunikation und Datenspeicherung lässt über alle ihre Knoten hinweg nur ein Format für Prozessteilnehmer zu und zwingt sie auf diese Weise, das „Yin-Yang-Yong“ einzuhalten. Allein dies ist ein Wert, der vielen Branchen enorme Kosten der Integration sparen hilft, denn schließlich steigt die Anzahl der Kommunikationsbeziehungen quadratisch mit der Zahl der Teilnehmer (genau genommen sind dies N*(N-1)/2 Verbindungen bei N Teilnehmern). Außerdem würde dies die Notwendigkeit zentraler Datendrehscheiben aufheben, so dass Teilnehmer direkt – also Peer-to-Peer – Daten austauschen können. Ein sehr gelungenes Beispiel für eine solche Peer-to-Peer-Architektur ist der EDA-Standard in Österreich (Energiewirtschaftlicher Datenaustausch, [4]). Hier ersparen sich die Marktteilnehmer (Netzbetreiber und Lieferanten von Strom und Gas) einen zentralen Koordinations-Hub durch konsequente Standardisierung des Yin-Yang-Yong.

Wenn auf diese Weise Daten nur zwischen Teilnehmern zweier Marktrollen auszutauschen sind, also z.B. Kunden und Lieferanten, dann ist bereits ein hohes Maß an Standardisierung erforderlich. Sollen allerdings weitere Rollen dazu stoßen, dann wird die dafür erforderliche multilaterale Interoperabilität zwischen allen Marktrollen mit herkömmlichen Mitteln nur meist erst nach vielen Jahren und einem steinigen Weg erreichbar.

Mit der Blockchain allerdings ergeben sich mehrere Vorteile gleichzeitig für solche multilaterale Interoperabilität:

Alle können schreiben – alle können lesen: Die Blockchain ist grundsätzlich öffentlich, daher ist eine Multicast-Kommunikation, also jeweils von einem Sender an viele Empfänger, die am besten mit der Blockchain verträgliche. Hierbei kann wiederum jeder Teilnehmer Sender sein. Wetterdaten von einer Messstation an hunderte Empfänger zu übertragen passt also zur Blockchain genauso wie eine Kauforder in einem B2B-Netzwerk an mögliche Interessenten zu verbreiten.

„Always on“: Die Blockchain fällt nicht aus, all die dramatischen Meldungen, die aus der Bitcoin-Welt an die Öffentlichkeit drangen, bezogen sich auf die Anwendungsebene der Blockchain, also den Diebstahl oder Verlust von Bitcoins (präzise: der für das Signieren einer Transaktion erforderlich privaten Schlüssel) oder allgemein Dateninhalten. Dass aber die Blockchain als logisch zentralisierter, physisch verteilter Persistenzmechanismus auch nur für kurze Zeit versagt hätte, ist nicht bekannt – und dies über immerhin sieben Jahre!

Immutabilität – was geschrieben steht, ist in Stein gemeißelt. Kryptographische Mechanismen helfen, Aussagen mit einem Zeitstempel und einer Signatur zu versehen. Diese Aussagen können sich auf Besitzverhältnisse, Verträge, Kontobuchungen oder sonstige Daten beziehen. In jedem Fall ist kein Teilnehmer in der Lage, die in die Blockchain geschriebene Geschichte zu fälschen.

Echtzeit: Aktuelle Blockchain-Entwicklungen wie Tendermint [5] oder SETL [6], sind in der Lage, Transaktionen binnen einer bzw. fünf Sekunden zu bestätigen. Damit lassen sich Prozesse, die heute über klassische Kanäle wie Banken oder z.B. das SWIFT-Netz abgewickelt werden, um mehrere Größenordnungen beschleunigen.

Massendaten: Niemanden stört es heutzutage, einer Datei, die einige hundert Gigabytes umfasst, auf der Festplatte beim Wachsen zuzusehen. Datenbank-Images komplexer Anwendungen können dies noch um 1–2 Größenordnungen übertreffen. Dabei ist dies ist nicht der Fußabdruck einer klassischen Datenbank, auf der laufend Abfragen unterschiedlichster Art ausgeführt werden. Die Blockchain ist vielmehr ein Korallenriff, bei dem nur die letzten Millimeter aktive Biomasse darstellen, der Rest ist tote, Kalk gewordene Vergangenheit, auf die man äußerst selten zugreift, um historische Daten zu verifizieren. Bei der industriellen Nutzung dürfte sich der aktive Teil genutzter Daten zusätzlich jenseits der Blockchain in den Datenbanksystemen der Anwender befinden. Die Blockchain ist hingegen immer dann erforderlich, wenn Daten zwischen Organisationen verteilt, synchronisiert und archiviert werden sollen.

Bezahlen als Abfallprodukt: Der Austausch von Gütern und Dienstleistung und deren Bezahlung klafften bisher weit auseinander. Da das Bezahlen nicht in den Handels- bzw. Lieferprozess eingebettet und an sich unter Einbindung von Banken ein recht träger Prozess ist, hat man sich bisher damit abgefunden, dass eine ganz eigene Branche zur Abwicklung von Zahlungstransaktionen entstanden ist. Wenn aber neben Lieferinformationen auch der Zahlungsbetrag durch einen Eintrag in der Blockchain dokumentiert ist, dann impliziert dies eine entsprechende Buchung auf den Konten der Teilnehmer. Wichtig ist hierbei, dass diese Teilnehmer Blockchain-spezifische Verrechnungseinheiten erwerben und dass es Mechanismen gibt, die sicherstellen, dass das Verrechnungskonto nicht überzogen wird. Bei Bitcoin ist es die Währungseinheit *Bitcoin* in Verbindung mit dem Proof-of-Work-Prozess zur Bestätigung von Transaktionen. Auf diese Weise erreichen die Teilnehmer einen Konsens über die als „offiziell“ anerkannten Kontobuchungen.

Bei Betrachtung dieser unten skizzierten industriellen Anwendungsfälle wird deutlich, dass es Bedarf an unterschiedlich ausgestalteten Blockchains gibt: einige sind öffentlich, andere privat. Einige erfordern die Identifizierung von Teilnehmern, bei anderen ist dies nicht gewollt. Daher erfolgen an dieser Stelle zunächst noch weitere Begriffsklärungen:

Permissioned Blockchain: Hier besteht grundsätzliches Vertrauen zwischen Teilnehmern und Knotenbetreibern bzw. „Minern“. Daher wird es auch den Betreibern überlassen, die Nutzer der Blockchain zu administrieren, so dass diese quasi eine geschlossene Benutzergruppe bilden. Bei einer **permissionless Blockchain** besteht dieses Vertrauen nicht (z.B. Bitcoin und Ethereum). Sie ist dennoch jederzeit offen für unbekannte, neue Teilnehmer, da hier das Vertrauen in den gemeinsamen Algorithmus besteht.

Public / Private Blockchains: Eine private Blockchain wird von einer Organisation betrieben, die nur selbst Daten schreibt, andere haben maximal Leserechte. Eine Private Blockchain eignet sich zum Publizieren von Information, d.h. zu einer unidirektionalen Kommunikation „einer an viele“. Eine Public Blockchain steht hingegen vielen zu Verfügung, die schreibend oder lesend auf sie zugreifen. Diese können ein Konsortium sein oder auch die Öffentlichkeit, d.h., anonyme bzw. pseudonyme Teilnehmer.

Häufig ist bei Public Blockchains eine **Zugriffskontrolle** (schreibend oder lesend) auf Daten der Teilnehmer essentiell, denn sonst könnten Unternehmen jederzeit die intimsten Transaktionsdetails ihrer Wettbewerber einsehen.

Offenlegung von Identitäten und Inhalten: Von Bitcoin ist bekannt, dass Teilnehmer pseudonym identifiziert werden. Dies ist in vielerlei Hinsicht bei industriell eingesetzten Blockchains nicht sinnvoll: Teilnehmer sind heute sogar gezwungen, aus Compliance-Gründen Informationen über ihre Handelspartner einzuholen (zum Beispiel aufgrund von Compliance-Anforderungen wie „KYC – Know Your Customer“). Zudem möchte man Geschäfte nach Kunden selektieren oder gruppieren. Andererseits liegt es nicht im Interesse der Teilnehmer, mit ihrem Transaktionsprofil öffentlich (oder auch innerhalb der Nutzergruppe) sichtbar zu sein. Selbst, wenn Identitäten pseudonym wären, ließe sich anhand einer hinreichenden Anzahl an Transaktionen durch Branchenkenner leicht ermitteln, um welchen Teilnehmer es sich handelt. Schließlich ist es auch für Regulatoren wichtig, Transaktionen mit den tatsächlichen Teilnehmern in Verbindung zu bringen. Das MIT-Projekt ChainAnchor [7] beschäftigt sich zwar mit der Lösung dieses Problems, indem Teilnehmer eine Vielzahl anonymer öffentlicher Schlüssel für Transaktionen verwenden, die aber gleichzeitig von einem zentralen Identitäts- und Zugriffsrechte Manager verwaltet werden. Dennoch sind bzgl. dieses „Identity Managements“ noch sehr viele offene Ende zu klären, bevor es zu einem allgemein akzeptierten Einsatz kommen kann.

Verwaltungs-Blockchains: Eine aktuell in vielen Projekten angedachte Lösung ist, eine zusätzliche Blockchain einzusetzen, um Identitäten und Zugriffsrechte der operativen Blockchain zu verwalten. Dies umfasst die Eintragung berechtigter Teilnehmer mit entsprechender Identitätsvergabe sowie die Weitergabe von Einmalidentitäten, die von Teilnehmer für Transaktionen verwendet wurden. Nur Nutzer der operativen Blockchain greifen auf die Verwaltungs-Blockchain lesend zu bzw. sind in der Lage diese zu entschlüsseln, Knotenbetreiber bzw. Verwalter sind berechtigt in diese Blockchain zu schreiben, z.B., um Identitäten zu vergeben. Bei der Auswahl einer Blockchain-Lösung ist daher darauf zu achten, ob eine derartige Verwaltung bereits vorgesehen ist oder ob das System grundsätzlich in der Lage ist, mehrere Blockchains separat zu nutzen, so dass eine davon für Verwaltungszwecke eingesetzt werden kann. Eine solche Verwaltungs-Blockchain wäre dann eine Private Blockchain, die der Administrator pflegt und auf die die Nutzer der operativen Blockchain nur Lesezugriff haben.

Smart Contracts. Das Konzept der Smart Contracts ist bereits an anderer Stelle im Buch ausführlich beschrieben worden. Smart Contracts erlauben das automatische Ausführen von Code durch die Blockchain mit dem Ziel, im Zuge einer Transaktion zumeist eine externe Wirkung zu verursachen. Dies können externe Aufrufe bei Softwareapplikationen sein, die Durchführung weiterer Buchungen oder auch die Ausführung weiterer Smart Contracts. Die Mächtigkeit des Programmcodes eines Smart Contracts kann sehr unterschiedlich sein: Bei Bitcoin handelt es sich um eine einfache „Stack-orientierte“ Programmiersprache, die keine Schleifen im Programmcode zulässt, so dass Deadlocks im System vermieden werden. Andere Systeme wie z.B. Ethereum verbrauchen bei der Ausführung von Smart Contracts Geld (hier: Ether), so dass im Falle einer Totschleife die Ausführung nach Aufbrauchen des Ether-Kontos zum Stillstand kommt.

Eine andere Frage, welche die Auswahl einer Blockchain betrifft, ist der Integrationsgrad mit einem **Mechanismus für die Zahlungsabwicklung**. Dient die Blockchain bloß der Datenkommunikation oder der Synchronisation von Teilnehmer-Anwendungen, besteht diesbezüglich keine besondere Anforderung. Sollen jedoch Teilnehmerkonten für Verrechnungseinheiten verwendet werden, so kann dies auf zwei Weisen erfolgen:

- **Explizit:** Hier definieren die Teilnehmer einen Transaktionstyp „Zahlung“, der beispielsweise die Datenfelder „PayorID“, „PayeeID“, und „Amount“ umfasst, und nutzen diesen immer dann wenn ein Transfer zwischen diesen Konten stattfinden soll. Die Validierung der Buchung und die Kontrolle, ob ein Budget überschritten ist, findet jedoch auf Anwendungsebene der Teilnehmer statt.
- **Implizit:** Hier bietet die Blockchain einen nativen Buchungsmechanismus an, der von Teilnehmern bei Handelstransaktionen genutzt werden kann. Identitäten sind damit bereits bekannt, lediglich der Betrag ist festzulegen. Die Betreiber der Blockchain würden im Rahmen der Proof-of-Work-Mechanismen dann die Validierung der Zahlung auf Systemebene vornehmen und damit auch die Kontostände pflegen.

Aus diesen Perspektiven kann man sich nun einige industrielle Prozesse ansehen, bei denen multilaterale Interoperabilität erforderlich ist, und diese auf Blockchain-Affinität prüfen. Beispiele wären hier:

Chargenrückverfolgbarkeit im Lebensmittelhandel. Hier ist denkbar, dass jeder, der Lebensmittel herstellt, importiert oder mit ihnen handelt, für jede Lieferung eine Chargennummer in die Blockchain einträgt. Die wesentliche Eigenschaft ist hierbei die der Urkundenrolle: Es besteht auf diese Weise für alle Interessierten (Hersteller, Lieferanten, Konsumenten, Überwachungsstellen bzw. die Öffentlichkeit), die Möglichkeit nachzuweisen, dass Charge X als Eingangsprodukt für Lieferung Y verwendet wurde, nachträgliche Manipulationen gilt es dabei zu verhindern. Hier dominiert folglich der Aspekt der Immutabilität im Rahmen einer öffentlichen Blockchain. Wichtig ist aber auch, dass ein Unternehmen seine Geschäftsgeheimnisse nicht offenlegen muss, indem seine Kundenbeziehungen hinsichtlich Mengen, Termine und Preise transparent gemacht werden. Ein entsprechender Zugriffsschutz ist essentiell.

Beim **Handel von Gebrauchtwagen** sind verschiedene Portale und Auktionshäuser vorstellbar, über die Gebrauchtwagen veräußert werden können. Wenn nun ein Fahrzeug auf mehreren Portalen angeboten wird, wie weiß dann ein Käufer, ob das Fahrzeug nicht bereits auf einem anderen Portal verkauft wurde? Hier könnten die Portale den Verkauf z.B. unter der eindeutigen Fahrgestellnummer (engl. VIN = Vehicle Identification Number), in der Blockchain eintragen. Spätere Käufer auf anderen angebundenen Portalen würden dann rasch erkennen, ob der Wagen wirklich noch verfügbar ist. Auch hier dient die Blockchain quasi als „Urkundenrolle". Auf diese Weise könnte man im Übrigen auch manipulationssicher den Kilometerstand festhalten. Und schließlich lassen sich Zulassungsstellen anbinden, um ausgestellte Fahrzeugbriefe auf Basis der Verkaufstransaktion in der Blockchain abzulegen. Es lassen sich durch Dritte z.B. auch Statistiken erstellen, welche Fahrzeuge wann und zu welchem Preis gehandelt wurden. Hier lässt sich gut erkennen, wie die Blockchain branchenweit die Kooperation Vieler mit Vielen befördert, erforderlich ist jedoch eine Menge Arbeit bei der Standardisierung des „Yin-Yang-Yong", um multilaterale Interoperabilität zu erreichen.

Die Blockchain im Internet der Dinge. Auch andere gehandelte, physische Gegenstände lassen sich im Internet der Dinge als direkte Mitspieler der Blockchain repräsentieren. Eine Wohnung, die für eine Woche gemietet wird, kann die Freischaltung für einen Zugangscode über die Blockchain erhalten, wenn Mieter und Vermieter über die Blockchain einen Mietvertrag geschlossen haben. Die Freischaltung kann auch erst bei Bezahlung erfolgen – ein häufiges Beispiel für den Einsatz von Smart Contracts. Dieses Prinzip der „Smart Locks" lässt sich verallgemeinern für viele weitere erdenkliche Produkte: Maschinen, Hotelzimmer Tresore, etc. Auch hier sind mehrere Rollen beteiligt: Käufer, Verkäufer und das „Ding". Die herausragende Eigenschaft der hierfür erforderlichen Blockchain ist die Nutzung von Smart Contracts als Koordinationsmechanismus.

Unternehmensinterne Verwendung. Ein Unternehmen könnte sämtliche Transaktionen seines Buchungsjournals in eine private Blockchain schreiben und Mitarbeitern selektiv Zugang gewähren. Dies gilt auch für externe Nutzer wie Steuerberater, Wirtschaftsprüfer oder Betriebsprüfer des Finanzamts. Auch hier besteht ein zusätzlicher „Kollateralnutzen“ durch die Anbindung berechtigter Dritter. Hier haben wir es mit einem typischen Fall einer „Closed Blockchain“ zu tun.

Die **Börse** NASDAQ verwendet ihr Blockchain-basiertes System “Linq”, um Aktien von Unternehmen herauszugeben und ihren Handel zu organisieren. Das erste Unternehmen „Chain.com“, dessen Aktien auf diese Weise handelbar waren, war wiederum genau das, welches die Blockchain „Linq“ dafür lieferte [8].

Bevor an dieser Stelle aber zu tief in der technischen Ausgestaltung von Blockchains beliebiger Einsatzszenarien eingegangen wird, geht es erstmal wieder zurück in die Anwendungsebene der Energiebranche, die nachfolgend ausführlicher beleuchtet werden soll.

2.2 B2B-Netzwerke im Energiehandel

Der Schwerpunkt dieses Kapitels liegt auf dem Einsatz der Blockchain im Bereich Energiehandel. Warum eigentlich? Traditionell gab es vor dem Jahr 2000 kaum Energiehandel, d.h., insbesondere Strom und Gas wurden auf der Seite der Versorger erzeugt und durch die Industrie und Konsumenten verbraucht. Der Bedarf ließ sich aus historischen Kennzahlen ableiten und kurzfristige Anpassung an unerwartete Abweichungen führten Erzeuger selbst auf Basis von Messungen der Frequenz- und der Spannungsabweichungen durch. Im Zuge der Liberalisierung des Europäischen Energiemarkes jedoch sollten die am Energiemarkt beteiligten, fest miteinander verbundenen Spieler die Möglichkeit erhalten, Energielieferungen auch von anderen Anbietern zu beziehen, d.h., ein Verbraucher sollte sich seinen Lieferanten aufgrund dessen Konditionen aussuchen können wie auch ein Lieferant wiederum den Erzeuger. Um die dafür erforderliche Transparenz, Austauschbarkeit und Standardisierung von Energielieferungen zu erreichen, wurden die am Energiemarkt teilnehmenden Marktrollen präziser definiert.

Durch den vom Gesetzgeber initiierten Übergang vertikal integrierter Versorger in Richtung Marktmechanismen stehen sich heute sehr viele Anbieter und Nachfrager gegenüber, die nicht nur eine Vielzahl an Daten austauschen und eine immer weiter steigende Zahl an Transaktionen durchführen, sondern hierfür ein hohes Maß an Standardisierung im Sinne des Yin-Yang-Yong erfordern. Hier scheint also ein gewisser Grundbedarf für die Blockchain zu bestehen. Wenn dann auch noch berücksichtigt wird, dass der Handel in hohem Maße symmetrisch ist und eine MWh Strom im Zweifelsfall zehnmal europaweit weiterverkauft wird, bevor die Lieferung an den Verbraucher erfolgt, dann scheint dies ein Markt zu sein, bei dem die Blockchain einige Unterstützung leisten kann.

Wer sind nun die Akteure am Energiemarkt?

- **Erzeuger** speisen Strom- oder Gasmengen in das Netz ein. Erzeuger können dabei heute auch kleinere Betreiber von PV-Anlagen oder Windparks sein.
- **Lieferanten** kaufen große Energiemengen bei den Erzeugern ein und bieten „Preis-Produkte" an, die den besonderen Anforderungen der Industrie oder der Verbraucher gerecht werden.
- **Verbraucher** kaufen entsprechende „Preis-Produkte" von Lieferanten ein. Dabei können Verbraucher jedoch auch Energie liefern, in diesem Fall agieren sie als **Prosumenten**, die nicht nur Strom einspeisen, sondern sich auch in gewissem Rahmen an der Netzregelung beteiligen können.
- **Händler** kaufen am Großmarkt Energie bei den Erzeugern und verkaufen sie an andere Händler oder Lieferanten weiter. Der Großhandel ist dabei ein europaweiter Marktplatz, auf dem einige Produkte mehrere Male weiterverkauft werden, bis sie schließlich über einen Lieferanten den Verbraucher erreichen.
- Physisch geliefert werden Strom und Gas über Netze, die von **Übertragungs- und Verteilnetzbetreibern** betrieben werden (ÜNBs bzw. VNBs). Erstere sind miteinander europaweit horizontal verbunden und sichern die Verfügbarkeit im Gesamtnetz durch verschiedene Verfahren, insbesondere durch die Regelung der Netzlast. Eine der Hauptaufgaben eines ÜNB ist, die Versorgungssicherheit zu gewähren. Die Verteilernetzbetreiber schaffen und betreiben die Verbindungen zu den Erzeugern und Verbrauchern.
- **Energiebörsen** bieten einen Marktplatz, auf dem Strom- und Gasprodukte gehandelt werden können. Diese Marktplätze sind reguliert, d.h., unter anderem sind sie durch nationale Regulatoren überwacht und haben z.T. einen Sonderstatus, indem sie bestimmte fachliche Prozesse mit Netzbetreibern durchführen.
- **Clearinghäuser** sind in der Regel einer oder mehreren Börsen angeschlossen und führen die finanzielle und physische Abwicklung von Energiegeschäften durch. Im Falle des Ausfalls eines Teilnehmers (dies passierte beispielsweise 2008 auch im Falle von Lehman Brothers an den europäischen Energiemärkten) tritt das Clearinghaus als Marktteilnehmer ein und beschafft ausgefallene Lieferungen bzw. kompensiert Zahlungsausfälle.
- **Broker:** Händler sind jedoch nicht gezwungen nur über Börsen zu handeln, es gibt auch im europäischen Energiemarkt eine große Anzahl Broker, über deren Plattformen Händler Geschäfte abschließen können. Hier allerdings ist der Broker lediglich der Vermittler eines bilateralen Geschäfts, während Clearinghäuser als Gegenpartei agieren. Letztlich können Händler natürlich auch bilateral Geschäfte direkt miteinander durchführen, Broker und Börsen dienen über ihre veröffentlichten Preise jedoch als Signalgeber für die Preisbildung.
- Eine weitere Rolle im Zusammenhang mit dem Energiemarkt ist die der **Indexagentur**, die über Handelsplattformen oder durch Kontaktieren individueller Händler den aktuellen Marktpreis für Energieprodukte ermitteln und gegen Gebühr diesen Händlern wieder zur Verfügung stellen.

- **Standardisierungsgremien** legen Prozesse des Energiehandels fest, insbesondere sind hierbei die *EFET* zu erwähnen (European Federation of Energy Traders), sowie die *ENTSO-E* bzw. *ENTSO-G* – beides Vereinigungen von Strom- bzw. Gas-ÜNBs, über die netzrelevante Prozesse vereinbart werden.
- Schließlich sind **Regulatoren** zu berücksichtigen, die auf nationaler oder Europäischer Ebene den Energiemarkt überwachen. Deren technische Anbindung erstreckt sich insbesondere auf das Melden von Handelstransaktionen durch die beteiligten Parteien. EU-Richtlinien wie REMIT und EMIR wurden in den letzten Jahren von der EU initiiert, um Daten der unterschiedlichen Handelstransaktionen an die Regulatoren zu berichten.

Zwischen Erzeugern, Händlern und Lieferanten wird eine Vielzahl an Produkten am Energiemarkt gehandelt: Zum einen gibt es langfristige Geschäfte, bei denen jährliche, quartals- oder monatliche Grundlast gehandelt wird (*Terminmarkt*), am kurzfristigen Ende befindet sich der *Spotmarkt*, der vor allem den nächsten Tag (*day ahead*) aber auch einzelne Stunden desselben Tages (*intraday*) abdeckt. Produkte am Terminmarkt unterteilen sich in physische und finanzielle. Bei ersteren besteht eine Lieferverpflichtung, letztere sind derivative Produkte wie z.B. Optionen oder Swap-Geschäfte, welche von Marktteilnehmern in der Regel zur Absicherung gegen Preisschwankungen abgeschlossen werden. Am ganz kurzfristigen Ende (kürzer als 15 Minuten) besteht auf einigen Marktplätzen noch die Möglichkeit, *Regelenergie* zu handeln, die von ÜNBs ausgeschrieben und von speziell dafür geeigneten Anbietern im Bedarfsfall angeboten wird.

Aus etwas Distanz betrachtet unterscheiden sich der Strom- und der Gasmarkt nicht wesentlich, beide sind teilweise sehr liquide, wobei der Strommarkt dem Gasmarkt im Trend zu mehr Kurzfristigkeit vorauseilt. Zur Vereinfachung soll daher im Folgenden besonderes Augenmerk auf den Strommarkt gerichtet werden.

2.2.1 Klassische B2B-Prozesse im Strommarkt

Da eine große Zahl an Marktakteuren die oben genannten Rollen ausübt, ist es wichtig, dass Geschäftsprozesse zwischen diesen einheitlich umgesetzt werden. Entsprechend Abbildung 2 stehen entlang einer Energiehandelstransaktion folgende Prozesse im Vordergrund:

Ausführen eines Geschäfts über eine Handelsplattform. Dies ist der plattform-übergreifend noch am wenigsten standardisierte Prozess, da er durch den jeweiligen Plattformbetreiber individuell umgesetzt ist. Als Ergebnis einer Transaktion erhalten beide Parteien separat Handelsdaten über einen plattformspezifischen Kanal. Diese Daten werden anschließend in die Handelssysteme (auch *ETRM-Systeme* genannt für „Energy Trading and Risk Management System“) der Transaktionspartner übernommen.

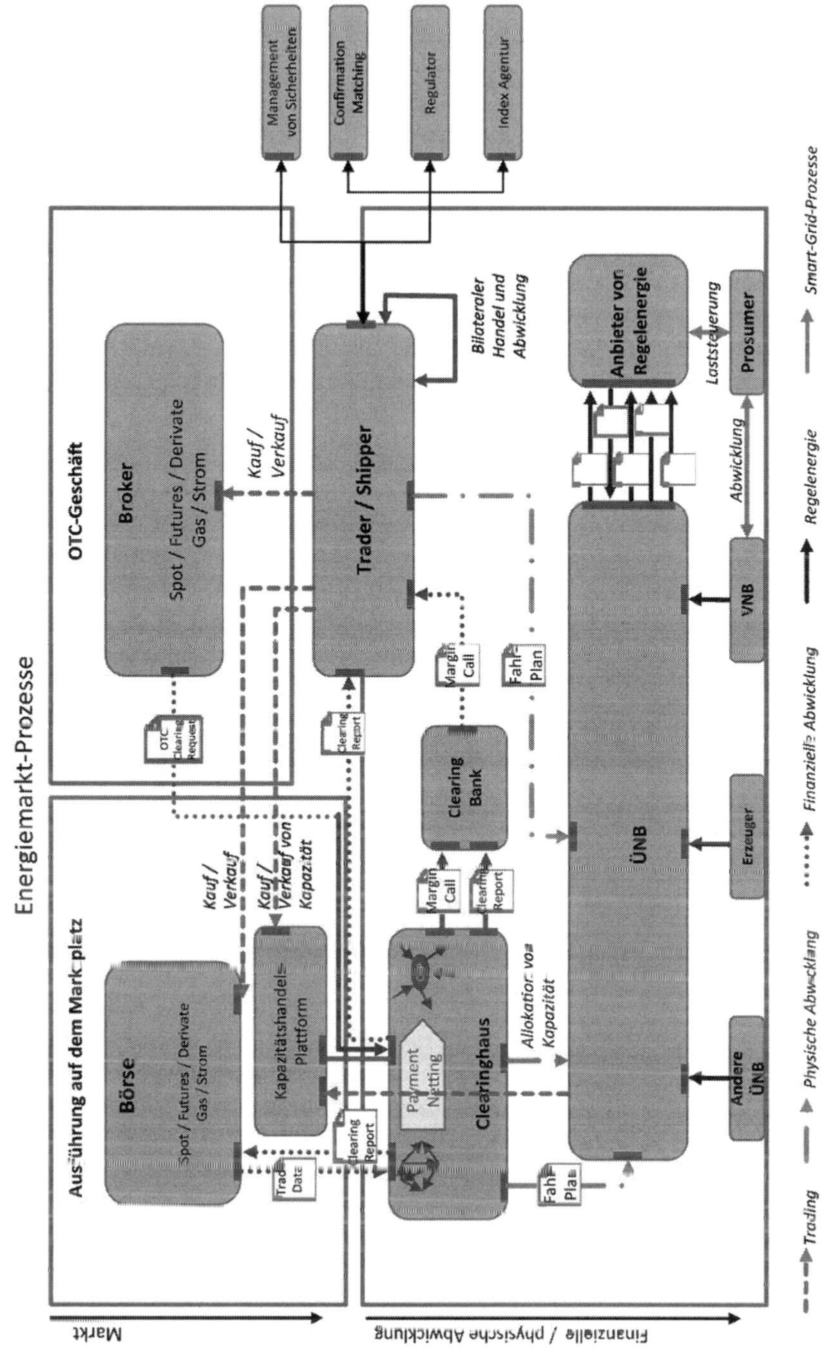

Abb. 2: Prozesse im Energiemarkt

Bestätigung von Handelstransaktionen (Trade Confirmation): Falls eine Transaktion „OTC" („over the counter – d.h. außerbörslich) zustande gekommen ist, tauschen beide Parteien die Details einer Handelstransaktion bilateral aus, um sicherzustellen, dass sich bei der Speicherung in den jeweiligen ETRM-Systemen keine Fehler einschleichen – es gibt hierzu im Handel kein einzelnes, „führendes" System. Der Abgleich von Handelsdaten erfolgt automatisch auf Basis des von der EFET entwickelten eCM-Standards (electronic Confirmation Matching).

Börsliches Clearing: Dies ist die Verarbeitung von Handelsdaten durch das Clearinghaus. Auf der einen Seite ist der Zahlungsausgleich der diversen Transaktionspartner einer Börse zu organisieren: Wenn hunderte Handelsteilnehmer mit einer großen Zahl anderer Marktteilnehmer handeln, dann ergeben sich Zahlungsverpflichtungen „jeder an jeden". Um die daraus entstehende Vielfalt an Einzelüberweisungen zu beherrschen, zerlegt das Clearinghaus jede Einzeltransaktion in zwei Hälften, wobei es selbst in der Mitte als neutrale, zentrale Gegenpartie agiert (engl. CCP = Central Counterparty). Aus dem Geschäft V—K zwischen Verkäufer und Käufer entstehen also die Geschäfte V—CCP und CCP—K. Der CCP ist dabei einmal Käufer und auf der anderen Seite Verkäufer. Topologisch betrachtet besteht diese Leistung des „Payment Netting" letztlich in der Transformation eines stark vermaschten Netzes in eine sternförmige Zahlungsbeziehung, bei der die Einzelbeträge mehrerer Zahlungsverpflichtungen zwischen CCP und einem Marktteilnehmer zusätzlich noch saldiert werden. Eine weitere Aufgabe des Clearinghauses ist, kurzfristig Marktteilnehmer zu werden, wenn ein zur Zahlung oder Lieferung verpflichteter Teilnehmer ausfällt. Die entstehenden Kosten werden im Kreise der Clearing-Teilnehmer sozialisiert.

OTC-Clearing. Händler können sich zu einem späteren Zeitpunkt entscheiden, OTC-Transaktionen an ein Clearinghaus zu senden, um diese dort abwickeln zu lassen. Dies erfolgt üblicherweise, um das Risiko mit einer Gegenpartei zu mindern. Klassisch findet dieser Prozess über individuell programmierte Schnittstellen zwischen Brokern und Clearinghäusern statt, wobei die (Clearing-) Broker von Händlern dazu beauftragt werden. Für Händler selbst wäre es zu aufwändig, diesen Prozess selbst zu implementieren.

Fahrplananmeldung beim ÜNB. Der finanziellen Abwicklung steht die physische entgegen – also die Lieferung von Strom. „Lieferung" heißt, dass jeder, der Strom in ein Netz einspeist oder aus ihm bezieht, dem ÜNB anzeigt, in welcher Höhe und in welchem zeitlichen Verlauf dies erfolgen soll. Diese Anzeige nennt sich „Fahrplananmeldung" und erfolgt zuerst am Ende des Vortages (z.B. um 18:00 Uhr) und im Laufe des Liefertages im 15-Minuten-Takt im Falle von Stromlieferungen. Der Liefertag ist dabei selbst in 15-Minuten-Intervalle unterteilt, so dass z.B. intraday noch gehandelte Lieferungen in den nachfolgenden Fahrplänen desselben Tages berücksichtigt werden. Händler am Großhandelsmarkt müssen daher in der Lage sein, diese Fahrpläne aktuell und zuverlässig zu versenden. Für börslich ausgeführte Transaktionen übernimmt in einigen Fällen das Clearinghaus diese Aufgabe, z.B. die ECC (European Commodity Clearing – der CCP der Energiebörse EEX in Leipzig). Ein kleiner

Händler könnte also den aufwändigen Prozess der Fahrplananmeldung vermeiden, indem er ausschließlich über die verbundenen Energiebörsen handelt. Andererseits sind die Clearingkosten für Händler verhältnismäßig hoch, so dass ein großer Teil der Handelsgeschäfte trotz eines grundsätzlichen Trends zur Börse immer noch OTC erfolgt.

Melden von Handelstransaktionen an den Regulator. Im Zuge der REMIT-Richtlinie [9] sind Händler verpflichtet, ihre Orders, Handelsgeschäfte und weitere Aspekte von Transaktionen an die zentrale Agentur ACER (Agency for the Cooperation of Energy Regulators [10]) bis zum Ende des Folgetages zu übermitteln. Hierzu wurde durch ACER festgelegt, in welchem Format, über welche Reportingplattformen und über welches Kommunikationsprotokoll die Meldung zu erfolgen hat. Die bedeutendste Reportingplattform ist hierbei das System eRR (electronic Regulatory Reporting) der EFETnet [11].

Abrufen von Regelenergie durch den ÜNB. Wenn sich kurzfristig, d.h., in einem Zeitraum von 15 Minuten oder weniger herausstellt, dass in einem Netz Angebot und Nachfrage nach Strom auseinanderlaufen, dann ist der ÜNB berechtigt, das kurzfristige Einspeisen von Strom anzufordern – oder eben auch im umgekehrten Fall das Verbrauchen von Strom (positive bzw. negative Regelenergie). Hierbei werden je nach Fristigkeit sogenannte Tertiär-, Sekundär- und Primärreserve unterschieden: Tertiärreserve wird für 15 Minuten innerhalb von 5 Minuten abgerufen. Sekundärreserve ist noch kurzfristiger und bei Primärreserve wird binnen Sekunden eine abweichende Lastsituation dadurch ausgeglichen, dass Erzeuger zur Frequenzhaltung der 50 Hertz einbezogen werden. Regelenergie wird von den ÜNBs ausgeschrieben und nur qualifizierte Anbieter werden überhaupt zum Verfahren zugelassen. Der ÜNB kauft hierbei auf der einen Seite Regelenergie vom Anbieter ein und stellt sie auf den anderen Händlern in Rechnung, die abweichend vom Fahrplan mehr oder weniger Energie geliefert haben. Diese Abweichung wird nachträglich anhand der jeweiligen Zählerstände bei Verbrauchern und Erzeugern ermittelt. Insofern wird auch der ÜNB selbst zum Marktteilnehmer und hat das Risiko zu tragen, dass seine Gegenpartei ausfällt, da die Abrechnung solcher Mehrkosten häufig nach Monatsabschluss erfolgt.

2.2.2 Aktuelle und zukünftige Entwicklungen im Strommarkt

Wohin bewegt sich der Strommarkt heute und in Zukunft und warum ist nun das Thema „Blockchain“ so interessant im Strommarkt?

Über die Jahre der Energiewende in Deutschland haben sich einige Parameter des Stromhandels stark verändert: Zunächst hat sich der Anteil erneuerbarer Energien dramatisch erhöht, Deutschland ist quasi zum Weltlabor für erneuerbare Energien geworden. Am Sonntag, den 8. Mai 2016 wurde daher ein neuer Weltrekord verzeichnet: über 95 % des nationalen Stromverbrauchs wurde in Deutschland durch erneuerbare Energien gedeckt. Es war also „Segelwetter“ mit blauem Himmel und gutem

Wind. Dadurch, dass es sich um einen Wochenendtag handelte, war zudem der industrielle Verbrauch niedrig, so dass die Verbrauchslast mit ca. 53 GW um etwa 12 GW geringer als an einem Wochentag war. Aber noch Weiteres war bezeichnend für diesen Tag: Strom gab es im Überfluss, daher wurde er „Day Ahead" zu minus 12,89 EUR pro MWh gehandelt, Käufer wurden also belohnt, wenn sie Strom abnahmen, der Preis für Spitzenlast lag an dem Tag bei minus 36,46 EUR und ein Stundenkontrakt bei erstaunlichen minus 135 EUR pro MWh! Immer häufiger steht Strom also zu minimalen Preisen zur Verfügung, dies hat u.a. damit zu tun, dass die industrielle Erzeugung auf Basis von Kernkraft und Kohle nicht in der Lage ist, binnen weniger Stunden die Erzeugungslast entsprechend zu senken und gezwungen ist, einen Abnehmer zu finden – koste es, was es wolle. Am 8. Mai sind daher 13 GW Überschuss erzeugt worden, die zu negativen Preisen ins benachbarte Ausland strömten.

Nicht immer ist zudem die Erzeugung planbar. Es gab bereits Tage, an denen sich das Wetter so stark gegenüber der Prognose des Vortags geändert hat, dass über 5 GW Differenz in Deutschland entstanden. Dies ist die Leistung von 4–5 Kernkraftwerken und entspricht fast 10 % des Verbrauchs. Aufgrund dieser nicht vollständig prognostizierbaren Volatilität entstehen heute Situationen, bei denen Regelenergie einen wesentlichen Anteil der Erzeugung einnimmt, dafür war dieser Prozess jedoch volumenmäßig gar nicht geplant. Insofern stellen wir bereits heute folgende Trends im Strommarkt fest:

- **Verschiebung vom Terminmarkt zum Spotmarkt** und weiter zur Regelenergie: Warum soll sich ein Händler langfristig mit Energie eindecken, die am Terminmarkt 25 oder 30 Euro kostet, wenn es sie kurzfristig (insb. intraday) kostenlos oder noch günstiger gibt? Es kann jedoch auch windstille Nächte geben, dagegen kann man sich nur absichern, indem man sich seine Versorgung entsprechend langfristig gesichert hat. Aber tendenziell gilt, dass aufgrund der sehr niedrigen Grenzkosten bei PV und Wind im Durchschnitt die Preise durch den hohen Anteil Erneuerbarer sinken, so dass sich ein Händler am Spot-Markt kurzfristig sehr günstig eindecken kann. So ist z.B. das Volumen des deutschen Intraday-Spotmarktes um über 40 % von 2014 auf 2015 gewachsen [12].
- **Sinkende Preise**: Im Mai 2016 hat ein Anbieter in Dubai eine Ausschreibung für den Betrieb einer PV-Anlage gewonnen, der die Lieferung von Strom für 2,99 USD Cent/KWh garantiert [13]. Die bei niedrigen Grenzkosten produzierenden erneuerbaren Energien verdrängen zunehmend die Altanlagen (Kohle, Kernkraft, Gas) auch am Großhandelsmarkt, da sogenannte Aggregatoren bzw. virtuelle Kraftwerke hunderte bis tausende Kleinerzeuger koppeln und gebündelt als Reserveenergie anbieten.
- **Reduzierte Transaktionsvolumina**: schließlich reduzieren sich die Transaktionsvolumina mit der Verschiebung zu Spot- und Regelenergie. Wurden früher im Großhandel eher 10–100 MW für Monate, Quartale oder Jahre gehandelt, nimmt heute der Anteil kleinerer 15-Minuten-Kontrakte am Spotmarkt der EPEX Spot zu

[12]. Dies liegt u.a. auch am Bedarf, kurzfristige Erzeugungsschwankungen auszugleichen. Das Minimum liegt heute bei einem 15-Minuten-Kontrakt über die Lieferung von 0,2 MW Strom.

Abbildung 3 zeigt die Entwicklung der Strompreise seit 2009: mit zunehmender Nähe des Liefertermins (X-Achse) sinken die Preise für den Jahresgrundlastvertrag eines jeweiligen Jahres. Zudem sinken bei gleicher zeitlicher Distanz zum Liefertermin auch die Preise, die von Jahr zu Jahr jeweils für das Folgejahr zu zahlen sind. Insgesamt haben sich also die Strompreise im Großhandel von über 60 Euro auf teilweise 20 Euro reduziert – und diese Entwicklung könnte noch einige Zeit weiterlaufen.

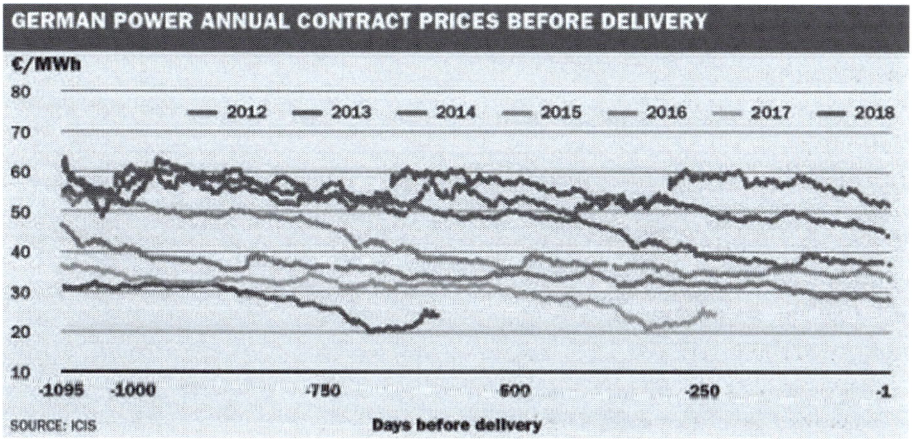

Abb. 3: Sinkende Strompreise am deutschen Terminmarkt, Quelle: ICIS [14]

In der Summe sehen wir also zunehmend kleinere und kurzfristiger gehandelte Mengen zu einem reduzierten Preis. Wenn hier nicht gleichzeitig die Transaktionskosten sinken, dann wird der Handel zu einem defizitären Geschäft – und genau das ist heute der Fall: Einige Handelsunternehmen sind bereits unprofitabel und viele drohen unprofitabel zu werden, da sich diverse Kostenfaktoren nicht grundlegend ändern:

– Die **internen Kosten des Handels** bleiben solange hoch, wie der Faktor „Mensch" beteiligt ist: Händler selbst sind hochbezahlt, aber auch Rechts- und IT-Abteilungen sowie die gesamte Konstruktion aus Front-Office (Handel), Middle-Office (Risikomanagement) und Backoffice (Abwicklung).
  Auch die **externen Kosten** sind hoch: Clearing- und Börsengebühren, Brokergebühren, Handelslizenzen, Indexagenturen und weitere Dienstleister generieren Kosten, die jeweils bezogen auf eine Spot-Transaktion sehr hoch sein können.

Im Folgenden daher einige Beispiele, die verdeutlichen, mit welchen Transaktionsvolumina und -beträgen wir es in den jeweiligen Märkten heute zu tun haben:

Tab. 1: Vergleich von Stromprodukten

Markt	Produkt	Volumen	Gesamtbetrag
Termin	Jahresgrundlastvertrag, 10 MW, 30 EUR/MWh, 8.760 Stunden	87.600,000 MWh	2.628.000,00 EUR
Termin	Monatsgrundlastvertrag 10 MW, 30 EUR/MWh, 720 Stunden	7.200,000 MWh	216.000,00 EUR
Spot	Day-ahead, 1 MW, 30 EUR	24.000 MWh	720,00 EUR
Spot	Intraday, 1 Stunde, 30 EUR	1,000 MWh	30,00 EUR
Regelenergie	1 MW, 15 min, 100 EUR	0,250 MWh	25,00 EUR
Primärregelenergie	Batteriespeicher, 200 KW, 5 Min., 300 EUR/MWh	0,040 MWh	5,00 EUR
Spot	Intraday handelbar an der EPEX Spot, 15 Minuten, 24 EUR/MWh	0,1 MWh	0,60 EUR

Die Beispiele oben zeigen, wie Transaktionsvolumina sinken, und dass irgendwann vom „Faktor Mensch" (Termin und Day-ahead) zu automatisierten Prozessen übergegangen wird (Intraday).

Zu den oben diskutierten Trends kommt ein weiterer Faktor hinzu: Bisher haben wir von Transaktionen und Preisen auf dem Großhandelsmarkt gesprochen. Hier stellt der ÜNB den Dreh- und Angelpunkt von Stromlieferungen dar. Erneuerbare Energien werden jedoch regional eingespeist, deren Erzeugungslast kann jedoch nicht immer beliebig verteilt sein, z.B. wenn in Verteilnetz 1 nur erzeugt und im Verteilnetz 2 nur verbraucht wird. Dies kann – je nach Region – zu Überlastsituationen im Übertragungsnetz zwischen den Verteilnetzen führen.

Ein VNB sollte also das Ziel verfolgen, möglichst viel lokalen Verbrauch durch lokale Erzeugung zu decken. Er muss also wie ein ÜNB im Kleinen agieren – d.h. Mechanismen schaffen, mit denen er auf einen Ausgleich zwischen Erzeugung und Verbrauch hinwirken kann. Verkürzt kann man dies als *Smart-Grid-Prozesse* zusammenfassen. Stand der Technik ist dabei, dass sowohl auf der Erzeugerseite (PV, Wind, Biogas) als auch auf der Verbraucherseite (Industrie, Bürohäuser, Hotels, Privathaushalte) in das jeweilige Lastverhalten eingegriffen wird (Supply Side / Demand Side Management, bzw. Lastverschiebung), um Schwankungen auf der Angebots- oder Bedarfsseite auszugleichen, man spricht hier auch vom Anbieten bzw. Abrufen von

Flexibilität. Erzeugungsanlagen und Verbraucher werden quasi ferngesteuert, um im lokalen Netz für Ausgleich zu sorgen. Heute werden Kleinerzeuger in ihrer Produktion über Aggregatoren „ferngesteuert" und sind in der Regel nicht am Großhandel beteiligt. Sie befinden sich vielmehr innerhalb eines Verteilnetzes, dass seine eigenen Anforderungen bzgl. Laststeuerung hat. Während der Aggregator gegenüber dem ÜNB Regelenergie anbietet, die aus der gesamten Regelzone des ÜNB und sogar auch aus denen benachbarter ÜNBs stammen kann, hat der VNB das Ziel, lokal zu optimieren. Insofern sollte sich der Erzeuger entscheiden können, in wessen Regime er integriert sein will.

Heute ist es für Erzeuger jedoch schwierig, den Aggregator zu wechseln, d.h., frei zu entscheiden, wer sein Transaktionspartner im Netz ist. Heute sind auch die Regeln und Protokolle zu Anbindung eines Erzeugers zum Teil noch Aggregatoren-spezifisch. Wenn in Zukunft jedoch – wie heute im Großhandel – auch ein liberalisierter Mikrohandel etabliert ist, dann kann prinzipiell der Kleinerzeuger seine Energie im Verteilnetz darüber hinaus an den Verbraucher verkaufen, mit dem er sich auf einen Preis einigen kann.

Dies erfordert also für die noch kleinteiligeren Transaktionen im Verteilnetz eine Infrastruktur mit noch weiter reduzierten Kosten. Flexibilität kann also angeboten oder abgerufen werden, aber wenn das Laden eines Akkus mit 10 KWh über 15 Minuten bei 30 EUR/MWh nur noch 7,5 Cent kostet, dann sollten die Transaktionskosten unter einem Cent liegen. Ob dies mit heutiger Infrastruktur effizient umsetzbar ist, ist fraglich.

Wenn wir also den Fokus vom ÜNB im Jahr 2016 auf den VNB im Jahr 2030 verschieben und dabei als Szenario annehmen,

- dass die deutsche installierte Leistung zur Stromerzeugung auf Basis erneuerbarer Energien bei 200 MW liegt, was mehr als das Dreifache der Verbrauchskapazität wäre,
- dass ein Teil der Überschussproduktion zwischengespeichert (z.B. mit erschwinglichen Batteriespeichersystemen) und als dann vergleichsweise preiswerte Regelenergie abgegeben werden kann,
- dass dadurch der Spot-Markt zum Hauptumschlagsplatz des Großhandels wird und sich gleichzeitig bis auf 15 Minuten an den Liefertermin herangetastet hat,
- dass im Rahmen des Handelns von Flexibilität Mikrotransaktionen in Höhe weniger Cent gang und gäbe sind,

dann können wir uns vorstellen, dass unsere heutigen IT-System solchen Anforderungen nicht mehr gewachsen sind. Immer höhere Echtzeitanforderungen, die Notwendigkeit, Softwaresysteme im laufenden Betrieb halten und dabei zu aktualisieren, eine Verfügbarkeit von 100 %, der gleichzeitige Zwang zur Kostensenkung sowie das oberste Ziel der Versorgungssicherheit einzuhalten, erfordert ein Umdenken bei der Planung von IT-Infrastrukturen für den Energiehandel.

Wenn Prosumenten grenzübergreifend Flexibilität anbieten können sollen, dann sind auch national unterschiedliche Umsetzungen von Prozessen wie zum Beispiel der Fahrplananmeldung nicht durchführbar, da jeder Kleinerzeuger bei Abweichung von Standardprozessen nicht zumutbaren Mehraufwand zu tragen hätte. Jeglicher Anpassungsaufwand an regionale Besonderheiten würde nicht nur Kosten bei der Nutzung verursachen, sondern im Zweifelsfall die Versorgungssicherheit gefährden.

Zusammenfassend lässt sich also sagen, dass heute im Energiehandel und bei angrenzenden Prozessen riesige Datenmengen individuell zwischen gewaltigen Datentöpfen hin- und her bewegt werden. Jede Anbindung ist individuell, das Ideal des anfänglich erwähnten Yin-Yang-Yong ist im europäischen Maßstab bestenfalls teilweise umgesetzt. Wenn also in Zukunft Mikromengen an Strom zu Mikropreisen echtzeitnah unter Gewährleistung der Versorgungssicherheit gehandelt, ausgetauscht und auch noch bezahlt werden sollen, dann ist dies eigentlich nur durch Nutzung der Blockchain möglich.

3 Einsatzszenarien von Blockchains im Energiehandel

In diesem Abschnitt wollen wir uns nun ansehen, was die Blockchain im Energiehandel verändern kann. Es ist wohl eher eine Frage der Fantasie, vorherzusehen, welchen Verlauf diese Veränderung nehmen wird, aber man kann sich auch vorstellen, dass sich einige Entwicklungen eher kurzfristig einstellen, also in den nächsten 2-5 Jahren, und andere, die eine fundamentale Umstellung bisher praktizierter Prozesse erfordern, eher in 10–15 Jahren zu erwarten sind. Dies hängt zudem sehr stark davon ab, inwieweit auch der Regulator das Thema „Blockchain“ für sich entdeckt und eine Standardisierung seitens der Industrie durchsetzen bzw. beschleunigen kann.

Im Folgenden sollen mögliche Entwicklungen des Blockchain-basierten Energiehandels beschrieben werden, dabei stehen die Kurzfristigen am Anfang der Betrachtung und die längerfristigen, spekulativeren am Ende.

3.1.1 Die Blockchain im Energiesektor heute

Erste Projekte finden sich bereits heute, bei denen die Blockchain verwendet wird, um Transaktionen in der Energiebranche zu verbuchen.

Im April 2016 wurde die Meldung verbreitet, dass die weltweit erste Energiehandelstransaktion über die Blockchain in Brooklyn, New York, stattgefunden hat. Hierbei hat der Besitzer eines Solardaches ein paar Kilowattstunden an einen Nachbarn verkauft unter Verwendung eines Smart Contracts der Ethereum-Blockchain. Dies geschah im Rahmen des Brooklyn-Microgrid (www.brooklynmicrogrid.com), welches vom Start-up Unternehmen LO3 betreut wird [15].

Das Beispiel zeigt exemplarisch, wie ein Smart Contract verwendet wird, um eine Lieferung unter Nachbarn auszulösen, inhaltlich also eher im „Szenario 2030" zu verorten. Als Einmal-Transaktion ist dies jedoch noch ein etwas beliebiger Prozess, er sollte eher als Marketing-Ereignis des Unternehmens verstanden werden – generell all derer, die sich mit dem Einsatz der Blockchain im Energiehandel beschäftigen.

Ein anderes Projekt kommt aus Deutschland: RWE setzt zusammen mit dem sächsischen Unternehmen Slock.it die Blockchain ein, um im Bereich Elektroautos ein Zahlungsverfahren zu verwenden, dass Ladetransaktionen an öffentlichen Ladestationen für Elektrofahrzeuge abrechenbar macht. Hierzu wird eine Recheneinheit verwendet, die verschiedene Anbieter von Ladestrom unterstützen, um Fahrern von Elektroautos eine einheitliche Bezahlung zu ermöglichen. RWE's System basiert auf der Entwicklung *BigchainDB* von Ascribe aus Berlin [23]. Inwieweit hierbei Smart Contracts für das Freischalten von Ladestationen verwendet werden, ist noch nicht erkennbar.

3.1.2 Szenario 2020: Evolutionärer Einsatz der Blockchain

Eher kurzfristig kann man sich vorstellen, dass die aktuellen, eingefahrenen Prozesse im Rahmen des Energiehandels durch die Blockchain eher unterstützt als abgelöst werden (Top-Down-Ansatz). Das Gesamtbild aus Abbildung 2 ändert sich also zunächst nicht, aber die Silobildung und der individuelle Datenaustausch könnte durch die Blockchain abgelöst oder zumindest durch Datensynchronisation verbessert werden, siehe hierzu Abbildung 4.

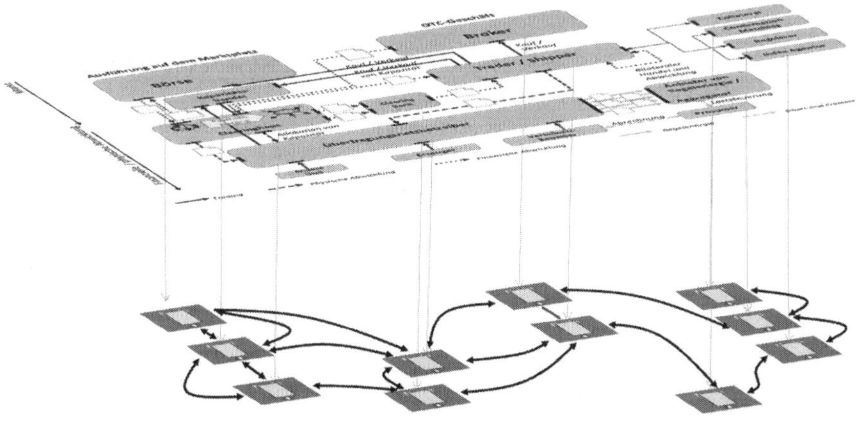

Abb. 4: Blockchain zur Unterstützung traditioneller Energiehandelsprozesse

Ein erster Schritt kann also die Nutzung der Blockchain als Kommunikationskanal sein: Hier bleiben alle Marktrollen erhalten, Händler handeln mit Händlern, Broker und Börsen stehen als Plattformen zur Verfügung und Netzbetreiber nehmen Fahrplandaten entgegen.

Wesentliche Spieler im System betreiben einen Knoten, dies können Händler, Plattformbetreiber, Netzbetreiber, IT-Dienstleister oder sonstige Dritte sein. Auf jeden Fall dürfte es sich um eine „permissioned Blockchain" handeln, deren Kommunikation zwischen Knoten einerseits (zur Datensynchronisation, horizontal in Abb. 4) und zwischen Teilnehmern und Knoten andererseits (vertikal) gesichert ist.

Der wichtigste Effekt der Blockchain ist hier die Standardisierung. Sollte es nur eine Blockchain auf dem ganzen Kontinent geben, müssten alle Teilnehmer Daten im exakt selben Format schreiben oder lesen – eine perfekte Umsetzung des „Yin-Yang-Yong". Fanden zuvor P2P-Prozesse auf der Anwendungsebene statt, so „reden" im Blockchain-Zeitalter fachliche Prozesse nicht mehr direkt miteinander, sondern über einen Adapter, der fachliche Prozesszustände und Daten auf die Blockchain als Transportcontainer abbildet. „Unten" zur Blockchain hin unterstützt der Adapter eine technische Schnittstelle und nach „oben" zur Applikation hin eine fachliche. Die Blockchain wird also als Container bzw. Transportvehikel benutzt, um Daten zu verbreiten.

Entsprechend kann man sich vorstellen, dass z.B. ein Händler, der einen Fahrplan an einen ÜNB schickt, diesen in die Blockchain schreibt und der ÜNB, der selbst einen Knoten betreibt, diese Daten ausliest. Sein Adapter liefert ihm dabei lediglich die Daten, die für ihn auch relevant sind, also Fahrpläne für seine Regelzone.

Ähnlich kann man sich vorstellen, dass eine Börse Transaktionsdaten an ein Clearinghouse schickt oder auch ein Broker im Rahmen des weiter oben erwähnten OTC-Clearing.

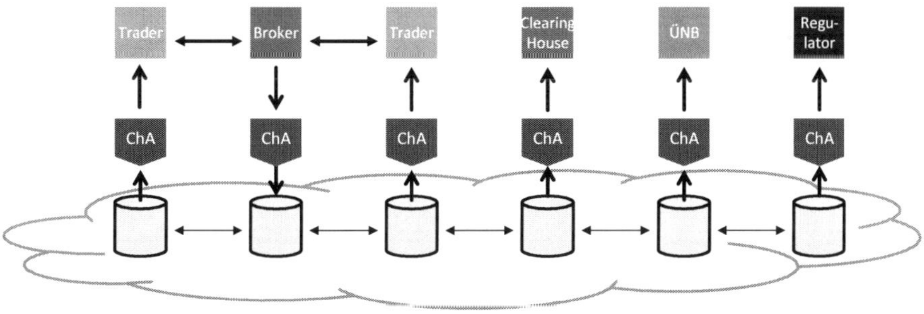

Abb. 5: Evolutionärer Einsatz der Blockchain

Anfangs wurde erwähnt, dass sich Index-Agenturen darauf spezialisiert haben, Marktpreise für bestimmte gehandelte Produkte zu ermitteln und Händlern zur Verfügung zu stellen. Stellvertreter sind hier Bloomberg und Thomson-Reuters als bekanntere Vertreter bzw. Platts und Heren als Spezialisten im Energiehandel. Während Preise für liquide Produkte wie z.B. Strom-Grundlast für das Jahr 2018 von vielen Börsen und Brokern veröffentlich werden, spezialisieren sich die Index-Agenturen auch auf weniger liquide wie z.B. Grundlast in Kroatien. Dazu fragen sie zu bestimmten Uhrzeiten bei Händlern – teilweise telefonisch – ab, zu welchen Preisen Produkte gehandelt wurden. Mit Hilfe von Durchschnittsbildung und Glättungsfunktionen entsteht daraus ein täglicher oder wöchentlicher Indexwert, der allerdings häufig wenig belastbare Stützstellen besitzt. Dieser wird veröffentlich und steht Händlern und Marktplätzen zur Verfügung, um auf dieser Basis Derivate zu handeln.

Auch hier gilt: was in der Blockchain steht, kann durch diverse Parteien als Datenbasis für spätere Transformationsschritte verwendet werden: insofern wird jeder Händler in die Lage versetzt, nach einer Standardformel den Index für bestimmte Produkte aus der für alle Teilnehmer gleichen Datenbasis selbst abzuleiten. Index-Agenturen haben den Ruf, für Händler recht kostspielig zu sein, da sie die Daten, die sie eben noch von den Händlern abgerufen haben, einen Augenblick später für viel Geld an diese wieder zurück verkaufen. In der Blockchain-Welt kann man sich vorstellen, dass auch Index-Daten, die in die Blockchain geschrieben wurden, auch anderen Marktteilnehmern zur Verfügung stehen. Zudem ließe sich so die Immutabilität der Blockchain ideal nutzen.

Auch der Regulator kann als Nutzer der Blockchain einbezogen werden. Er würde lediglich auf einen Knoten zugreifen und in Echtzeit – jedenfalls verglichen mit der heutigen 24-stündigen Verzögerung – Transaktionsdaten erhalten. Dies erfordert keinen Mehraufwand bei den berichtspflichtigen Händlern. Und ein ambitionierter Regulator, der mit Echtzeit-Software zur Börsenüberwachung das Handelsgeschehen verfolgt, kann dies nun tatsächlich in Echtzeit erreichen und nicht durch Nutzen einer „Replay“-Funktion am Folgetag. Wenn also alle, die heute an den Regulator

Transaktionsdaten berichten müssen (Händler, Börsen, Broker), diese in die Blockchain schreiben, dann ist nichts weiter zu unternehmen als den Regulator an die Blockchain anzubinden.

Was sind bei diesem evolutionären Ansatz nun die spezifischen Anforderungen an die Blockchain?

Tab. 2: Anforderungen an die Blockchain im evolutionären Szenario

Blockchain-Aspekt	Anforderung
Verfügbarkeit	Im Rahmen der heute üblichen Praxis, sollte ein ausgefallener Knoten binnen weniger Minuten wieder funktionsfähig sein, bzw. sollte binnen wenigen Sekunden eine Verbindung zu einem Ausweichknoten hergestellt werden können.
Immutabilität	Für einige Prozesse des Handels ist es nützlich, wenn daraus entstehende, langfristige Lieferverpflichtungen unveränderlich in die Blockchain geschrieben werden. Bei anderen Prozessen, wie z.B. der Fahrplananmeldung verlieren die Daten nach einigen Tagen an Wert. Da diese zusätzlich in den Anwendungssystemen gehalten werden, entsteht ein hohes Volumen an „toten" Daten. Hier wäre eine Blockchain nützlich, die es erlaubt, historische Blöcke abzutrennen und zu löschen.
Durchsatz	Das System sollte in der Lage sein, bei Lastschüben einige 100 Transaktionen pro Sekunde, einschließlich der dafür erforderlichen Daten durchzusetzen.
Block Time	Aufgrund des evolutionären Charakters reicht es, wenn ein Block erst nach 30-60 Sekunden abgeschlossen wird, da aktuelle Prozesse heute erheblich langsamer sind.
Trustlessness	Nicht erforderlich, da Knotenbetreiber vertrauenswürdig sind.
Datenvolumen	Wenn man das heutig Datenvolumen des REMIT-Reporting als Schätzgrundlage verwendet, dann dürfte das monatliche Datenvolumen in der Größenordnung von Terabytes liegen.
Smart Contracts	Nicht erforderlich, da Datenaustausch und -synchronisation im Vordergrund stehen.
Proof-of-Work	Nicht erforderlich, eher Proof-of-Stake durch die Knotenbetreiber
Zugriffschutz	Wichtig: Transaktionsdaten von Händlern oder bestimmte Daten einer Transaktion dürfen nur autorisierten Nutzern zugänglich sein.
Anonymität / Pseudonymität	Da Händler im Wettbewerb stehen, ist gegenseitiger Schutz vor Dateneinsicht und Identifizierung anderer Marktakteure zwingend. Andererseits sind ausgewählte Teilnehmer (ÜNBs, Regulatoren) in die Lage zu versetzen, Teilnehmer zu identifizieren. Es gilt hier die oben beschriebene Anforderung der Anonymisierung mit Möglichkeit der Offenlegung durch autorisierte Teilnehmer.
Zahlungsverfahren	Nicht erforderlich

Blockchain-Aspekt	Anforderung
Währung	Nicht erforderlich

3.1.3 Disruptive Auswirkung auf die physische Abwicklung von Handelstransaktionen

Das evolutionäre Szenario geht noch von unveränderten Daten und Prozessen zwischen den Teilnehmern aus – wir verfolgten hier einen Top-down-Ansatz, bei dem die Anwendung den Einsatz der Blockchain dominiert.

Wenn man aber die Welt aus der Perspektive der Blockchain betrachtet, dann macht es viel mehr Sinn „bottom-up" zu denken, d.h., inhärente Eigenschaften der Blockchain zu nutzen, um auf der Anwendungsebene einen Mehrwert zu generieren. Wie in vielen anderen Branchen auch, kann dieser Mehrwert nicht nur quantitativ (z.B. durch die Beschleunigung von Prozessen), sondern auch qualitativ sein (z.B. durch Verzicht auf bestimmte Marktrollen), indem er die Rolle einzelner Teilnehmerrollen in Frage stellt. Doch zunächst eine weniger disruptive Variante:

Die Tatsache, dass alle Nutzer der Blockchain alle Daten erhalten, lässt einen Prozess wie die Fahrplananmeldung im Blockchain-Zeitalter etwas veraltet wirken. Wie funktioniert dies heute genau? Ein Händler, der eine Fahrplan erstellt, greift alle 15 Minuten auf sein Portfolio – also seinen Bestand an Handelstransaktionen – zu und filtert diesen nach Liefertag, Gegenpartei und ÜNB. So erhält er alle Handelstransaktionen, deren Lieferung sich auf den Tag beziehen, für den ein Fahrplan erstellt werden soll. Aus diesen Transaktionen ermittelt der Händler durch Saldieren der Liefermengen nach 15-Minuten-Intervallen eine Zeitreihe, die seiner Netto-Lieferung in die Regelzone des ÜNBs entspricht. Diesen Fahrplan übermittelt er an den ÜNB, der seinerseits prüft, ob der Handelspartner aus seiner Perspektive zu den gleichen Ergebnissen gekommen ist. Wenn dies der Fall ist, bestätigt der ÜNB beiden Händlern die Korrektheit. Alle 15 Minuten wird dieser Prozess wiederholt. Auch Erzeugungs- oder Verbrauchsprognosen werden im Vorwege in diesem Format versendet.

Aus Blockchain-Sicht gäbe es hier einiges zu vereinfachen: Warum soll der Händler immer wieder mit viel Aufwand alle 15 Minuten einen Selektions-, Saldierungs- und Datenaustausch-Prozess durchführen? Geht es auch anders, also Blockchain-affiner?

Dazu brauchen wir nur nach Großbritannien schauen: Der britische Stromnetzbetreiber National Grid hat folgendes Verfahren entwickelt: Sobald zwei Händler eine Transaktion durchgeführt haben, meldet einer der beiden (der sog. ECVNA-Agent, Energy Contract Volume Notification Agent) die Schlüsseldaten der Transaktion an eine Stelle des ÜNB (den ECVAA – Energy Contract Volume Aggregation Agent). Gleiches gilt für alle Modifikationen oder Stornierungen von Lieferungen. Dieses Melden beginnt mit Termin- und endet mit Spotgeschäften. Der ECVAA hat auf diese Weise bereits zum frühestmöglichen Zeitpunkt alle Informationen verfügbar über die erwartete Last auf der Erzeugungs- und Verbrauchsseite. Mit jeder gemeldeten Transaktion verändert sich dieses Bild und präzisiert sich angesichts der neuen Liefermenge. Der ÜNB führt selbst das Saldieren durch und kann sich die Liefermengen der Marktteilnehmer eines Tages, verteilt über die 15-Minuten-intervalle, somit selbst ableiten.

Wenn nun aber Händler ihre Handelsdaten in die Blockhain speichern, und der ÜNB ebenfalls auf der Blockchain lauscht, dann ist der Nominierungsprozess hiermit bereits erledigt. Die Blockchain würde hier helfen, einen Prozess zu entschlacken, der heute mit einem hohen Aufwand an Sorgfalt und Kosten die IT-Infrastruktur diverser Händler belastet.

3.1.4 Disruptive Auswirkung auf die finanzielle Abwicklung

Viele Blockchain-Projekte im Fintech-Bereich beschäftigen sich mit den Auswirkungen der Blockchain auf Clearinghäuser. Es gibt inzwischen diverse Clearinghäuser, die sich mit dem Thema befassen, um besser zu verstehen, ob und wie denn ihre Existenz bedroht ist.

Lesenswert ist hier das Papier der Unternehmensberatung Oliver Wyman und der Euroclear [16]: Durch die Einführung von dedizierten Blockchains für die Asset-Seite (hier: Lieferverpflichtung für Strom) und für das Zahlungsmittel (Euro bzw. eine spezielle Handelswährung) lassen sich aus dem komplexen Geflecht im Finanzhandel diverse Dienstleister herauskürzen, insbesondere kommen die Autoren zu dem Ergebnis dass *„no central clearing for real-time cash transactions"* erforderlich sei. Insbesondere zur Rolle des CCP bei Spot-Transaktionen schreiben die Autoren:

> In a near real-time asset transaction settled for cash, there is no longer a need to clear the transaction centrally (as both sides have pre-trade transparency that their counterpart will be able to meet the terms of the transaction, and settlement happens almost instantly). However, transactions with a longer lifecycle (such as derivatives) still need the advantages of CCP novation to achieve netting benefits and reduced future counterparty credit risk (replacement risk) [16, S. 13].

Die Rolle des Clearinghouse im Energiehandel wurde bereits beschrieben, ebenso der Einfluss der Blockchain auf die physische Abwicklung von Geschäften. Wenn also eine Börse, wie oben beschrieben, ihre Transaktionsdaten bereits aus Gründen des regulatorischen Berichtswesens in die Blockchain schreibt, dann stehen sie auch gleichzeitig dem ÜNB zur Verfügung. Dieser Teil der Aufgaben eines Clearinghauses (physische Abwicklung) ist also bereits anderweitig optimiert.

Was die finanzielle Seite der Abwicklung – das Payment Netting – betrifft, ist die sternförmige Abrechnung zwischen CCP und Händlern ja gerade das Ergebnis einer Optimierung – wie lässt sich hier also die Blockchain einsetzen?

Da viele Blockchain-Lösungen (z.B. Ethereum) mit einer Verrechnungseinheit ausgestattet sind (bei Ethereum ist dies „Ether"), ist es kein großer Schritt, diese auch in die Abwicklung von Handelstransaktionen einzubeziehen. Man könnte theoretisch eine Kopie der Währung „Bitcoin" exklusiv für den Energiehandel nutzen, aber ist es wirklich erforderlich, eine Währung mit freiem Wechselkurs zu nutzen? Solange der Energiehandel in Euro denominiert ist, reicht folglich ein Kontensystem, bei dem mit einer Handelstransaktion implizit auch ein Zahlungsbetrag gebucht wird – ähnlich einer Bitcoin-Transaktion. Marktteilnehmer müssen sich dazu mit einer entsprechenden Liquidität (der Transaktionskasse) eindecken, so dass sie anschließend ihre Handelsgeschäfte durchführen können. Da aber die Nutzung des Kontensystems erheblich günstiger ist als die Konvertierung zwischen Fiat-Währungen wie Euro oder englisches Pfund und ihm selbst, dürfte insbesondere der Spotmarkt von diesem Zahlungsmechanismus profitieren.

Wenn also eine Energielieferung spätestens für den Folgetag sofort verrechnet wird und diese Verrechnung maximal Cent-Beträge kostet, dann dreht sich der Vorteil des Payment Netting wiederum: Für einen Händler ist die Nutzung der Blockchain mit Kontensystem günstiger und zuverlässiger aufgrund der sofortigen Buchung.

Allerdings besteht auch ein großer Nachteil in dieser Lösung: Die Transaktionskasse eines jeden Händlers muss für unerwartet große Geschäfte ausreichen, der Worst Case definiert also die erforderliche Liquidität. Würden nämlich im Falle eines solchen Geschäfts zunächst Euros aus der klassischen Bankenwelt auf das Transaktionskonto transferiert werden müssen, ist der Liefertag für die Energie möglicherweise schon verstrichen – es dauert einfach zu lange. Es ist aber genauso wenig effizient, ständig einen zu hohen Betrag auf dem Transaktionskonto der Blockchain zu parken, denn diese Liquidität stünde für andere Transaktionen des Unternehmens nicht mehr zur Verfügung – der Händler könnte das Geld viel sinnvoller für andere Zwecke verwenden.

An dieser Stelle kann man sich vorstellen, dass die Dienstleistung einer Bank zur Handelsfinanzierung durch die Hintertür wieder ins Spiel kommt (das Clearinghaus ist im Übrigen selbst eine Bank). Während Händler heute Sicherheiten beim Clearinghaus hinterlegen, um sich gegenseitig gegen ausfallende Handelspartner abzusichern, so würden sie im Szenario der P2P-Bezahlung eine Kreditlinie der Bank in Anspruch nehmen, die ebenfalls durch Anlagegüter besichert ist. Dennoch wären seitens der Bank nicht Abwicklungsgebühren für jede eine Handelstransaktion abzurechnen, sondern für die Bereitstellung liquider Mittel. Außerdem wäre dieses Geschäft ein ganz normales Geschäftsmodell für Banken, d.h., eine Branchenspezialisierung wäre möglicherweise nicht mehr erforderlich.

Entsprechend sieht das etwas disruptivere Bild der beteiligten Marktrollen aus: Neben Händlern und Marktplätzen bleiben noch ÜNBs und Regulatoren als natürliche Monopole, die faktisch oder qua Gesetz nicht auch noch wegoptimiert werden können.

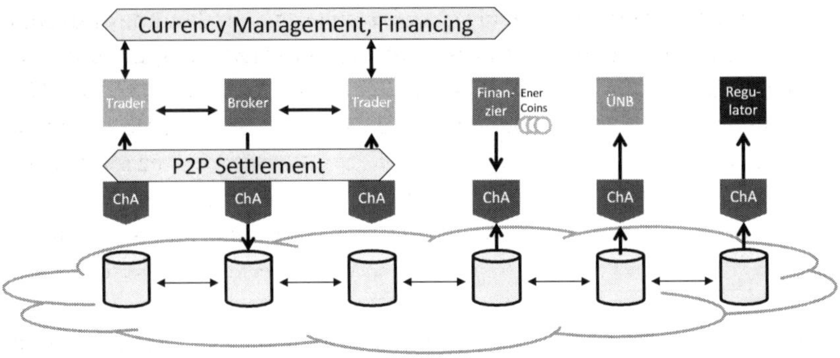

Abb. 6: Vom Clearinghaus zum Finanzier

Eine offene Frage bleibt jedoch: Wie können sich die Marktteilnehmer gegen den Ausfall von Handelspartnern absichern? Wenn das Clearinghaus nicht mehr als Marktteilnehmer einspringen kann, werden dann alle Gegenparteien, die Forderungen gegenüber der Ausgefallenen haben, ebenfalls in den Orkus gezogen? Oder greift hier eine Versicherungslösung? Dies sind Aspekte, für die die Blockchain-Community in Zukunft noch eine Lösung finden muss, die mindestens so effizient ist wie die aktuelle.

3.1.5 Disruptive Auswirkung auf den Handel: Peer-to-Peer Trading ohne Broker

Bisher sind wir davon ausgegangen, dass eine Börse oder die Handelsplattform eines Brokers naturgemäß eine zentralisierte Rolle spielt, d.h., es war intuitiv klar, dass der Handel auf Börsenplattformen ein inhärent zentralisierter Prozess sein muss. Dies ist jedoch inzwischen widerlegt! Denn seit April 2016 gibt es als Gegenbeweis OpenBazaar (www.openbazaar.org), eine Open-Source-basierte Erweiterung von Bitcoin, die – genauso wie Bitcoin – auf alles Zentrale verzichtet. Jeder kann hier Händler sein und seine Produkte selbst anbieten. Falls es zu Disputen zwischen den Transaktionspartnern kommt, lassen sich Dritte als Schiedsstelle einbinden. Die Bezahlung von Gütern und Dienstleistungen erfolgt über Bitcoin. Dies bedeutet aber auch, dass sich die Nachteile von Bitcoin (lange Block Time, begrenzte Transaktionsrate) auf OpenBazaar-Geschäfte auswirken.

Da OpenBazaar konsequent die Pseudonymität von Bitcoin fortsetzt, waren unbekannte Händler aller Art in den ersten Tagen nach dem Go-Live bei OpenBazaar zu finden – unter anderem auch Anbieter illegaler Drogen und von Nazi-Musik. Die OpenBazaar-Architektur aus Abbildung 7 sollte daher als prototypisch für zukünftige P2P-Marktplätze betrachtet werden:

- Ganz unten im Stack dient **Bitcoin** als gemeinsame Basis für Zahlungstransaktionen mit seinen Eigenschaften wie Persistenz, Kontenverwaltung, Datenkonsistenz zwischen Knoten, transiente Wiederanlauffähigkeit von Knoten, etc. Man kann sich aber alternativ auch vorstellen, dass die Marktplatzarchitektur gar nicht zwingend mit einer speziellen Blockchain bzw. Blockchain-Technologie gekoppelt sein muss, ihre technische API könnte beispielsweise voreingestellt auf Bitcoin abbilden, aber bei anderen Anforderungen (gegenseitiges Vertrauen, niedrigere Block Time) wäre es sicherlich sinnvoller, eine andere Blockchain-Implementierung einzusetzen.
- **Peer-to-Peer-Kommunikation:** Das OpenBazaar Network wird genutzt, um Angebote im Netz direkt auszutauschen. Hier wird das P2P-Protokoll „Kademlia" verwendet, das Knoten transient synchronisiert, d.h., ohne die Persistenz der Blockchain zu nutzen [17]. Der Vorteil liegt in der raschen Synchronisierung der Knoten, jedoch würden Angebote eines Teilnehmers verlorengehen, wenn ein OpenBazaar-Knoten abgeschaltet werden würde.
- **Chain Adapter:** Oberhalb der technischen API befindet sich die Verbindungsschicht zwischen der technischen und der fachlichen Ebene. Die vom Chain Adapter angebotene Schnittstelle ist vertikal, hier wird im Kontext des jeweiligen Marktes (Finanzhandel, Versicherungen, physische Güter, Crowd Funding) eine entsprechende Terminologie verwendet. Im Energiekontext wären dies beispielsweise Produktattribute wie „Grundlast", „Lieferzeitraum" und „MWh". Bei OpenBazaar sind es diese vertikalen Bausteile, die branchenspezifische Logik implementieren. Ein Chain Adapter würde im Sinne von OpenBazaar eine vertikale API anbieten, die wiederum von Marktteilnehmern genutzt werden.
- **Applikationen der Marktteilnehmer** würden auf die Commercial API aufsetzen. Typische Anwendungen sind hier ETRM-Systeme und Trading-Front-Ends der Händler, bei anderen Teilnehmern sind es die jeweiligen Applikationen der Clearinghäuser, ÜNBs, Regulatoren, etc.

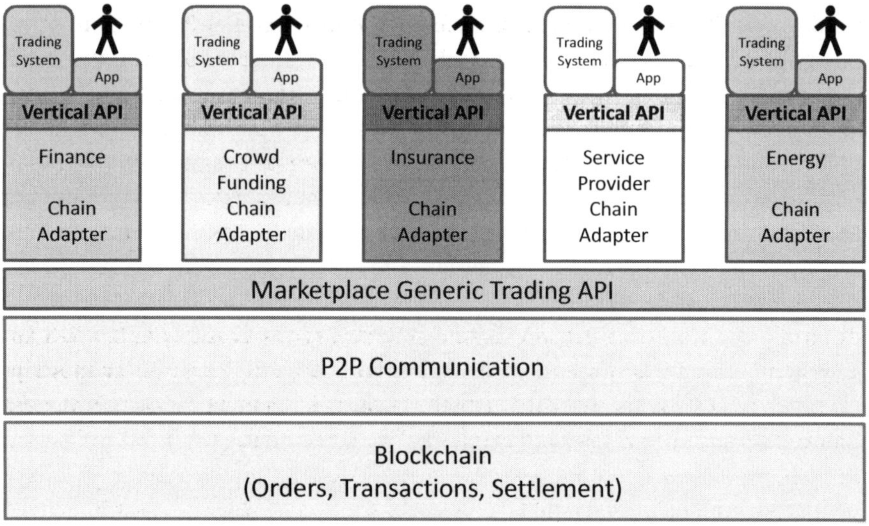

Abb. 7: Architekturmodell in Anlehnung an OpenBazaar

Dem Chain Adapter kommt eine marktspezifische Rolle zu, da auf seiner Ebene definiert wird, wie fachliche Datenformate und Prozesse in die Blockchain eingebettet sind – es gilt also eine Vielzahl an Details zwischen den Marktteilnehmern zu verabreden, bevor sich alle Beteiligten technisch verständigen können. Im Rahmen einer umfassenden Standardisierung ist also bei der Entwicklung vertikaler Chain Adapters das anfangs erwähnte Yin-Yang-Yong umzusetzen.

Die Bitcoin-Anbindung von OpenBazaar dürfte sich zudem im Kontext des Energiehandels als zu langsam erweisen. Während bei privaten Angeboten, die sich auch bei eBay finden, sicherlich eine Verzögerung bis zu einigen Stunden bis zur sicheren Inklusion der Transaktion in einen Block tolerabel ist, wäre diese Zeitspanne beim Energiehandel zu lang. Für den Energiehandel müsste das Einstellen einer Order in Sekundenbruchteilen an die anderen Knoten weitergeleitet werden, um zu verhindern, dass es zu Begünstigungen schnell angebundener Händler kommt. Auch das Zustandekommen einer Transaktion muss entsprechend schnell die anderen Knoten erreichen, so dass Doppelbuchungen vermieden werden. Das Protokoll muss dies sicherstellen, denn nur einer kann den Zuschlag für eine Transaktion erhalten. Insofern soll OpenBazaar hier als Prinzip vorgestellt und nicht als virtueller Ort für Energiehandelstransaktionen empfohlen werden.

Die Community der Energiehändler steht beim Festlegen von Datenformaten allerdings nicht ganz am Anfang, da in der Branche bereits diverse Standards existieren. Insbesondere sei hier CPML (Commodities Products Markup Language [18]) erwähnt, ein XML-Standard für die Datenstrukturierung von Energiehandelstransaktionen. CPML entstand ursprünglich im Rahmen des eCM-Prozesses (electronic Confirmation Matching), bei dem Händler gegenseitig prüfen, ob die Daten eines OTC-Geschäfts der anderen Partei mit den im eigenen ETRM-System geführten Transaktionsdaten entsprechen. Ist dies gegenseitig der Fall, spricht man von einem „Match" – und alles ist in Ordnung. Nur wenn die Daten beider Parteien nicht matchen, könnte sich ein Fehler eingeschlichen haben. Im Zuge der Standardisierung dieses eCM-Prozesses hat sich ein Fundus an Standardbausteinen zur Modellierung von Handelsgeschäften ergeben, dieser wäre „nur" noch auf die Blockchain abzubilden.

Aufgrund der seit über zehn Jahren gelebten Praxis beim Einsatz des CPML-Standards besteht also eine gewisse Chance, dass die Standardisierung des Chain Adapters in kurzer Zeit übernommen werden kann. Insofern ist es nicht unrealistisch, dass recht bald erste Marktplatz-Projekte in diesem Umfeld starten.

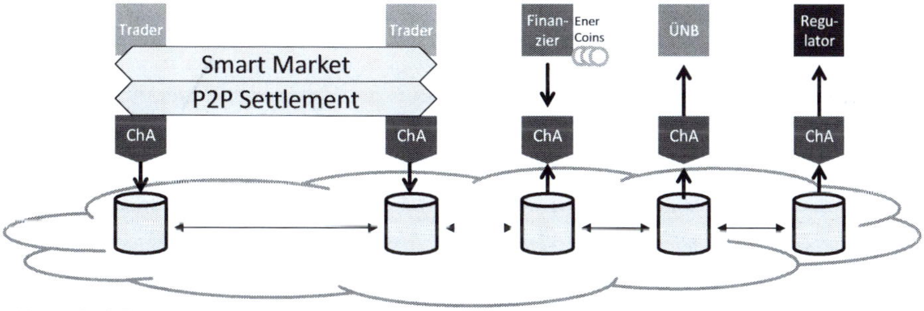

Abb. 8: OTC-Energiehandel ohne Broker

Man könnte schließlich einwenden, dass ein P2P-Marktplatz niemals die Geschwindigkeit und Transaktionsrate eines zentralisierten Brokersystems erreichen könne. Dies ist richtig, da beispielsweise im Hochfrequenzhandel Transaktionen im Takt weniger Mikrosekunden zustande kommen. Aber ist dies denn wirklich erforderlich im Energiehandel? Solange ein paar Sekunden ausreichen, um eine Order einzustellen, auf der Trading-Screen eines Händlers anzuzeigen und durch Klicken das Geschäft zu bestätigen, befinden wir uns noch auf sicherem Terrain für den Blockchain-basierten Handel. Es ist jedoch längerfristig zu erwarten, dass – wie in den oben erwähnten Smart-Grid-Szenarien – Software die Transaktionsentscheidung trifft. Wenn hier aber eher Millisekunden als Sekunden zählen, dann könnte ein Händler begünstigt sein, der auf dem gleichen Knoten der Blockchain sitzt, da hier die Übertragungszeit verzögern wirkt.

Wenn nicht die Transaktionsrate fortgeschrittener Börsensystemen erreicht werden muss, so ist es aus Sicht des Energiehandels doch ein Optimierungsziel, diese aus Gründen der Diskriminierungsfreiheit zu erhöhen. Interessant wäre es also, wenn ein Blockchain-Produkt das Feature „Nicht-Diskriminierung" bieten würde, das Händler nicht aufgrund eines topologisch benachteiligten Knotens schlechter stellt. Man könnte z.B. im Falle einer gehosteten Blockchain erzwingen, dass sich die Systeme der Händler immer wieder mit anderen Knoten verbinden, so dass es dem Zufall überlassen ist, ob ein Ereignis (z.B. eine Order) auf demselben Knoten oder einem anderen auftritt.

3.1.6 Szenario 2030: Ein perfekter Energiemarkt

Wenn wir das abschließende Szenario auf das Jahr 2030 ausrichten, was wäre dann das Maximum an Optimierung, das wir uns vorstellen können? Wie sich gleich zeigen wird, beschäftigen wir uns aus zwei Gründen dabei nur peripher mit der Blockchain-Technologie: erstens, weil der Begriff „Blockchain" im Jahr 2030 wohl nicht mehr verwendet wird – ähnlich wie wir heute Begriffe wie „Funktelefonnetz" wegen der Omnipräsenz dieser Netze nicht mehr verwenden und zweitens, weil das Szenario im Kern eine Anforderungsanalyse ist, aus der später abgeleitet werden kann, wie den die Blockchain des Energiehandles der Zukunft gestaltet sein sollte.

Das Szenario 2030 ist zugegebenermaßen sehr visionär, aber das Schöne ist hierbei, dass über einen absehbaren Zeitraum niemand den Gegenbeweis antreten kann, also wird an dieser Stelle einmal recht visionären Gedanken freier Lauf gelassen – also bitte nicht Anstoß nehmen an Preisen, Mengen und anderen Quantisierungen, die sich sicherlich in der Realität etwas anders materialisieren können als hier beschrieben.

Auch ist die Annahme der „Kupferplatte" eine eigentlich nicht zulässige Abstraktion, denn der Lieferfähigkeit von Strom in oder aus einem Verteilnetz ist durch die Kirchhof'schen Gesetze begrenzt – der Markt muss sich der Physik fügen. Aber dennoch kann für die Standortwahl zukünftiger Erzeuger das Anreizsystem so gestaltet sein, dass diese sich der Nähe von Großverbrauchern ansiedeln.

Wir nehmen daher an, dass es eine einheitliche Netz- und Handelsinfrastruktur gibt, die sich über den gesamten Kontinent erstreckt. Teilnehmer sind Anbieter großer und kleiner Kraftwerke sowie große und kleine Anbieter von Energiespeichern, die mehr oder weniger sicher den Strom in Abhängigkeit von Wetterlagen liefern bzw. an Dritte abgeben können. Auch wird es Anbieter geben, welche die flexibel nach Markt- oder Transporterfordernissen die Energieformen umwandeln, Zum Beispiel: Strom zu Gas und Gas zu Strom. Marktverzerrende Subventionen wie z.B. die im Rahmen des deutschen EEG (Erneuerbare Energien Gesetz) spielen 2030 keine Rolle mehr, da die Stromproduktion nicht mehr förderungsbedürftig ist und die letzten geförderten Anlagen am Ende ihrer Subventionsperiode stehen.

Die Investition pro Kilowatt Erzeugungskapazität kostet nur noch 500 Euro (größere Windanlagen lassen sich heute bereits bei einer Investition von unter 1000 Euro/KW installieren), langfristig bieten große und kleine Anlagenbetreiber ihren Strom am Großhandel für durchschnittlich 2–4 Cent/KWh an – dies liegt unter dem historischen Großhandelspreis aus Abbildung 3. Batteriespeicher kostet nur noch 100

Euro/KWh [19]. Da das Unternehmen Tesla ab 2017 bereits Batterien für 300 USD/KWh produzieren wird, ist die Annahme für das Jahr 2030 nicht unrealistisch. In Deutschland liegt die aggregierte Erzeugungskapazität möglicherweise bei 200 GW, von denen in der Regel nur ein geringer Teil tatsächlich genutzt wird, der Rest steht direkt oder indirekt als Reservekapazität zur Verfügung für Ausnahmesituationen.

Das primäre Ziel ist jedoch auch 2030 nicht, den Strom für das Aufheizen einer Sauna in Finnland beim Besitzer eines Solardaches in Süditalien zu kaufen, es besteht vielmehr der Anreiz, den größten Teil der Erzeugung lokal im Orts- oder regionalen Verteilnetz zu verbrauchen. Dies wäre z.B. möglich durch dynamisierte Netznutzungsentgelte der Übertragungsnetzbetreiber, welche auf die 2–4 Cent/KWh einen Aufschlag als „Wegzoll" erheben, sobald die Übertragung über ein Ortsnetz, Verteilnetz oder die Zone eines ÜNBs hinweg erfolgt. Heute sind dies durchschnittlich etwa 6 Cent/KWh. Jedoch kann sich dies in Zukunft nach Netzstufe differenzieren: Eine Lieferung im Ortsnetz mag dann 3 Cent kosten, eine innerhalb des VNB 5 Cent und eine über dessen Grenzen hinweg vielleicht 8 Cent. Der Preisanreiz ist also, lokale Erzeugung auch lokal zu verbrauchen.

Handelnde Teilnehmer seitens der Prosumenten sind nicht Personen, sondern Algorithmen in den Steueranlagen der jeweiligen Erzeuger und Verbraucher (man denke an den „Energieagenten" im Prolog). So wie heute bei einem Hybridauto ein Steueralgorithmus entscheidet, ob mit erzeugtem Strom die Batterie geladen wird, oder ob er abgerufen werden soll, um den Motor zu unterstützen, so trifft die Software der Anlagensteuerung auf Minutenbasis Entscheidungen, ob Strom gespeichert oder über das Netz verkauft werden soll. Ist dies der Fall, wird ein Angebot auf dem Smart Market angeboten, einem regionalen Markt für Stromlieferungen.

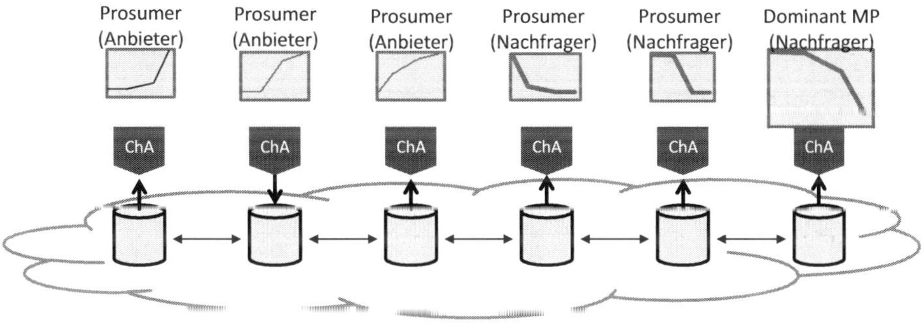

Abb. 9: Unterschiedliches Angebots- und Nachfrageveralten auf dem Smart Market

Jeder Prosument wird durch einen Energieagenten repräsentiert. Der Agent entscheidet, ob es sinnvoller ist, erzeugte überschüssige Energie zu verkaufen, zu speichern, lokal zu verbrauchen oder zusätzliche Energie aus dem Netz zu beziehen. Das Optimierungsziel kann sich durch interne oder externe Zustände bzw. Prognosen jederzeit ändern: so kann es z.B. sein, dass das Elektro-Auto gerade angeschlossen oder dass der Herd eingeschaltet wurde. Dies wäre eine neue Situation, auf die sich der Handelsagent des Prosumers kurzfristig einstellt, indem er sein Verhalten entsprechend einer vom Prosumenten bevorzugten Policy anpasst – genauso wie beim Gas geben oder Bremsen im Hybridauto.

Die entscheidende Frage ist aber, woher das Signal für den Agenten kommt, ob und zu welchem Preis er kaufen oder verkaufen soll? Hierfür ist wieder ein Marktplatz erforderlich, wie bereits oben im Zusammenhang mit dem Großhandel beschrieben, jedoch sehr viel kurzfristiger und vollautomatisch. Auf diesem Markt handeln lokale Energieagenten aus der Region des VNB, aber auch überregionale Händler. Durch Wind und Sonne beeinflusst, sind die Verkaufsangebote der Agenten immer nur wenig differenziert, außerdem sind die gehandelten Mengen in der Region eher klein. Die überregionalen Händler können jedoch sehr viel größere Mengen nachfragen oder anbieten, da der Bedarf in unterschiedlichen Regionen stark abweichen kann. Diese können beispielsweise mehr oder weniger windig sein oder eine höhere industrielle Nachfrage haben.

Im Gegensatz zu heute gibt es im Szenario 2030 keine Aggregatoren mehr, die hierarchisch Kleinerzeuger bündeln, diese haben sich stattdessen am regionalen Markt als selbständige Akteure emanzipiert. Aggregatoren werden ersetzt durch Händler, die Angebot und Nachfrage regional vs. überregional ausgleichen. Sie stehen im regionalen Markt quasi neben den Kleinerzeugern und nicht mehr über ihnen.

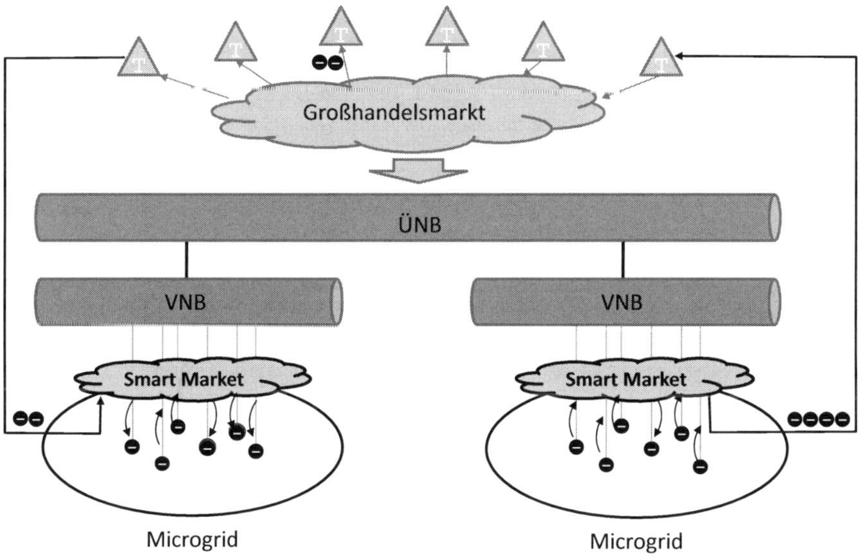

Abb. 10: Regionale Smart Markets vs. Großhandelsmarkt

Situationen mit hoher Erzeugung führen automatisch zu Strompreisen nahe Null Cent/KWh, negative Preise wird es 2030 möglicherweise nicht mehr geben, da Erzeuger im Zweifelsfall ihre Anlagen selbst abregeln. Null Cent ist aber realistisch, da der Betrieb der Anlage nur vernachlässigbare laufende Kosten verursacht. Abgaben zu minimalen Preisen sind aber wiederum attraktiv für Gaserzeuger („Power-to-Gas"), die in Überschussphasen quasi kostenlos Wasserstoff oder Methan produzieren. Man denke an die anfangs erwähnte Situation am Sonntag, den 8. Mai 2016: hier wurden bis zu 13 GW überschüssiger Strom über mehrere Stunden erzeugt. Wenn diese in Methan umgesetzt und gespeichert werden können, dann lässt sich daraus die entsprechende Reservekapazität von Gaskraftwerken speisen, die für finstere, windstille Stunden zur Verfügung steht.

Für den Handel von Strom verfügt jeder Teilnehmer über ein EnerCoin-Konto, dies ist die Handelswährung für Strom. Wer Strom kaufen will, muss über einen Service Euros in EnerCoins wechseln. Dies sollte, wie schon oben erwähnt, ohne großen Transaktionskostenaufwand möglich sein. Den Tausch kann eine Bank durchführen durch Buchen vom Euro- auf das EnerCoin-Konto des Teilnehmers oder auch durch Börsen, über die EnerCoins direkt gegen andere Währungen als den Euro getauscht werden. Die 1:1-Bindung an den Euro mag libertäre Verfechter freier Crypto-Currencies enttäuschen, jedoch ist es einfacher, den schwankenden Preis eines Rohstoffs „Strom" in einer gegenüber dem Euro fest verankerten Währung zu bewerten, als zwei Preise bewerten zu müssen (EnerCoins gegenüber dem Euro und den Preis pro KWh gegenüber EnerCoin). Da die Herausgabe von EnerCoins damit einhergeht, dass ein entsprechender Euro-Betrag quasi aus dem Verkehr gezogen wird, erfolgt hierdurch auch keine Geldschöpfung. Dennoch kann man sich vorstellen, dass die Zentralbank eine komplexe Kalkulation durchgeführt, um zu errechnen, welche „Geldmenge" an EnerCoins erforderlich ist, um für den Kreislauf aus Stromproduktion, Handel und Verbrauch die nötige Liquidität bereit zu stellen. Banken können sich EnerCoins bei der Zentralbank bis in Höhe der EnerCoin-Geldmenge beschaffen.

Falls die Nachfrage nach EnerCoins steigt, kann die Zentralbank durch Umbuchen von Eurokonten auf ihr EnerCoin-Konto eine Verschiebung zwischen Euro und EnerCoin vornehmen. Die Zentralbank wäre somit die einzige Instanz, die also innerhalb der EnerCoin-Welt das Aggregat aller EnerCoin-Guthaben verändern kann. Als Teilnehmer am Markt für EnerCoins bieten Banken diese gegen Gebühr ihren Kunden an. Dies ist ein automatisierter Prozess, der im Wettbewerb zu geringen Gebühren abläuft. Hat ein Teilnehmer sich einmal mit EnerCoins eingedeckt, kann sein Energieagent ohne bedeutende Transaktionskosten Strom in kleinsten Einheiten handeln und bezahlen.

Die Übertragung eines EnerCoin-Betrags erfolgt durch das Eintragen signierter Buchungen zwischen Käufer und Verkäufer in der Blockchain. Die Gesamtgeldmenge teilt sich auf in Konten der Notenbank, der Geschäftsbanken sowie der Teilnehmer am Energiemarkt.

Die Transaktionsnachfrage nach EnerCoins mag zunächst seitens der Verbraucher entstehen und anschließend im Zuge des Handels auf Erzeuger übergehen. Diese wechseln dann EnerCoins wieder über ihre Bank in Euros zurück. Man kann sich jedoch auch vorstellen, dass die Rollen „Bank" und „Großhändler" verschmelzen, d.h., die von Stromkunden erhaltenen EnerCoins werden von diesen wieder in Euro zurückgetauscht.

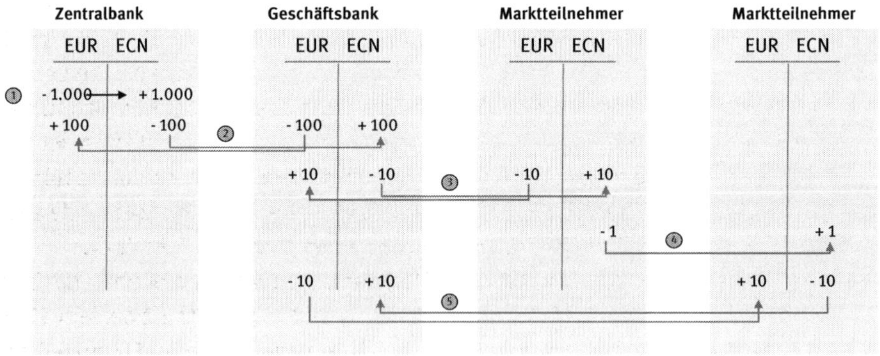

Abb. 11: Der Kreislauf von EnerCoins

1. Initiale Erzeugung der EnerCoin-Geldmenge (ggf. sporadische Anpassung der Geldmenge an die Nachfrage nach EnerCoins)
2. Geschäftsbanken tauschen Euros gegen EnerCoins bei der Zentralbank
3. Marktteilnehmer tauschen Euros gegen EnerCoins bei den Geschäftsbanken zur Transaktionskassenhaltung
4. Marktteilnehmer setzten EnerCoins ein, um Strom zu kaufen bzw. erhalten EnerCoins von Stromkunden
5. Marktteilnehmer lösen bei Bedarf EnerCoins bei einer Bank wider ein gegen Euro

Im Szenario 2030 kann man davon ausgehen, dass der oben skizzierte Energiemarkt nahezu perfekt ist, d.h., es besteht Transparenz über Angebot und Nachfrage und das Verhalten beider Seiten ist grundsätzlich den anderen Teilnehmern bekannt. Da die Akteure auf einem lokalen Markt ähnlichen Rahmenbedingungen ausgesetzt sind (Preise für Erzeugungs- und Speichertechnologie, gleiche Wettersituation), bestimmen überregionale Parameter den lokalen Marktpreis. Dazu ein Beispiel: unter normalen Umständen würden Prosumenten in der Region Tirol ihren Nachbarn Strom zu einem Preis von 5 Cent/KWh am Tag und zu 8 Cent in der Nacht verkaufen. Nun ergibt sich jedoch überregional eine stark erhöhte Nachfrage, weil im Norden Deutschlands Flaute herrscht und dadurch ein Nachfragesog entsteht. Plötzlich erhöhen die Tiroler Agenten der dortigen PV-Anlagen ihre Preise kurzfristig auf 25 Cent, da sie – statt ihren Sonnenstrom in Akkus einzuspeisen – diesen jetzt nach Deutschland liefern. Diese Erhöhung zeigt sich bei allen Tiroler Anbietern gleichzeitig, da alle mehr oder weniger gleiche Preiskurven für ihr Angebot verwenden. Nachdem sich auf diese Weise der Marktpreis bei 15 Cent eingespielt hat, wird es für Betreiber von Gaskraftwerken profitabel, mittelfristig – also binnen einer Stunde – ebenfalls Strom zu produzieren. Wenn sich die Windstille dann noch über die Nacht weiter fortsetzt, dann führt dies zu einer weiteren Preiserhöhung auf 55 Cent/KWh. Jetzt schaltet sich auch das letzte Blockheizkraftwerk hinzu und generiert seinem Besitzer möglicherweise 30 Cent Deckungsbeitrag pro erzeugter KWh. Im Zweifelsfall liefern norwegische Betreiber von Wasserkraftwerken und deutsche Betreiber von Gaskraftwerken ebenfalls zusätzlichen Strom. Bei Letzteren ist dies besonders attraktiv, wenn sie selbst in der Region mit hoher Nachfrage sitzen, da hier nur minimale Netznutzungsgebühren anfallen. Bei 55 Cent/KWh (also 550 Euro/MWh) könnte der Betrieb eines modernen Gaskraftwerkes sogar profitabel sein, wenn es nur einen Monat im Jahr läuft.

Für den Konsumenten bedeutet dies im Durchschnitt etwa, dass er über das Jahr 6 Monate seinen Strom zu minimalen Kosten aus der Nachbarschaft bezieht (5–8 Cent) – dies sind hauptsächlich Netznutzungsgebühren und Abgaben. 5 Monate kostet der Strom 10–15 Cent und einen Monat lang bezahlt er einen Knappheitspreis von 50 Cent. Im Durchschnitt sind dies dann weniger als 15 Cent/KWh – ein Wert, mit dem Erzeuger und Verbraucher im Jahr 2030 wahrscheinlich gut leben könnten.

Wichtig ist noch anzumerken, dass der klassische Stromvertrieb natürlich weiterhin besteht, d.h., ein Verbraucher schließt einen Versorgungsvertrag mit einem

Lieferanten, um z.B. für ein Jahr zu einem festen Preis pro KWh beliefert zu werden. Dies mag sogar für 90 % der privaten und industriellen Kunden gelten, da diese keinen Strom einspeisen können.

Die Trennung des Energiehandels in regionale Märkte geht einher mit der Bildung von Preiszonen, zwischen denen der Marktpreis voneinander abweichen kann. So könnte im mit Windkraftwerken übermäßig ausgestatteten Norddeutschland der Preis niedriger sein als in Süddeutschland, wo der Verbrauch und damit der Preis höher ist. Diese Trennung könnte auch weiter unterteilt werden, so dass beispielsweise 30 Preiszonen entstehen für die eine Lieferung intern günstiger ist als extern. Durch flexible Netznutzungsentgelte entsteht dann der Anreiz, langfristig dort in die Energieerzeugung zu investieren, wo Verbrauch und Preise höher sind.

Warum aber diese ausführliche Betrachtung der Preisbildung in regionalen Stromnetzen? In Bezug auf die Nutzung der Blockchain stellt sich die Frage, ob beim skizzierten Szenario der regionalen Erzeugung erzeugte Mengen und deren Preise überhaupt ein Geheimnis sein müssen? Wenn im Dorf bekannt ist, wie viele KW PV-Erzeugungskapazität Liz und Sophie besitzen und wieviel Akku-Speicher und wenn die Liefer-Policies der Stromagenten fast identisch sind, dann ist der Gewinn aus der Abgabe von Strom kein Geheimnis mehr. Wenn also Sophie im Schnitt ein Kilowatt das ganze Jahr hindurch für 6 Cent abgibt, dann sind dies gut 500 Euro Umsatz. Selbst bei der 10fachen Menge wäre es immer noch ein Nebenerwerb, um den kein Geheimnis gemacht werden müsste. Kann damit die Blockchain des Jahres 2030 eventuell sehr schlank ausgelegt werden, da sie auf Eigenschaften wie Pseudonymität und Zugriffsschutz auf Transaktionsdetails verzichtet?

Neben dem Kerngeschäft des Energiehandels können Schritt für Schritt weitere Dienstleistungen entstehen, die alle im Rahmen der EnerCoin-Welt gehandelt werden, so dass es für Nutzer ganz normal ist, nicht nur seinen Euro- sondern auch seinen EnerCoin-Kontostand zu überwachen. Durch die 1:1-Kopplung an den Euro sind Einnahmen und Ausgaben auf für buchhalterische und steuerliche Zwecke direkt in die entsprechende Software übernehmbar. Dieses sehr weitreichende „Szenario 2030“ kann noch in verschiedene Richtungen weitergedacht werden:

- **Brauchen wir wirklich eine Zentralbank**, um EnerCoins in Umlauf zu bringen? Wohl nicht. Die Aufgabe, eine EnerCoin-Geldmenge zu verwalten, könnte auch ein Privatunternehmen als Herausgeber der Währung erfüllen. Dieses würde die Rolle der Zentralbank und der Geschäftsbank kombinieren. Es würde einen Riesenbetrag Euros anhäufen für die Herausgabe eines entsprechenden Betrags an EnerCoins. Die EnerCoin-Geldmenge würde sich aus den Wechseltransaktionen zwischen dem Herausgeber und den Marktteilnehmern ergeben, eine Kontrolle der Geldmenge im Hinblick auf eine Zielgröße wäre nicht erforderlich. Der Herausgeber müsste allerdings ein vertrauenswürdiger Dritter sein, damit Marktteilnehmer sich auf die Nutzung von EnerCoins einlassen. Im Szenario der Mikromärkte gibt es neben Banken und Großhändlern z.B. noch Netzbetreiber als die wenigen größeren Unternehmen, die am Energiehandelsgeschehen beteiligt sind. Vielleicht kommt diesen in Zukunft also eine zusätzliche Bedeutung neben der physischen Übertragung und Verteilung von Strom zu?

- **Sind mehrere Herausgeber von EnerCoin denkbar?** Dies hängt stark von der Ausgestaltung der Blockchain ab. Während bei Bitcoin das Mining – also die Geldschöpfung – durch kryptografische Proof-of-Work-Mechanismen eingeschränkt ist, könnte man bei kollektivem Vertrauen die Herausgabe von EnerCoin auch einer Gruppe von Organisationen in die Hände legen. Zu klären wäre hier, wie die Bedingung sind für den Betrieb eines solchen Gewerbes. Die genutzte Blockchain müsste dazu anstelle des „Mining" eine Technik vorsehen, bei der Geldmengenveränderungen kontrolliert und nachvollziehbar durchgeführt werden.
- **Brauchen wir den Euro als Referenzwährung?** Theoretisch könnte eine private Währung „EnerCoin" vom Euro entkoppelt sein. Dann käme beim Umtausch zusätzlich ein Wechselkurs-Risiko ins Spiel. Es gibt zudem hinreichend Literatur aus dem Bereich der „österreichischen Schule" der Volkswirtschaft, der zu Folge eine private Währung im Wettbewerb mit Währungen der Notenbanken stehen sollte, um im Zuge eines Qualitätswettbewerbs letztere zu disziplinieren. Näheres hierzu findet sich beispielsweise bei Hayeks „Entnationalisierung des Geldes" [20]. Denkbar wäre auch ein Wettbewerb privater Währungen, aus denen sich die Transaktionspartner eine aussuchen, übe die sie ihre Zahlungen buchen. Obwohl dies gesamtwirtschaftlich realistisch und sinnvoll sein mag, könnte aber die Kontrolle von Budgets und Absicherung von Wechselkursen die am Energiehandel beteiligten Anwendungen bzw. Agenten überfordern.
- **Warum nicht gleich die Referenzwährung auf die Blockchain übertragen?** Dies wäre die radikalste Variante, bei der der Euro (oder CHF, GBP, USD) selbst einfach „blockchainisiert" wird, dann wäre der Handel von Gütern aller Art so effizient wie oben für den Handel von Strom beschrieben. Vermutlich würde dies aber nur akzeptiert werden, wenn die Blockchain ein Maß an Pseudonymität sicherstellt, wie wir es heute von Bitcoin kennen. Und es ist zu bezweifeln, ob eine Blockchain-Technologie so leistungsfähig sein kann, dass sie die Last verträgt, jegliche Transaktion der kombinierten europäischen Volkswirtschaften mit über 500 Mio. Einwohnern zuverlässig und zeitnah zu verbuchen.

Es gibt noch viele weitere Aspekte zu klären, bis das Szenario 2030 sich materialisieren kann. In der Diskussion mit Volkswirten ergab sich beispielsweise die Frage, wie mit einem Marktcrash im Smart Market umgegangen werden soll? Wenn in solchen Phasen kein definierter Marktpreis zur Verfügung steht und kurzfristig kein Strom handelbar ist – wie kommen dann noch Lieferungen zustande? Fragen über Fragen, die wir heute weder beantworten können noch in ihrer Gesamtheit überhaupt kennen.

Eine Blockchain der Zukunft, welche die oben skizzierten Anforderungen erfüllen soll, muss Massendaten in ganz andere Größenordnungen verarbeiten können:

vermutlich sind es einige tausend Transaktionen pro Sekunde, die europaweit zu verbuchen wären. Wenn allerdings der größte Teil der Transaktionen in Teilnetzen stattfindet, dann ergibt sich eine neue Anforderung: Die Blockchain sollte regionalisierbar bzw. hierarchisierbar sein, d.h. Lieferungen innerhalb eines Teilnetzen finden sich in einer regionalen Blockchain, während übergreifende in einer übergeordneten gebucht werden. Auf diese Weise wären die Transaktionen von 100.000 Netzanschlüssen eines VNBs sicherlich verarbeitbar. Der TSO würde dann die Daten der VNBs in seiner Regelzone sowie die übergreifenden auslesen, um sich ein Echtzeitbild über die erwarteten Lieferungen zu machen. Denkbar wäre auch, dass der VNB diese Details lokal filtert und nur saldierte Volumina an den ÜNB meldet. Möglicherweise handelt der VNB in zwei Währungen – seiner eigenen und dies des ÜNB?

Während die Regionalisierung bei der physischen Lieferung nützlich sein kann, würde sie beim Zahlungstransfer jedoch zum „double spending“ einladen. Möglicherweise kann die Auftrennung in zwei Blockchains (physische Lieferung und Zahlung) hier Abhilfe schaffen.

Das oben Beschriebene ist, wie gesagt, ein Szenario. Bis zum Jahr 2030 sind es noch einige Jahre, aber es kann durchaus hilfreich sein, zukünftige Nutzungsmöglichkeiten zu erörtern, so dass man bei der Verfeinerung von Blockchain-Technologien eine Vision hat, auf welche die Entwickler in den betroffenen Unternehmen hinarbeiten können.

Als Vorstufe des Szenarios 2030 wäre es daher interessant, quasi auf halbem Wege ein Inselmodell zu entwickeln, bei dem ein Blockchain-basierter Strommarktplatz mit einer überschaubaren Anzahl an Teilnehmern getestet werden kann. Wörtlich genommen, bieten sich hierzu tatsächlich einige Inseln an: Die Isle of Man hat beispielsweise 80.000 Einwohner, Ibiza 135.000, Mallorca 900.000 und Zypern 1,1 Mio. (beide Teile). Wenn dort einige tausend Prosumenten als Marktteilnehmer auftreten, dann könnte sich das skizzierte Szenario 2030 vielleicht in 5 Jahren im Kleinen vorwegnehmen lassen. Auch die Bewegungsmuster vollautomatisierter Märkte ließen sich bei dieser Grundgesamtheit an Teilnehmern gut beobachten. Anbieter können im Rahmen von Modellprojekten die Entwicklung von Peer-to-Peer-Marktplätzen und von darauf handelnden Agenten ausprobieren.

3.1.7 Welche Blockchain-Technologie eignet sich für den Energiehandel?

Nachdem wir nun einige mehr oder weniger ambitionierte Einsatzszenarien der Blockchain im Energiehandel betrachtet haben, stellt sich die Frage, welche der vielen Eigenschaften einer Blockchain dafür essentiell sind, welche nützlich und welche gar nicht erforderlich sind. Dazu sind in folgender Tabelle alle erdenklichen Eigenschaften zusammen mit ihrer jeweiligen Bedeutung aufgeführt:

Tab. 3: Erforderliche Eigenschaften der Blockchain für den Energiehandel

Eigenschaft	Bedeutung für den Energiehandel
Persistenz	Essenziell zur Sicherung von Transaktionsdaten.
Datenaustausch / Datensynchronisation	Essenziell für Prozesse wie den Austausch von Orders und Transaktionen, Nominierungen, nützlich für das regulatorische Reporting.
Immutabilität	Essentiell, wenn Transaktionsdaten kryptografisch gesichert zu speichern sind. Nützlich für das regulatorische Reporting und die im Zusammenhang ungeplanter Ausfälle.
Permissioned Blockchain	Die Blockchain ist grundsätzlich „Closed", d.h., beschränkt auf die Teilnehmer des klassischen Energie-Großhandels. Im Szenario 2030, bei dem jeder am Energiemarkt teilnehmen kann, wäre eine öffentliche Blockchain vorzuziehen.
Proof of work / proof of stake, Blockbildung	Essentiell, da Voraussetzung für Immutabilität, Im Falle einer Permissioned Blockchain ist auch ein „Proof of Stake" ausreichend, hier erfolgt die Berechtigung zur Blockbildung durch Authentifizierung der Knotenbetreiber.
Verfügbarkeit	Dies ist essenziell, sobald Prozesse wie Nominierung und Abruf von Regelenergie enthalten sind und erst recht im Falle des „Szenario 2030". Die Versorgungssicherheit bleibt auch 2030 höchstes Ziel.
Block Time	Essenziell wären folgende Merkmale: Der gegenseitige Austausch von Transaktionen sollte weniger als einer Sekunde erfolgen, die Blocktime sollte 10 – 30 Sekunden sein.
Durchsatz	Mittelfristig (Handel, Fahrplananmeldung) wäre ein Durchsatz von 500 bis 1.000 Transaktionen pro Sekunde ist erforderlich, der für das Szenario 2030 erforderliche Durchsatz lässt sich wohl nur durch eine hierarchisierte Blockchain erreichen.
Anonymität / Pseudonymität	Im mittelfristigen Szenario essenziell, aber mit Mechanismen zur Aufhebung durch berechtigte Dritte. Im Szenario 2030 besteht möglicherweise kein Bedarf mehr für Anonymisierung.
Trustlessness	Nicht erforderlich, da unter der Annahme vertrauenswürdiger Knotenbetreiber Betrug durch diese selbst ausgeschlossen wird.
Knotenbetreiber = Nutzer?	Nützlich: Mit zunehmender Anzahl an Teilnehmern ist es immer weniger erforderlich, dass Teilnehmer selbst einen vollwertigen Knoten betreiben. Es reicht wahrscheinlich ein „harter Kern" von 20-50 Betreibern, während der Rest eher ein Handels-Front-End nutzt und entfernt auf die Knoten zugreift. Im Szenario 2030 könnte sich jedoch die Anzahl Knoten auf einige Tausend erhöhen, die jedoch hierarchisch organisiert sind.
Smart Contracts	Nicht erforderlich: Vermutlich sind Smart Contracts bei Massentransaktionen in geschlossenen Systemen weniger notwendig als bei öffentlichen, multi-purpose Blockchains, die individuelle Transaktionen ihrer Nutzer unterstützen.
Integriertes Zahlungsverfahren	Nützlich: Die 1:1-Kopplung an eine Abrechnungswährung würde einen zentralisierten finanziellen Abwicklungsprozess überflüssig machen.

Eigenschaft	Bedeutung für den Energiehandel
Währung	Nicht erforderlich: Die 1:1-Bindung an eine Referenzwährung wie den Euro würde die Abrechnung erleichtern. Eine freie Währung, deren Wechselkurs schwanken kann (so wie Bitcoin), wäre möglicherweise für Teilnehmer schwer handhabbar.
Geldschöpfung	Nicht erforderlich für Marktteilnehmer selbst (im Sinne des Mining), dies erfolgt im Szenario 2030 durch dafür vorgesehene Banken bzw. Betreiber.

3.1.8 Abschließende Betrachtungen

Eine Frage, die sich an dieser Stelle ergeben kann ist, warum dem Thema *Smart Contracts* hier so wenig Aufmerksamkeit geschenkt wurde.

Smart Contracts sind ein brillantes Konzept für „Multi-Purpose-Blockchains“, die Nutzern mit unterschiedlichsten Aktivitäten zur Verfügung stehen – also hier ein Automietvertrag mit Bereitstellung eines elektronischen Schlüssels bei Bezahlung, dort der Kauf eines T-Shirts in einem Online-Shop mit automatischer Auslösung der Lieferung. Bitcoin als Urmutter aller Multi-Purpose Blockchains und beispielsweise auch Ethereum aufgrund seiner Vereinfachungen und Erweiterungen dienen heute beide als Versuchslabor, in dem mit Smart Contracts experimentiert werden kann.

Es ist jedoch schwer nachvollziehbar, warum Smart Contracts in den dargestellten Szenarien des Energiehandels Sinn machen. Wenn man bedenkt, dass ein Vertrag eine individuelle Vereinbarung zwischen zwei oder mehreren Parteien ist, dann ist mit diesem Vertrag ein gewisser Transaktionsaufwand verbunden. Wenn die gleichen Parteien öfter miteinander Handel treiben, dann werden sie versuchen, sich das Leben zu vereinfachen. Dies könnte z.B. in der Verwendung von AGBs oder Rahmenverträgen stattfinden. Tatsächlich ist eine der ersten erfolgreichen Standardisierungen der EFET die Formulierung von Standardrahmenverträgen für unterschiedliche Produkte im Strom- und Gashandel, was den OTC-Handel dieser Produkte erheblich effizienter machte. Und wenn eine Gesellschaft der Meinung ist, dass gewisse Regeln, die man vertraglich ausbedingen könnte, von solcher Allgemeingültigkeit sind, dass sie alle Bürger betreffen, dann werden sie in den gesetzlichen Rahmen aufgenommen und brauchen weder in Rahmenverträgen noch in den Verträgen von Einzelgeschäften selbst explizit gemacht werden.

Gleiches gilt für Verpflichtungen, die sich aus dem Vertragsschluss ergeben: Man könnte in jeden abgeschlossenen Vertrag immer wieder die gleiche Prozessbeschreibung aufnehmen und automatisiert ausführen. Eine Blockchain wie z.B. Ethereum erlaubt zudem als Optimierungsmaßnahme eine Speicherung des Smart Contracts „off-chain“, d.h., seine Daten würden nicht einmal die Blockchain belasten. Wenn wir uns aber auf eine Domäne wie den „Energiehandel“ beschränken, dann sind Rollen und Prozesse bereits langfristig und für eine riesige Zahl Teilnehmer sehr präzise festgelegt, das Handelsgeschäft stellt damit nur noch einen Satz von Transaktionsdaten dar, für den die erforderliche Logik in den beteiligten Anwendungen verankert ist.

In diesem Abschnitt ist deutlich geworden, für welche mehr oder weniger gewichtigen Mitspieler des Energiemarktes die Rolle neu definiert werden kann. Alle, die nicht originär – also physisch – Energie anzubieten haben oder sie letztendlich verbrauchen, müssen sich folgende Frage stellen: Bin ich Mittler? Können die von mir Vermittelten auch direkt interagieren? Lebe ich möglicherweise von der Aufbereitung einer nicht-standardisierten, intransparenten Datenvielfalt? Oder lebe ich vom Konvertieren oder Bewegen von Daten? Was wird meine Rolle sein, wenn Transparenz und Standardisierung durch die Blockchain zur Normalität werden?

Das Schlüsselwort lautet hier „Disintermediation“. Interessanterweise war es auch schon ein Schlüsselwort in einem Buch über „Electronic Commerce“, das ich im Jahr 1999 geschrieben hatte [3]. Grundsätzlich besagt Disintermediation, dass in einer Wertschöpfungskette Zwischenhändler ausgeschlossen werden. Dies galt bisher vor allem für lokale Händler in Zeiten von Amazon und Ebay, Uber und Airbnb. Aber bei der Blockchain und den oben beschriebenen Szenarien geht Disintermediation noch viel weiter: Auch Vermittler und Dienstleister müssen ihre Rolle hinterfragen (Broker, Börsen, Clearinghäuser). Dies hat eine ganz neue Qualität: Während Uber und Airbnb als Vermittler noch ihre stattliche Marge erzielen können, bleibt bei OpenBazaar nichts mehr übrig für diejenigen, die nicht Käufer oder Verkäufer sind. Anderseits verschieben sich häufig die Rollen: der Mittler zwischen EnerCoin und Euro wird genauso erforderlich sein wie die neue Form des Clearinghauses, dass als Finanzier des Energiehandels agiert und einen vertrauenswürdigen Dritten verkörpert. Und wenn im Endstadium hunderttausende Prosumenten in standardisierter Form Energie handeln, dass ist dies wiederum eine Plattform für hunderte neuer Dienstleistungen, von denen wir uns heute noch keine Vorstellung machen können.

3.2 Das Projekt EnerChain

Für mein Unternehmen PONTON, das seit vielen Jahren Integrationsprojekte im Energiehandel durchführt und diverse Applikationen für Abwicklungsprozesse entwickelt und betreibt, ist klar, dass die Blockchain einer der Treiber ist für zukünftige Prozesse sein wird.

Da aber die Schnittstelle zwischen dem Energiehandel und der Blockchain-Technologie noch nicht im Detail erforscht ist und – wie ja ausführlich beschrieben – noch etliches an Standardisierungsarbeit erforderlich ist, haben wir uns entschlossen hierzu eine Keimzelle zu bilden: Wir haben in unserem täglichen Geschäft nicht nur mit nahezu allen Händlern von Strom und Gas zu tun, sondern auch mit Marktplatzbetreibern unterschiedlicher Spezialisierung sowie mit Netzbetreibern. Und bei allen sind wir in Standardisierungsthemen involviert.

Diese Keimzelle „EnerChain“ besteht heute in einem ersten Projekt, bei dem der außerbörsliche P2P-Handel von Energie unterstützt werden soll, also quasi einem OpenBazaar, jedoch optimiert für Energiehändler.

Hierbei installieren sich Händler einen Knoten der Blockchain sowie die erforderliche Trading-Screen, über die Orders übermittelt und Handelsgeschäfte abgeschlossen werden können. Beides wird über die Blockchain direkt zwischen den Teilnehmern ausgetauscht – statt zum Telefonhörer zu greifen, kommen bilaterale Geschäfte online zu Stande. Über ihre Trading Screen können Händler das Marktgeschehen in der Blockchain verfolgen, d.h., Orders werden nahezu in Echtzeit übertragen und angezeigt und die Gegenseite kann durch Klicken auf eine im Screen angezeigte Order eine Handelstransaktion abschließen.

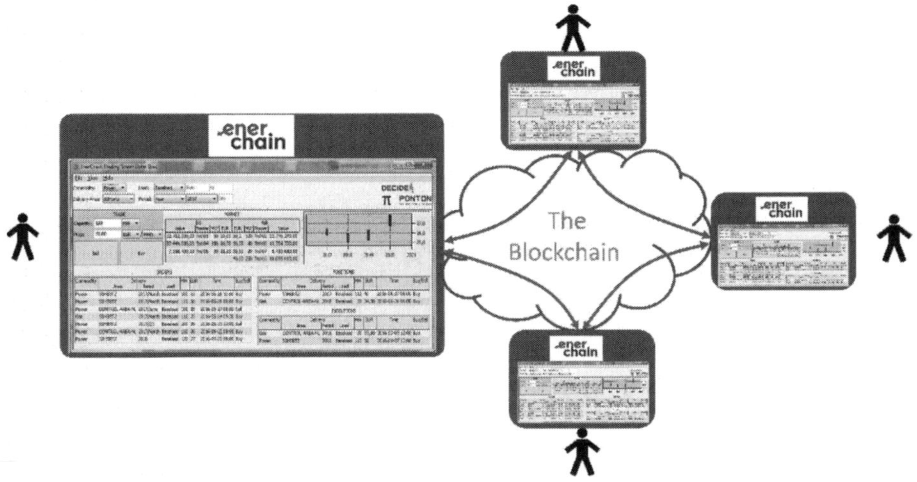

Abb. 12: Blockchain-basierte Trading Screen

Im weiteren Verlauf konzentriert sich das Projekt dann auf die Exploration von Technologien, die Analyse von Branchenentwicklungen und die Entwicklung neuer Geschäftsprozesse. Dies erfolgt in enger Zusammenarbeit mit Unternehmen, welche die jeweiligen Marktrollen zukünftiger Prozesse einnehmen. Das Projekt EnerChain hilft damit, die Dynamik im Blockchain-Umfeld zu nutzen und auf Energieprozesse der Zukunft zu übertragen.

EnerChain geht als „Blockchain Think Tank“ so vor, dass PONTON Entwicklungen auf geschäftlicher und technischer Ebene analysiert, mögliche Prozesse näher spezifiziert und durch Prototypen validiert. In der Folge werden Teilnehmer in die Lage versetzt, spezifische Prozesse ihrer Branche umzusetzen.

Weitere Informationen hierzu finden sich auf der Website enerchain.ponton.de.

4 Ausblick

Zum heutigen Zeitpunkt ist die Blockchain eine Technologie mit Potenzial für den Energiehandel: Weder wurde der Beweis durch weitreichende Nutzung angetreten, dass diese Technologie ihr Versprechen hält, noch gibt es prinzipielle Gründe, warum sie es nicht tun sollte. Es werden ökonomische, rechtliche und regulatorische Parameter sein, die bestimmen, ob der Handel und die Verteilung von Energie auf Basis der Blockchain Sinn machen oder nicht.

Wenn die Kosten einer Energiehandelstransaktion signifikant unter den internen Koordinationskosten heutiger Akteure liegen, wenn es marktbasierte Allokationstechniken gibt, die einem Schwarm von Kleinerzeugern richtige Verhaltenssignale geben kann, wenn sichergestellt werden kann, dass die Anforderung der Versorgungssicherheit „trotz" Blockchain erfüllt bleibt und wenn Fehlverhalten von Marktteilnehmern, Betrug oder andere Formen krimineller Gewalt ausgeschlossen, vorgebeugt und zumindest unrentabel gemacht werden kann, dann hat die Blockchain eine Chance.

Am Ende spielt sich hier der alte Wettbewerb ab zwischen „Markt" und „Hierarchie" bzw. zwischen „Bazar" und „Kathedrale" (wie von Eric Raymond 2001 beschrieben [21]), der über die Durchdringung der Welt durch die Blockchain entscheidet: wenn die Kostensenkung durch die Blockchain die der internen Organisation heutiger Marktteilnehmer übersteigt, dann gewinnt der Markt. Aber auch im Unternehmen oder in der Koordination der „Incumbents" – also der traditionellen „Amtsinhabern" von Marktrollen im Energiemarkt – kann die Blockchain neben anderen Technologien die Koordinationseffizienz steigern. Auch eine Börse kann heute eine große Zahl an Transaktionen zu jeweils minimalen Kosten durchsetzen wie auch viele klassische Prozesse des Energiemarkts noch ein erhebliches Leistungssteigerungspotenzial haben. Der Zugang zu diesem Markt ist jedoch heute regulatorisch und ökonomisch für einen Großteil der Bevölkerung ausgeschlossen oder zumindest unrentabel.

All diese Betrachtungen wurden bereits angestellt, als Ende der 90er Jahre das Internet populär wurde. Die gleichen Übertreibungen von damals („Information Super-Highway", „Datenautobahn") finden sich heute („Blockchain of Things", „Internet of Payment"). Es hat schließlich 10–15 Jahre gedauert, bis die alten Versprechen eingelöst und die innovativen Geschäftsmodelle der New Economy umgesetzt werden konnten: Erst mit einer ökonomisch attraktiven Infrastruktur (Smartphones, preiswerter Zugang, hohe Durchdringung bei der Bevölkerung) und mit einer Einbindung in den rechtlichen Rahmen (z.B. beim Verbraucherschutz) konnten wir über die letzten Jahre als Privatpersonen bzw. als Unternehmen die zunehmenden Effizienzvorteile des Internet nutzen.

Da aber weder Amazon, Ebay, Zalando, oder der online-Reservierungsservice der Deutschen Bahn „mission critical“ fürs Gemeinwesen sind, konnten diese Services sich recht individuell etablieren. Was die Stromversorgung betrifft, gelten andere Regeln. Hier gelten maximale Anforderungen an Sorgfalt, Qualitätssicherung, Redundanz, Sicherheit und Verfügbarkeit. Nicht ohne Grund stehen Systeme der Energieversorgung in der Liste kritischer Infrastrukturen beim Bundesministerium des Inneren an erster Stelle. Um sich über die Auswirkungen eines längeren, flächendeckenden Stromausfalls zu informieren, reicht es das Buch „Blackout“ von Marc Elsberg [22] zu lesen.

Das heißt, wenn es vom allgemein verfügbaren „Internet“ zur „Bahn-App“ vielleicht 15 Jahre brauchte, kann es bis zum Szenario 2030 durchaus weitere 15 Jahre brauchen, vielleicht auch 30, sicherlich aber nicht wesentlich weniger. Lokaler Handel im Microgrid mag heute zwischen Personen genauso möglich sein, wie man sich ein Solar-Panel über eine eigene Steckdose anschließen und vielleicht 10 % seines Stromverbrauchs elegant sparen kann. Aber ein übergreifender Marktplatz, der bei einer Flaute in Norddeutschland Strom von Tiroler Solardächern liefert, erfordert nicht nur das Yin-Yang-Yong der Standardisierung kollaborativer Geschäftsprozesse, sondern eben auch eine internationale Abstimmung der Gesetzgebung und Regulierung.

Im Zusammenhang damit besteht auch die Gefahr, dass sich Blockchain-basierte Geschäftsmodelle eher evolutionär und nicht disruptiv entwickeln. Als Beispiel sei hier nur der Zugriffsschutz auf Transaktionsdaten genannt: Wenn das Verbergen von Transaktionsdaten die Grundfunktion der Blockchain zu sehr einschränkt, dann kann auch ihr Effizienzpotenzial nicht mehr ausgeschöpft werden. Konkret wurde dies schon beschrieben: Wenn es für die Nutzer der Blockchain in Ordnung ist, dass Mengen, Preise und Teilnehmer einer Transaktion einsehbar sind, weil sie angesichts eines transparenten Marktes keine Geheimnisse darstellen, dann verschlankt sich die Infrastruktur automatisch. Im anderen Fall erstickt sie an zu komplexen Einflussfaktoren der „alten Welt“. Also ist es wahrscheinlich besser, sich passende Nischen für den Einsatz der Blockchain zu suchen, als zu erwarten, dass alle hier beschriebenen Entwicklungen mit gleicher Wahrscheinlichkeit eintreten.

Uns, die sich an der Schnittstelle zwischen dem Energiehandel und der IT befinden, können noch mindestens zwanzig sehr spannende Jahre bevorstehen, die wahrscheinlich auch von der Blockchain – oder wie auch immer man diese Technologie später dann nennen wird – beeinflusst werden. Erste Umsetzungen werden sich in wenigen Jahren manifestieren, andere brauchen den vollen Zeitraum – also krempeln wir die Ärmel hoch und schauen wir, wo wir anfangen können!

5 Literatur

[1] Don Tapscott: "Blockchain Revolution: How the Technology Behind Bitcoin Is Changing Money, Business and the World", Portfolio Penguin, 2016.

[2] Melanie Swan: "Blockchain: Blueprint for a New Economy", O'Reilly, 2015.

[3] M. Merz, *E-Commerce und E-Business: Marktmodelle, Anwendungen und Technologien*, 2., aktualisierte und erw. Aufl. Heidelberg: dpunkt-Verl, 2002.

[4] EDA - Energiewirtschaftlicher Datenaustausch, http://ebutilities.at/energiewirtschaftlicher-datenaustausch.html

[5] Tendermit, http://www.tendermint.com

[6] Projekt SETL, www.setl.io

[7] „Projects MIT Internet Trust Consortium". [Online]. Verfügbar unter: http://www.mit-trust.org/projects/. [Zugegriffen: 22-Mai-2016].

[8] B. Hope, „Visa, Nasdaq, Others Invest $30 Million in Bitcoin-Related Startup", *Wall Street Journal*, 09-Sep-2015.

[9] European Union, EUR-Lex - 32014R1348 - EN - EUR-Lex. .

[10] Acer, „Agency for the Cooperation of Energy Regulators". [Online]. Verfügbar unter: http://www.acer.europa.eu/de/Seiten/default.aspx. [Zugegriffen: 22-Mai-2016].

[11] Electronic Regulatory Reporting: http://www.efetnet.org/Products/Electronic-Regulatory-Reporting

[12] Europäische Strombörse EPEX SPOT SE, „EPEX SPOT erreicht 2015 höchstes je an einer Strombörse gehandeltes Volumen", *EPEX SPOT erreicht 2015 höchstes je an einer Strombörse gehandeltes Volumen*. [Online]. Verfügbar unter: https://www.epexspot.com/de/presse/press-archive/details/press/EPEX_SPOT_erreicht_2015_h_chstes_je_an_einer_Stromb_rse_gehandeltes_Volumen. [Zugegriffen: 22-Mai-2016].

[13] http://www.pv-magazine.com/news/details/beitrag/third-phase-of-dubais-dewa-solar-project-attracts-record-low-bid-of-us-299-cents-kwh_100024383

[14] Ann-Kathrin Kotte: "In depth German power analysis – behavioural drivers behind the shape of the forward curve", http://www.icis.com/resources/news/2016/05/19/9998374/in-depth-german-power-analysis-behavioural-drivers-behind-the-shape-of-the-forward-curve/

[15] Homepage des Startups LO3: http://lo3energy.com/

[16] Euroclear, „Blockchain in Capital Markets". [Online]. Verfügbar unter: https://www.euroclear.com/dam/Brochures/BlockchainInCapitalMarkets-ThePrizeAndTheJourney.pdf.

[17] Kademila Protokoll: https://pdos.csail.mit.edu/~petar/papers/maymounkov-kademlia-lncs.pdf

[18] Commodity Product Marktup Language: www.cpml.org

[19] Bloomberg, „Electric vehicles to be 35% of global new car sales by 2040 - Bloomberg New Energy Finance". [Online]. Verfügbar unter: http://about.bnef.com/press-releases/electric-vehicles-to-be-35-of-global-new-car-sales-by-2040/. [Zugegriffen: 22-Mai-2016].

[20] Friedrich A. von Hayek: "Gesammelte Schriften in deutscher Sprache: Abt. A Band 3: Entnationalisierung des Geldes. Schriften zur Währungspolitik und Währungsordnung", Mohr Siebeck, 2011.

[21] Eric S. Raymond: "The Cathedral & the Bazaar – Musings on Linux and Open Source by an Accidental Revolutionary", O'Reilly, February 2001.

[22] Marc Elsberg: "BLACKOUT - Morgen ist es zu spät", Blanvalet, 2013.

[23] https://www.bigchaindb.com

Martin Ploom

Blockchainbasierte Geschäftsmodelle in der Finanzindustrie

1 Einleitung

1.1 Einsatz von Blockchains bei Banken und Versicherungen

Seit Mitte 2015 wird regelmäßig in der Wirtschaftspresse über Blockchains in der Finanzindustrie berichtet. Betrachtet man die aktuellen Meldungen, stellen sich dem Leser folgende Fragen:

- Warum engagieren sich fast alle größeren Finanzinstitute in Blockchain Initiativen und kooperieren mit Inkubatoren oder Konsortien, wie z.B. dem R3 Konsortium [1] oder der Distributed Ledger Group [2]?
- Haben die Banken in den letzten Jahren nach der Finanzkrise intern die Chance verpasst Innovationen aufzubauen?
- Versuchen sie nun dies über externe Partnerschaften nachzuholen?
- Warum steigen seit 2015 die Investitionen von Venture Capital Firmen in Blockchain Startups sprunghaft an?
- Warum fokussieren sich Hunderte neuer Startups auf die Blockchain-Technologie und nicht mehr auf Bitcoin?

Die Antwort auf diese Fragen scheint einfach zu sein. Die Blockchain Technologie ermöglicht neue und innovative Geschäftsmodelle, in denen Vertrauen eine zentrale Rolle spielt und die in der Vergangenheit so nicht möglich waren. Vor der Dekade der Blockchains benötige ein Startup hohe Anfangsinvestitionen, Marketingaufwände und Zeit, um sich als vertrauensvolle Plattform zu etablieren. Firmen wie Uber, Spotify, Apple, Amazon, Ebay haben mit ihren Geschäftsmodellen existierenden Industrien vollständig transformiert und dies ohne Blockchains geschafft, aber dafür Millionen an Investitionen getätigt. Könnte die Blockchain-Technologie neuen Startups zu ähnlichen Erfolgen führen und dies schneller und zu geringen Kosten?

Die Geschäftsmodelle der Generation „Web 2.0" basieren auf Cloud Computing, Big Data Analytics, Mobile und Social Media. Hierbei spielen drei Aspekte eine wichtige Rolle.

- Erstens kommt es zu einer Zentralisierung der Information und in vielen Geschäftsmodellen dominiert ein Unternehmen das Marksegment („the winner takes it all").
- Zweitens werden Zwischenhändler ausgeschlossen („*cut the middleman*").
- Und drittens wird die Werterschöpfungskette radikal verändert.

Blockchain Technologie wird als neue Evolutionsstufe nach dem Web 2.0 angesehen. Der Einsatz von Blockchains verändert das Konzept der Zentralisierung der Information hin zu einer Verteilung der Information in Peer-to-Peer Netzwerke. In den alten Geschäftsmodellen gab es eine Zentralisierung der Information meist bei einem dominierenden Betreiber bzw. zentralen Server. Mit Blockchains können die Informationen auf tausende Rechnern global um die Welt verteilt werden.

Statt der Abhängigkeit des Kunden zu einer zentralen Instanz ermöglicht die Blockchain Technologie sogenanntes „anonymes Vertrauen", also Vertrauen in ein Netzwerk von unbekannten Geschäftspartnern.

Im Falle von Amazon, Ebay, Uber etc. vertraut man der Marke des Unternehmens und hofft, dass die Unternehmen sich seriös verhalten, nicht betrügen und die Kundeninformation nicht für andere Zwecken missbrauchen. In diesem Punkt sind die Web 2.0-Firmen sehr ähnlich den heutigen Banken. Der Kunde vertraut seiner Banken mehr oder weniger, da es oft keine Alternativen gibt, um Finanzgeschäfte abzuwickeln.

Nun kommt die Blockchain Technologie, welche verspricht, dass der Kunde auch einem Netzwerk von unbekannten Parteien vertrauen kann. Die Enthusiasten von Blockchains sprechen sogar davon, dass es „anonymes Vertrauen" gibt. Würde diese Vision zur Realität, so würden sich beispielsweise Banken einer neuen Konkurrenz ausgesetzt sehen, da Vertrauen das wichtigste Gut einer Bank ist.

In der Vergangenheit wurde Vertrauen durch verschiedene Institutionen gewährleistet, z.B. durch staatliche Akkreditierung, wie einer Banklizenz und durch die Bildung einer Marke („Die Bank ihres Vertrauens"). Staatliche Akkreditierung und Marke war gleichbedeutend mit Vertrauen. In Zukunft könnte die Blockchain Technologie diese Art von Vertrauen zwischen Kunde und Unternehmen aufbauen. Sollte der Kunde das Blockchain Netzwerk als vertrauenswürdig anerkennen, bräuchte es keine Dienste von zentralisierten Banken und Versicherungen, die gegen eine Gebühr sozusagen „Vertrauen verkaufen" und z.B. eine Zahlung abwickeln.

Mit E-Commerce Geschäftsmodellen wurden stationäre Händler und Zwischenhändler ausgeschaltet, indem sich ein Anbieter als Kundenanlaufstelle und Onlinehändler etablierte, wie z.B. Amazon oder Zalando. Nach diesem Schritt („cut the Middleman") könnten heute Blockchain Geschäftsmodelle dazu führen diese zentralen Onlinehändler bzw. Internet-Monopolisten zu attackieren („cut central intermediaries"). Durch diese digitale Transformation könnte für Kunden und Gesellschaft neue Werte geschaffen werden, da die Transaktionskosten in den Blockchain Geschäftsmodellen viel geringer sind als bei traditionellen Finanztransaktionen.

Beispielsweise gibt es Startups, welche Blockchains nutzen wollen und in Entwicklungsländer Finanzdienstleistungen für Kunden anbieten, welche sich bisher kein eigenes Konto leisten konnten. Zum anderen ermöglichen Blockchains ein Gegenmodell zu zentralisierten Marktplätzen (Amazon, Ebay, Uber etc) und kommerziellen Finanzbörsen.

1.2 Das digitale Ecosystem der Finanzindustrie

Das heutige ökonomische System (auch „Ecosystem" von „economic system") der Finanzindustrie besteht abstrakt gesehen aus den zentralisierten Finanzintermediären, Regulatoren, Kunden und den Zulieferern, wie z.B. Exchange-Traded-Fonds (ETF) Anbietern. Die Finanzintermediäre sind sowohl klassische Banken (Retail- und Privatbanken, Asset Manager und Investment Banken) sowie Versicherer mit Produkten aus den Bereichen Lebens-, Nichtlebensversicherung und Rückversicherung.

Die Finanzintermediäre haben im heutigen Markt den zentralen Platz und direkten Kundenkontakt. Sie kontrollieren die Wertschöpfungskette vom Kunden bis zu den Zulieferern (HR, IT etc.). Die einzigen Institutionen, welche die Finanzindustrie kontrollieren, sind nationale und supranationale Aufsichtsbehörden und Regulatoren (BaFIN, FINMA, SEC, EU Council, etc.). Die Aufsichtsbehörden sind seit der Finanzkrise stark bemüht, das Finanzsystem zu stabilisieren und Krisen durch die Insolvenz von Banken zu vermeiden. Doch haben die Banken immer noch eine starke Machtposition, welche es ihnen ermöglicht die Wertschöpfungskette zu kontrollieren und branchenfremde Wettbewerber auf Distanz zu halten. Ein Beispiel sind Anbieter neuer Zahlungssysteme wie Apple Pay.

Die heutige Finanzindustrie kann man sich wie ein großes Spinnennetz vorstellen, in dem die Banken in der Mitte sitzen und die Aktivitäten der anderen Beteiligten orchestrieren und kontrollieren. Aus der Geschäftsperspektive der Banken ist ein das System profitabel, weil die Banken ihre Machtposition optimal ausnutzen. Das aktuelle Finanzsystem ermöglicht zum einen enorme Gewinnmöglichkeiten für Banken und führt zum anderen zu hohen Ineffizienzen und zur Vernachlässigung der Kundenbedürfnisse. Diese Ineffizienzen der heutigen Finanzindustrie und die mangelnde Ausrichtung auf die Kundenbedürfnisse werden in den folgenden Kapiteln behandelt.

Im heutigen Markt hat der Kunde nur limitierte Auswahloptionen für die Nutzung von Finanzdienstleistungen. Für den privaten und geschäftlichen Alltag benötigt er ein Konto bei einer Bank, typischerweise im Land seines Wohnorts bzw. Geschäftssitzes. Meist kann der Kunde nur aus den Finanzintermediären auswählen die in seinem Heimatmarkt präsent und von den Aufsichtsbehörden zugelassen sind. Ein Wechsel einer Bank oder Versicherung ist meist mit recht hohem Aufwand verbunden. Der Kunde ist somit durch die Marktsituation und den rechtlichen Rahmen gezwungen den Banken bzw. Finanzintermediäre zu vertrauen.

Die Blockchain Technologie könnte dieses heutige Finanzsystem radikal verändern, weil Blockchains das größte Gut der Finanzindustrie, nämlich „Vertrauen", durch den Aufbau eines Netzwerkes erzeugen könnten. Vertrauen wird dann nicht durch den Staat oder durch die Marke der Bank bereitgestellt, sondern durch eine Technologie und ein Netzwerk, welches Vertrauen durch die Technologie gewährleistet.

Die Transformation der heutigen Finanzindustrie könnte sich in den folgenden Phasen abspielen:

- Durch den Eintritt neuer Marktteilnehmer, wie Startups oder Internetkonzerne wie Apple, verlieren die Banken ihre Rolle als „Dirigent" im Finanzsystem und können ihre Machtposition nur noch zum Teil ausüben.
- Durch die blockchainbasierte Alternativen bei der Abwicklung werden die enormen Ineffizienzen bei traditionellen Banken deutlich. Durch neue Marktteilnehmer, welche kundenfreundlichere Schnittstellen anbieten, sehen sich die Banken gezwungen die Effizienz und Kundennähe massiv zu verbessern, um im Wettbewerb zu bestehen.
- Banken und Versicherungen, welche nicht in der Lage sind die Kundenbedürfnisse zu erfüllen und effiziente Dienstleitungen anzubieten werden vom Markt verdrängt.

Eine solche Transformation der Finanzindustrie von zentral kontrollierten Wertschöpfungsketten zu einer netzwerkartigen Wertschöpfung, in der der Kunde im Mittelpunkt steht, würde die Effizienz der Finanzgeschäfte massiv steigern.

Die klaren Gewinner dieser Transformation wären die Kunden, die Verlierer könnten die Banken und Versicherungen sein, welche sich nicht anpassen können. Die Visionäre der Kryptowährungen und Blockchaintechnologien sehen eine Zukunft in der das „Vertrauen" eines Kunden zu einem Unternehmen nicht mehr staatlich reguliert sein wird, sondern sich das Vertrauen auf Basis von Blockchains und *peer-to-peer* Netzwerken aufgebaut wird.

2 Perspektiven für neue Geschäftsmodelle

2.1 Bestehende Geschäftsmodelle in der Finanzindustrie

In der heutigen Finanzindustrie stehen folgende Klassen von Geschäftsmodellen im Vordergrund:

Bei der **Arbitrage** profitiert ein Finanzintermediär von den unterschiedlichen Preisen für ein Finanzinstrument in unterschiedlichen Märkten. Im Falle von Arbitrage kauft der Finanzintermediär das Finanzinstrument in dem Markt, in dem das Produkt unterbewertet ist und verkauft es dann in einem anderen Markt zu einem höheren Preis. Dabei muss der Finanzintermediär nicht unbedingt im Besitz des Produktes sein, sondern kann es über entsprechende Finanzinstrument handeln, wie zum Beispiel im Fall des *naked short selling*. Theoretisch sollten die Arbitrage Möglichkeiten in den Märkten mit der Zeit verschwinden, da Markteilnehmer diese entdecken und ausnutzen.

Tab. 1: Ausgewählte Geschäftsmodelle in der Finanzindustrie

Business Modell	Erläuterung
Arbitrage	Ausnutzung von Kurs-, Zins- oder Preisunterschieden innerhalb eines bestimmten Zeitpunkts an verschiedenen Orten zum Zwecke der Gewinnmitnahme [3]
Transaktionskosten	Gebühreneinnahmen durch Zahlungsverkehr, Handel und Abwicklung von z.B. Aktiengeschäften.
Asset Management	Vermögensverwaltung
Portfolio und Risk Management	Zusammenstellung und Verwaltung eines Bestandes an Investitionen

Mithilfe von Blockchains kann die Transparenz der Märkte erhöht werden und auch anderen Markteilnehmer die Möglichkeit von Gewinnen mit Arbitragegeschäften gegeben werden. In der Blockchain Community werden Szenarien mit Smart Contracts intensiv diskutiert, welche auch ohne die Involvierung von Banken möglich wären. Somit würden den Banken entsprechende Arbitrageumsatz entgehen.

Das zweite wichtige Business Modell von Finanzintermediären basiert auf den **Transaktionskosten**. Die Einnahmen von Gebühren in den Geschäftsbereichen Zahlungsverkehr, Handel und Abwicklung von Aktien sind wichtige Ertragsquellen für Banken. In diesen Geschäftsbereichen bezahlt der Kunde einen Betrag pro durchgeführte Transaktion, z.B. Aktienkauf oder Zahlung.

Die Geschäftsmodelle, welche auf Transaktionskosten basieren, könnten sich durch die Blockchain Technologie stark verändern, da mittels Blockchains deutlich effiziente Abwicklungsprozesse möglich sind. Banken verdienen zurzeit weltweit mit den internationalen Zahlungen mehr als 80 Milliarden Dollar pro Jahr. Mit Abwicklung von Wertschriften (Settlements) verdienen die Banken über 40 Milliarden Dollar pro Jahr. Falls Blockchains eine effizientere Abwicklung bieten können, würden diese Einnahmequellen entsprechend sinken und der Kunde könnte seine Kosten senken und für andere Zwecke investieren.

Das dritte wichtige Business Modell von Finanzintermediären basiert auf **Verwaltung von elektronischen oder physischen Assets**, wie Gold und Silber. Die Verwaltung der Kundeninvestitionen, wie Aktien oder Obligationen, in einem Depot stellt für Banken eine konstante Einnahmequelle dar, und die Bank verrechnet einen prozentualen Anteil des Depotwertes als Gebühr.

Bei der Verwaltung von den physischen Assets könnte die Blockchain Technologie die Kontroll- und Aufbewahrungsprozesse vereinfachen. Das Startup Everledger [4] bietet beispielsweise die Registrierung von Diamanten an. Auch die Verwaltung von elektronischen Assets könnte sich mittels Blockchain Technologie und Smart Contracts radikal verändert werden. Heute bezahlt man für Wertschriftendepots ca. 0.3 % Gebühr pro Jahr. Der gesamte Wert von Aktien und Obligationen in der Welt liegt bei ca. 60 Billionen USD. Banken verdienen somit heutzutage alleine für die Verwaltung von Depots ca. 180 Milliarden Dollar pro Jahr. Würden die Kosten für die Verwaltung der Bankendepots durch Einsatz von Blockchains sinken, würde dies zu massiven Vorteilen für Kunden führen.

Das vierte Businessmodell der Banken sind Einnahmen durch **Portfoliomanagement und Risikoreduzierung**. Banken generieren Einnahmen durch Dienstleistungen die Risiken z.B. im Portfolio- bzw. Fondmanagement, bei der Kreditvergabe oder im Versicherungsbereich. Dieses Geschäftsmodell basiert darauf, dass die Assets (oder Kredite) nicht vollständig zueinander korreliert sind und durch ein Optimieren von den Assets bzw. des Kreditportfolios die Gesamtrisiken deutlich reduziert werden können. Das Vermögen, welches von Banken und Asset Managern global im Kundenauftrag verwaltet wird beläuft sich auf ca. 30 Billionen USD. Nehmen wir an, dass eine Bank für die Portfolioerstellung von 0.3 % pro Jahr dem Kunden verrechnet, dann beläuft sich der weltweite Markt auf ca. 90 Milliarden USD pro Jahr.

Da das Portfolio Management auf mathematische Modellen basiert, lassen sich diese Prozesse auch durch Blockchains und Smart Contracts unterstützen. Neben der erhöhten Transparenz könnten diese Technologien zusammen die Kosten für das Risikomanagement massiv senken.

Der Einsatz von sogenannten „Roboadvisors", also Systemen die den Anleger mithilfe mathematischer Modelle direkt unterstützen, nimmt heute schon zu. Während bisher nur der Bankberater Tools zur Analageverwaltung nutze und dem Kunden periodisch Ausdrucke des Depots vorlegte, kann jetzt der Kunde selber diese Tools nutzen. Es wird geschätzt, dass schon im Jahr 2020 die Roboadvisors ca. 2.2 Billionen USD verwalten werden. Es ist davon auszugehen, dass diese Roboadvisors auch um Risikomanagement Funktionen erweitert werden. Der Einsatz von Roboadvisors in Kombination mit Blockchains und Smart Contracts bietet den Weg für weitere Effizienzsteigerung und somit möglichen Senkung der Einnahmen von traditionellen Banken.

Alle der beschriebenen Businessmodelle der Banken zeigen ein hohes Potenzial für den Einsatz von Blockchains, welches zu einer Transformation vom heutigem zentralisierten Modell zu verteilten *peer-to-peer* Netzwerk Modellen führen kann. Ziel der aktuellen Blockchain Projekte in der Finanzindustrie ist es aufzuzeigen, dass die Ineffizienzen im heutigem Bankensystem mithilfe von Blockchain Technologien minimiert werden. Die Banken beobachten deshalb diese Entwicklung genau und wollen vermeiden, dass branchenfremde Marktteilnehmer diese Technologien einsetzen und Marktanteile gewinnen. Ein Schreckensszenario für Banken wären somit neue Wettbewerber, die wie Uber in der Taxiindustrie die Kundenschnittelle übernehmen, und die Wertschöpfung verändern.

2.2 Nichtgelöste Probleme der Finanzindustrie

Seit 1995 beschäftigen sich Banken mit Technologien wie Online-Banking und digitalen Zahlungssystemen. Zwar hat sich das Online-Banking durchgesetzt, doch weitere Innovationen im Finanzsektor wurden meist von branchenfremden Unternehmen entwickelt. So könnte die Blockchain Technologie helfen, die lange „ungelösten" Probleme zu beheben bzw. neue Produktinnovationen auf den Markt zu bringen. Anhand von folgenden Beispielen soll aufgezeigt werden, welche Innovationen jetzt möglich werden:
- Micro-Zahlungen, d.h. Zahlungen von kleinen Geldbeträgen.
- Zahlungen in Länder, welche bisher nicht im globalen Netzwerken präsent sind (ca. 60 Länder).
- Realtime Settlement: Abwicklung quasi in Echtzeit.
- Registrierung von Aktien oder Obligationen für REPO Geschäft.
- Handel von privaten Aktien.

Das Thema der **Micropayment** wird seit mehr als zwanzig Jahren diskutiert, aber eine marktreife Lösung von Seite der Banken konnte sich bisher nicht weltweit durchsetzen. So ist die Abwicklung von Micropayments, d.h. Zahlungen kleiner als 1 Cent, immer noch zu kostenintensiv. Insbesondere für kleine Contentanbieter wie Blogger, YouTube Video Produzenten oder für Spenden gibt es nur bedingt Angebote. Meist werden die Kleinstbeträge aufaddiert, so dass eine Zahlung in Höhe von zwei bis drei Dollar erfolgt, da typischerweise Kreditkartenzahlungen erst ab dieser Höhe akzeptiert werden. Das Zahlungssystem Bitcoin ermöglicht Zahlungen von Kleinstbeträgen und wurde erstaunlicherweise nicht von Banken oder Kreditkartenunternehmen erfunden, obwohl diese sich seit Jahren mit der Thematik beschäftigen. Hat man einen Bitcoin Account kann man kleinste Beträge übermitteln, so z.B. die kleinste Einheit = 1 Satoshi, das sind 0.00000001 Bitcoins. Obwohl diese Möglichkeiten vorhanden sind, setzen die traditionellen Medienunternehmen noch immer auf Bezahlabos, um höhere Beträge zu erlösen. Würde sich ein Microzahlungssysten weltweit etablieren, so würden sich für die Produktion von qualitativ hochwertigen Inhalten neue Möglichkeiten bieten.

Obwohl man vom **globalen Zahlungsverkehr** spricht, sind ca. 60 Länder nicht direkt an das internationales Zahlungssystem von SWIFT angebunden [5]. Die internationalen Zahlungen in nicht angeschlossene Länder sind über weitere alternative Zahlungsnetzwerke möglich, doch fallen hier weitere Kosten an.

Blockchains können dabei helfen, die Anbindung von Entwicklungsländern an das weltweite Finanzsystem zu verbessern. Blockchain Unternehmen wie Monetas haben Projekt beispielsweise auf dem afrikanischen Kontinent realisiert [6]. Kunden in Entwicklungsländern werden von den neuen Technologien profitieren und es stellt sich die Frage, ob die etablierten Banken in diesen aufstrebenden Märkten durch Anbieter von Kryptowährungen auf Basis von Blockchains verdrängt werden.

Bei der **Abwicklung (Settlement) von Wertschriftentransaktionen** dauert es zurzeit länger als 24 Stunden bis die Wertschriften vom Konto des Verkäufers auf das Konto des Käufers übertragen werden und die entsprechende Zahlung durchgeführt wurde. Es ist schwer vorstellbar, dass solche Geschwindigkeit in der Zukunft einer digitalen Weltwirtschaft akzeptiert wird. Der Grund für die langsame Abwicklung liegt in den veralteten Settlement-Systemen der Banken, welche nicht für den Echtzeitbetrieb konzipiert wurden. Bei vielen Banken ist der Kern dieser Systeme teilweise mehr als zwanzig Jahre alt. Zudem hat der Kunde heute keine Alternative, da er das Bankensystem nutzen muss.

Wie kann die Blockchain Technologie für die Abwicklung von Wertschriften eingesetzt werden? Würden die beteiligten Banken auf eine gemeinsame Blockchain zugreifen könnte man die Abwicklung deutlich schneller als heute durchführen. In diesem Fall würde die Bank IT-Kosten sparen und müsste diese Kostenvorteile an den Kunden weiterreichen.

Ein weiteres nichtgelöstes Thema in der heutigen Finanzindustrie ist die Verwaltung der lombardierten Wertpapiere (Collateral = Kreditsicherung [7]) für die Rückkaufvereinbarung (REPO -*Repurchase Agreements*)[8]. In einem REPO Geschäft leiht man dem Partner gegen ein Kollateral einen Geldbetrag. Der Zins des Geschäftes wird durch die Qualität der Kreditsicherung (Collateral), Zeitdauer und Kreditwürdigkeit des Partners bestimmt. Je besser die Qualität des Collaterals ist, desto kleiner ist der Zins im Geschäft. Die Schwierigkeit im REPO Geschäft ist, dass bestimmte Collaterals mehrmals ausgeliehen werden können. Heute gibt es kein zentrales Register der Collaterals, so dass eine Mehrfachausleihung möglich wäre. Wenn ein Collateral zum Beispiel schon zwanzigmal ausgeliehen wurde, dann sollte der Zins höher sein als bei einer niedrigen Anzahl. Leider fehlt den Banken heute die ein vertrauenswürdiges Register der Collaterals.

Mit Hilfe einer Blockchain könnte man ein verteiltes Register für die Aktien und Obligationen aufbauen. Somit kann die Anzahl der Ausleihungen nachvollzogen werden und die entsprechenden Information könnte in die Zinsberechnung einfließen.

Ein weiterer Bereich der stark verbessert werden kann ist der Handel von **privaten Aktien**, d.h. Aktien welche nicht an den öffentlichen Börsen notiert sind. Der Gang eines Unternehmens an die Börse ist mit hohen Auflagen und Kosten verbunden, so dass dies für kleine und mittlere Unternehmen nicht rentabel ist. Auch der Handel mit nichtöffentlich kodierten Aktien ist mit relativ hohen Transaktionskosten verbunden.

Die Blockchain Technologie könnte genutzt werden, um diese Börsensegmente zu unterstützen und für niedrige Kosten beim Handel von Aktien zu sorgen. Änderungen des Inhabers der Aktie würden in der Blockchain registriert und wären somit nachvollziehbar.

Die aufgeführten Beispiele zeigen, dass viele Kundenbedürfnisse im heutigen Finanzsektor nicht bedient werden bzw. Dienste zu überhöhten Preisen angeboten werden. Eine Vielzahl von jungen Fintech Unternehmen sucht hier eine Chance diese Kundenbedürfnisse zu bedienen, welche anscheinend von Banken nicht bedient werden, teils aus mangelnden Innovationswillen und teils aus Profitstreben durch die etablierten Prozesse.

2.3 Blockchains für neue Geschäftsmodelle und Prozessredesign

In den vorherigen Kapiteln wurden zwei grundlegende Probleme im heutigen Finanzsystem beschrieben:

- Ineffizienzen in den Wertschöpfungsketten z.B. aufgrund von veralteten Prozessen und IT-Systemen.
- Nicht bediente Kundenbedürfnisse aufgrund des mangelnden Innovationskraft der traditionellen Banken.

Viele Finanzinstitute beschäftigen sich zurzeit mit der Frage, wie sie Blockchains einsetzen können und wie ihre Geschäftsmodelle sich durch die neue Technologie bzw. durch neue branchenfremde Wettbewerber verändern werden.

Zum einen könnte man mittels Blockchain Technologie die Ineffizienzen in der heutigen Wertschöpfungskette, insbesondere in den Abwicklungsprozessen, reduzieren. Dieses Ziel wird von neugeründeten Unternehmen, wie z.B. R3 [1] und Digital Assets Holding [2] verfolgt, welche mit Hilfe Blockchains die Prozesse in der Finanzindustrie neu gestalten wollen. Bei einem solchen Vorgehen steht nicht nur das Reengineering der Wertschöpfungskette der Finanzindustrie im Vordergrund, sondern auch die Gestaltung neuer Geschäftsmodelle bei der Zusammenarbeit von Börsen, Banken und anderen Teilnehmern.

Zum anderen könnte man mittels Blockchain Technologie ganz neue Geschäftsbereiche aufbauen, welche die heute nicht erfüllten Kundenbedürfnisse adressieren. Dieses Ziel wird von zahlreichen Fintech-Unternehmen verfolgt, die sich ein Bedürfnis des Kunden adressieren und hierfür z.B. eine Smartphoneapplikation oder einen Roboadvisor anbieten.

Bei kundenorientierten Geschäftsmodellen spielt der Aspekt des Vertrauens eine grundlegende Rolle. Zum einen kann die Blockchain Technologie helfen Vertrauen zu bilden. Für Banken stellt sich die Frage, ob dieses Vertrauen in Blockchains bzw. Peer-to-Peer Netzwerke das bisherige Vertrauen der Kunden in das regulierte Finanzsystem und das durch Marketing und Markenbildung generierte Vertrauen verdrängen wird. In den Innovationsprojekten bei Banken wird intensiv diskutiert, welche Rolle Banken in einer zukünftigen Welt spielen können, in der der Kunde möglicherweise anderen Teilnehmern mehr vertraut als seiner Bank. Es werden auch Szenarien durchgespielt, in denen Zahlungen und Handelstransaktionen ohne Unterstützung von Banken abgewickelt werden. Wird es zukünftig eine Finanzindustrie ohne die altbekannten Banken und Versicherungen geben?

3 Was könnten die Banken tun?

Neue und innovative Blockchain-Geschäftsmodelle könnten das Fundament der Finanzindustrie erschüttern, weil durch die Technologie die Banken und Versicherung das „Monopol des Vertrauens" verlieren. Könnte ein blockchainbasiertes Netzwerk ein Kundenbedürfnis besser als eine Bank erfüllen und würden die Teilnehmer „Vertrauen" in das Netzwerk setzen, so würde eine Alternative zu bisher bekannten Interaktion Kunde-Bank entstehen.

Für die Banken gibt es drei Szenarios, um mit den neuen Blockchain basierenden Geschäftsmodellen umzugehen:
- Nichts Machen und Abwarten
- Mitmachen
- Eine Führungsrolle in der Orchestration der Wertschöpfungskette übernehmen

Beim ersten Szenario würde alles beim Alten bleiben. Die Banken würden das von den Regulatoren geschützte Marktsegment ausnutzen und die Kosten für die Ineffizienzen an den Kunden überwälzen. Doch der Erfolg und die Aufmerksamkeit die Fintech Startups erregen zeigt, dass der Status-Quo bei Banken nicht beibehalten werden kann. Die ersten Banken beteiligen sich an Fintech-Unternehmen, um den Trend der kundenorientieren Gestaltung von Applikationen nicht zu verpassen. Ausgewählte Fintech Startups versuchen Lösungen für die Ineffizienzen der heutigen Finanzindustrie anzubieten und auch mit branchenfremden Unternehmen, wie Telekom und Internetfirmen zu kooperieren, wie z.B. die Zusammenarbeit der Internetbank Fidor mit einem großen Telekommunikationsunternehmen [9]. Für traditionelle Banken würde dies zu schrumpfende Umsätzen und Gewinnreduktion führen.

Im zweiten Szenario werden die Banken aktiv und beteiligen sich bei Blockchain Entwicklungen. Viele Banken und Versicherungen, wie z.B. die UBS [10] und Allianz [11], experimentieren selbst mit der Blockchain Technologie und partizipieren bei Industriekonsortien wie z.B. R3 [1], Digital Assets Holding [2], Post Trade Distributed Ledger Group [12]. Die Finanzinstitute wollen in diesen Projekten Erfahrungen sammeln und das Risiko minimieren, einen wichtigen Trend zu verpassen. Diese strategische Ausrichtung könnte den Banken helfen, die Ineffizienzen in der Finanzindustrie mittels Blockchain Technologie zu reduzieren und so deren heutige Position zu schützen. Für die etablierten Unternehmen stellt sich aber die Herausforderung diese Innovationen in der Organisation umzusetzen und nachhaltig zu integrieren. Fintech Startups sind hier flexibler und können schneller agieren.

Im dritten Szenario würden die etablierten Finanzinstitute die Führungsrolle übernehmen und die neue digitale Wertschöpfungskette orchestrieren. Die innovationsfreudigen Banken und Versicherungen würden so zum Dirigenten der digitalen Finanzindustrie und würden sich ihren Platz in der Wertschöpfungskette sichern, indem sie die Zulieferer und Fintech Startups einbinden. Strategisch gesehen ist diese Variante am profitabelsten für die Banken, weil sie die Kontrolle über die Value Chain nicht verlieren. Die Blockchain Technologie wäre somit einfach eine nächste technologische Evolution, welche von den Banken adaptiert werden muss. Es stellt sich jedoch die Frage, welche Banken und Versicherung über die strategische Weitsicht und den Innovationswillen verfügen. Bisher haben in der Finanzindustrie nur ausgewählte Unternehmen selbst die Initiative ergriffen, um mit Hilfe von Blockchains die Ineffizienzen und nichtgelösten Kundenprobleme anzugehen und zum aktiven Gestalter der digitalen Wertschöpfungskette zu werden.

4 Literatur

[1] „R3“. [Online]. Verfügbar unter: http://r3cev.com/. [Zugegriffen: 31-Juli-2016].

[2] „Digital Asset Holdings“. [Online]. Verfügbar unter: http://digitalasset.com/. [Zugegriffen: 31-Juli-2016].

[3] „Arbitrage“, *Wikipedia*. 17-Juli-2016.

[4] „Everledger“. [Online]. Verfügbar unter: http://www.everledger.io/. [Zugegriffen: 31-Juli-2016].

[5] „SWIFT – Society for Worldwide Interbank Financial Telecommunication“. [Online]. Verfügbar unter: https://www.swift.com/. [Zugegriffen: 31-Juli-2016].

[6] „Monetas“. [Online]. Verfügbar unter: https://monetas.net/. [Zugegriffen: 31-Juli-2016].

[7] „Kreditsicherung“, *Wikipedia*. 20-Juli-2016.

[8] „Rückkaufvereinbarung“, *Wikipedia*. 10-Juli-2016.

[9] „Fidor Bank“. [Online]. Verfügbar unter: https://www.fidor.de/. [Zugegriffen: 01-Aug-2016].

[10] UBS AG, „UBS Blockchain Report“. [Online]. Verfügbar unter: https://www.ubs.com/microsites/blockchain-report/en/home.html. [Zugegriffen: 01-Aug-2016].

[11] Allianz, „Erfolgreiches Pilotprojekt: Allianz Risk Transfer und Nephila realisieren Katastrophen-Swap mit Blockchain-Technologie - Presse | Allianz“. [Online]. Verfügbar unter: https://www.allianz.com/de/presse/news/engagement/sponsoring/160615-erfolgreiches-pilotprojekt-mit-blockchain-technologie/. [Zugegriffen: 01-Aug-2016].

[12] „Post-Trade Distributed Ledger Group“. [Online]. Verfügbar unter: http://www.ptdlgroup.org/. [Zugegriffen: 31-Juli-2016].

Romeo Kienzler

Hyperledger – eine offene Blockchain Technologie

1 Einführung

1.1 Historie

Das Projekt „Hyperledger" wurde am 17. Dezember 2015 von der Linux Foundation veröffentlicht [1]. Unter den elf Gründungsmitgliedern befanden sich unter anderem der Softwarehersteller IBM, die Handelsplattform Deutsche Börse, die Bank JP Morgan sowie der Hardwarehersteller Intel. Inzwischen ist das Hyperledger Projekt auf 54 Mitglieder angewachsen. Unter anderem kam SWIFT hinzu, der Marktführer für Internationale Finanztransaktionsdienstleistungen.

Sechs der Gründungsmitglieder haben Softwarecode gestiftet.

- IBM hat den Softwarecode „Open Blockchain" gestiftet.
- Der Hersteller „Blockstream" hat seine Side-Chain Technologie „Elements" eingebracht die u.a. einen Consensus Algorithmus enthält.
- Das Unternehmen Digital Asset hat Softwarecode eingebracht.

Die neue Version dieser Hyperleder-Blockchain wurde „Fabric" getauft und auf dieses Projekt wollen wir uns in diesem Kapitel konzentrieren. Wenn im folgenden Hyperledger erwähnt wird, bezieht sich der Text immer auf die aktuelle Version „Fabric".

1.2 Ziel

Ziel des Hyperledger Projektes ist es eine offene, Open Source basierte Blockchain Technologie bereitzustellen, mit deren Hilfe Unternehmen in der Lage sind robuste, industriespezifische Systeme zur sicheren Transaktionsabwicklung aufzubauen.

Durch die Unabhängigkeit der Linux Foundation und durch die Zugriffsmöglichkeit auf den Quellcode soll jederzeit gewährleistet sein, dass solch ein System nicht durch Dritte zweckentfremdet werden kann. „Fabric" ist momentan noch im Inkubator Stadium und es ist geplant Ende 2016 die Version 1.0 freizugeben.

2 Typen und Merkmale von Blockchains

2.1 Offene vs. geschlossene Blockchains

Es existieren zwei fundamentale Herangehensweisen wie Blockchains aufgebaut werden können:

- „permissionless Blockchain“: Die Benutzer müssen sich nicht autorisieren, um die Blockchain zu nutzen
- „permissioned Blockchain“: Die Benutzer müssen sich autorisieren, d.h. es werden nur bestimmte Benutzer zugelassen.

Die beiden Arten unterscheiden sich technisch vorerst nicht, jedoch hat die Entscheidung, ob sich der Benutzerkreis vorher gegen die Blockchain autorisieren muss (permissioned) oder nicht (permissionless) weittragende Konsequenzen auf diverse Algorithmen und Protokolle, welche die Blockchain unterstützen muss. Dies werden wir in diesem Kapitel noch im Detail ausführen.

Bei „permissioned“ Blockchains haben sich diverse (oder auch alle) Teilnehmer gegenseitig bzw. gegen die Blockchain authentisiert und autorisiert, wohingegen bei „permissionless“ Blockchains sich die Teilnehmer nicht gegen die Blockchain authentisieren müssen.

Es existieren auch hybride Blockchains die autorisierte und nicht autorisierte Benutzergruppen kombinieren. So könnte beispielsweise ein Bankenkonsortium und deren Banken authentisierte Teilnehmer darstellen und Bankkunden, welche die Blockchain für anonymisierten Zahlungsverkehr nutzen, könnten nicht authentisierte Benutzer sein.

2.2 Vertraulichkeit (Confidentiality)

Bei Bitcoin haben die Benutzer akzeptiert, dass jeder Teilnehmer die Transaktionen aller Benutzer einsehen kann. Transaktionen sind zwar über den Public Key Hash (auch Bitcoin Adresse genannt) anonymisiert, aber sobald eine logische Verbindung zwischen einer realen Identität und einer Bitcoin Adresse hergestellt wird, könnte man alle Transaktionen, in der diese Bitcoin Adresse involviert ist, dieser Person einfach zuzuordnen. Geheime Transaktionen sind in Bitcoin nicht möglich und wir werden sehen, wie Hyperledger es ermöglicht die Sichtbarkeit von Transaktionen für einen eingeschränkten Benutzerkreis zu definieren.

3 Architektur

Für die Blockchain Hyperleder wurde eine Architektur entwickelt, welche sich aus verschiedenen Diensten und zentralen Komponenten zusammensetzt. Die folgende Abbildung zeigt die Komponenten von Hyperledger auf die im Folgenden detaillierter eingegangen wird. Insbesondere werden die Komponenten *Membership Services*, *Consensus Manager* und *Chaincode Services* genauer beschrieben.

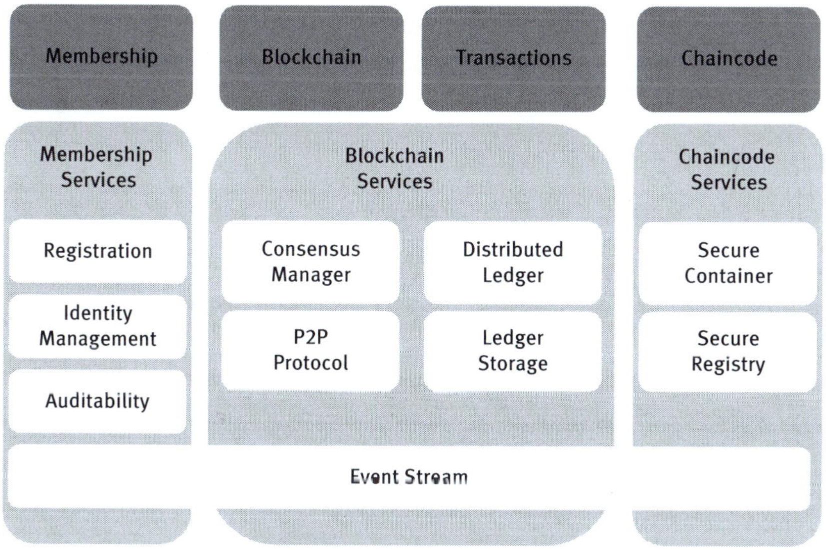

Abb. 1: Architekturübersicht der Blockchain Hyperleder

3.1 Membership Service (Pluggable Identity Management)

Die Benutzerverwaltung wird bei Hyperledger über Plug-Ins realisiert. Aktuell wird kein Membership Service Plug-In bei Hyperledger mitgeliefert, sondern dieser muss für jede Installation spezifisch implementiert werden.

Es gibt jedoch eine Referenzimplementierung die für Version 1.0 von Hyperledger geplant ist und die eine zentralisierte (also nicht verteilte) Benutzerverwaltung ermöglicht. Die Membership Services sind von zentraler Bedeutung um geheime Transaktionen sowie (teil-)geschlossene Blockchains zu ermöglichen, d.h. eine Nutzer- und Rechteverwaltung auf einer Blockchain einzuführen.

3.1.1 Dezentralisierte Verfahren

Dezentralisierte Verfahren sind aktuell unter Hyperledger noch nicht implementiert und es ist davon auszugehen, dass die Open Source Community hier ihren Beitrag leisten wird. Sicherlich müsste als erstes ein komplett offenes System implementiert werden, wie es von Bitcoin her bekannt ist, und welches nur auf Public Key Hashwerte zurückgreift (im Bitcoin Jargon „Adresse“ genannt).

Es ist davon auszugehen, dass verteilte Identitätsmanagementsysteme, wie sie beispielsweise für SSO (Single Sign On) verwendet werden, in Hyperledger integriert werden. Ein weiterer Ansatz ist die Benutzerverwaltung auf einer eigens dafür eingerichteten „Membership Blockchain“ bzw. „System Blockchain“. Es gibt auch Bestrebungen die Root-CA's der europäischen Mitgliedsstaaten, die untereinander quersigniert sind, zu verwenden. Somit könnte jeder EU-Bürger eindeutig mit seinem Personalausweis gegen die Blockchain authentisiert werden.

3.2 Consensus Manager

Der Consensus Manager bedient sich Consensus Plug-Ins und ermöglicht es den *Consensus Algorithmus* selbst zu definieren und zu implementieren und diesen dem Hyperledger Backend zur Verfügung zu stellen.

Anonymität ist teuer. Die meisten vertrauenslosen Consensus Algorithmen (Byzantine fault tolerance) benötigen signifikant mehr Rechenleistung als Consensus Algorithmen bei denen sich die Teilnehmer gegenseitig vertrauen, da sie z.B. vorab auf einem anderen gesicherten Weg die Identität gegenüber der Blockchain bewiesen haben. Der hohe Verbrauch von Rechenkapazität ist ein zentrales Konzept dieser Algorithmen (siehe auch die folgenden Ausführungen zu Proof-of-Work).

3.2.1 Vertrauenslose Consensus Algorithmen (Byzantine fault tolerance)

Vertrauenslose Consensus Algorithmen ermöglichen es mit Partnern in einer Blockchain zu interagieren, die sich gegenseitig nicht vertrauen. Im Folgenden die drei bekanntesten Typen von Consensus Algorithmen erläutert:
- Proof of Work
- Proof of Stake
- Proof of Elapsed Time

Proof of Work
Ziel eines „Proof of Work“ Algorithmus ist es zu beweisen, dass ein bestimmter Rechenaufwand betrieben wurde, um eine Transaktion (bzw. Block) zu validieren.

Im Falle von Bitcoin basiert der *Proof of Work* Algorithmus auf zwei seriellen SHA256 Hashfunktionen. In anderen Blockchain-Plattformen werden ähnliche Konzepte angewandt wie z.B. bei Ethereum „ethash".

Bei Bitcoin hat dies ungeahnte Ausmaße angenommen, bei der spezialisierte Hardware (ASICs: application-specific integrated circuit) und künstliches Blut zum Einsatz kommen, da der SHA256 Algorithmus sehr einfach mit spezialisierter Hardware wie Graphics Processing Unit (GPU), Field Programmable Gate Array (FPGA), ASICs beschleunigt werden kann. Es entstand ein regelechter Wettlauf um immer schnellere Hardware. Inzwischen deckt das Mining von Bitcoins auf Central Processing Units (CPUs) und GPUs nicht einmal mehr die Stromkosten. Um dem entgegenzuwirken werden alternative Algorithmen verwendet, die z.B. einen sehr hohen Hauptspeicherbedarf haben, um eine Beschleunigung durch Spezialhardware zu verhindern.

Was aber alle Algorithmen gemeinsam haben, ist die „sinnlose Verschwendung" von Rechenkapazität um zu beweisen, dass ein gewisser Aufwand betrieben wurde um einen Block zu verifizieren. Dies macht es einem potentiellen Angreifer unmöglich, mehrere aufeinanderfolgende Blöcke zu manipulieren, da er die dazu erforderliche Rechenkapazität nicht aufbringen kann. Im Gegensatz zu anderen Blockchains ist der Consensus Algorithmus bei Hyperledger über ein Plug-In System austauschbar. Die mitgelieferten Plug-Ins werden am Ende dieses Abschnitts noch kurz erläutert.

Proof of Stake

Durch die enormen Anforderungen an Rechenkapazität und die dadurch nötige Verschwendung wertvoller Rechenkapazität ist der Proof of Work Algorithmus immer mehr in Kritik geraten. Aus diesem Grunde wurde nach Alternativen gesucht und eine dieser Alternativen nennt sich „Proof of Stake".

Es existieren sehr viele Varianten, auch in Kombination mit Proof of Work, aber im Prinzip basieren diese Algorithmen darauf, dass diejenigen Teilnehmer einer Blockchain mehr Gewicht bei der Validierung eines Blocks haben, je mehr sie von der jeweiligen Kryptographie-Währung besitzen. Die Idee dahinter ist, dass ein Teilnehmer steigendes Interesse daran hat, dass ein bestimmtes Blockchain System stabil läuft und nicht kompromittiert wird desto mehr „Stake" bzw. Einlagen er in diesem System hat. Bei Ethereum heißt dieses System „Casper", bei Hyperledger wird in diesem Bereich aktuell nichts mitgeliefert und muss nachträglich als Plug-In eingebunden werden.

Proof of elapsed time

Das von Intel für Hyperledger vorgeschlagene „proof of elapsed time" Consensus Protokoll bedient sich einer sogenannten Trusted Execution Environment (TEE), welche es durch ein Hardware Modul ermöglicht ausgeführten Code zu verifizieren. Dadurch kann sichergestellt werden, dass die Generierung eines Blocks in der Blockchain eine bestimmte Wartezeit auf dem Prozessor in Anspruch nimmt. Durch die TEE ist sichergestellt, dass auch wirklich der Code der Blockchain Implementierung verwendet wurde und dieser nicht manipuliert wurde, um beispielsweise einen Block in geringerer Wartezeit zu erstellen.

3.2.2 Multi-Signatur

Eine weitere Variante um Consensus herzustellen ist ein Verfahren, welches Multi-Signatur (multisig) genannt wird. Hierbei muss beispielsweise ein Block von mehr als einem Teilnehmer der Blockchain signiert werden. Generell ist davon auszugehen, dass durch solch ein Verfahren die Sicherheit erhöht wird. Zusätzlich wird durch „multisig" auch ermöglicht, mehrere Schlüssel zu definieren, die nötig sind um eine Transaktion zu autorisieren.

Beispielsweise könnten fünf Mitarbeiter einer Organisation einen Teilschlüssel besitzen, um eine Transaktion zu autorisieren und sobald mindestens drei Mitarbeiter eine Transaktion signiert haben, gilt diese als autorisiert.

3.2.3 Vertrauensbasierte Consensus Algorithmen (Crash Fault Toleranz)

Die oben genannten Verfahren beschreiben Algorithmen bei denen die Teilnehmer der Blockchain sich gegenseitig nicht vertrauen und auch gegenseitig kein Schlüsselaustausch benötigt wird. Im Folgenden möchten wir einige Verfahren beschreiben die für die Consensus-Findung in Frage kommt, falls sich die Teilnehmer kennen bzw. vorab ein Schlüsselaustausch möglich ist.

3.2.3.1 Sichere Hardware

Wie schon vorab erwähnt können via „Trusted Execution Environments" Algorithmen ausgeführt werden die nicht manipulierbar sind. Diese können natürlich auch dafür genutzt werden einen Signierungsalgorithmus auszuführen. Ein Beispiel von sicherer Hardware sind „Smart Cards". Ein darauf gespeicherter privater Schlüssel kann für die Signierung von Transaktionen verwendet werden und beispielsweise über den Herausgeber der Karten und dem zugehörigen öffentlichen Schlüssel kann eine Identitätsbestimmung stattfinden.

3.2.3.2 Public Key Infrastruktur (PKI)

Ein Hauptgrund für die Verwendung von vertrauenslosen Consensus Algorithmen ist der Umstand, dass sich die Teilnehmer untereinander nicht kennen und vertrauen. Wenn sich die Teilnehmender untereinander kennen, können sie entweder öffentliche Schlüssel untereinander austauschen oder auf eine PKI zurückgreifen. Nun kann ein Block mit einem privaten Schlüssel signiert werden und die Authentizität der Signatur über einen signierten öffentlichen Schlüssel sichergestellt werden. Auch hier könnte „multisig" zum Einsatz kommen, um die Sicherheit zu erhöhen.

3.2.4 Aktuell Mitgelieferte Consensus Plug-Ins für Hyperledger

Aktuell liefert Hyperledger nur Plug-Ins für vertrauenslosen Consensus mit. Die beiden Algorithmen sind „Practical Byzantine Fault Tolerance" sowie „SIEVE" welche im Folgenden genauer beschrieben werden.

3.2.4.1 Practical Byzantine Fault Tolerance

Der Algorithmus *Practical Byzantine Fault Tolerance* (PBFT) ist eine Variante der unter *Byzantine Fault Tolerance* bekannten Systemeigenschaft verteilter Systeme. Vereinfacht ausgedrückt geht es darum, dass gefälschte Nachrichten in einem verteilten System gesendet werden.

Auf Blockchains angewendet bedeutet dies, wie schon aus Bitcoin bekannt, dass ein oder mehrere Teilnehmer die gefälschten Blöcke in die Blockchain einschleusen möchten. Diese Teilnehmer können dadurch entlarvt werden, indem jede Operation in der Blockchain einem endlichen Zustandsautomaten folgen muss und welcher unter den Teilnehmern repliziert wird. Nur wenn ein Teilnehmer von mehreren anderen Teilnehmern das gleiche Ergebnis aus dem Zustandsautomaten übermittelt bekommt, kann er davon ausgehen, dass die Nachricht korrekt ist und sein Gegenüber die Nachricht nicht gefälscht hat.

3.2.4.2 SIEVE Consensus Algorithmus

Eine Einschränkung von Practical Byzantine Fault Tolerance (PBFT) ist die Anforderung an alle Teilnehmer, dass die ausgeführten Operationen auf dem Zustandsautomat deterministisch sind und in der gleichen Reihenfolge ausgeführt werden müssen, um dasselbe Ergebnis bzw. Zwischenzustand zurückzuliefern.

Dies wiederspricht einigen Kryptographie Algorithmen bei der u.a. Zufallsvariablen den Programmfluss steuern und sich somit für die Benutzung mit PBFT ausschließen. Hier setzt der SIEVE Algorithmus an, welcher es ermöglicht nichtdeterministische Algorithmen repliziert auszuführen und sicherzustellen, dass diese nicht mehr nachträglich geändert werden können um deren korrekte (nicht manipulierte) Ausführung zu garantieren.

3.3 Chaincode / Smart Contracts

Das Konzept von Smart Contracts wurde von der Ethereum-Blockchain eingeführt und beschreiben einen Weg, ausführbare Programme validiert direkt auf der Blockchain auszuführen [2]. Sobald solch ein Programm einmal auf der Blockchain aktiviert wurde ist es nicht mehr veränderbar. Auf Hyperledger nennt man diese Smart Contracts auch „Chaincode".

Sowohl Smart Contracts auf Ethereum als auch Chaincode auf Hyperledger sind „Touring complete", d.h. es lässt sich prinzipiell jeder Algorithmus implementieren der auch auf einem Mikroprozessor ausführbar ist. Analog der Transaktionen wird auch der Chaincode in einer Form auf der Blockchain gespeichert und es ist nicht möglich diesen Code zu ändern. Sämtliche Teilnehmer (bzw. eine definierte Teilmenge) führen nun diesen Chaincode aus und verifizieren, ob dieser das gleiche Ergebnis zurückliefert wie die anderen Nodes. Falls dies der Fall ist, werden die durch Chaincode ausgeführte Transaktionen akzeptiert.

Eine Besonderheit von Hyperledger ist, dass der Chaincode auch externe Netzwerkverbindungen aufbauen kann. Chaincode könnte beispielsweise auf ein „System of Records" zugreifen, welches für die Transaktionslogik nötig ist. Um auch hier die Manipulationssicherheit zu erhöhen, könnte das SSL Zertifikat des externen Zielsystems unmanipulierbar in der Blockchain abgelegt sein und könnte so vom Chaincode verwendet werden, um die Authentizität des Zielsystems zu verifizieren.

3.3.1 Asset Definition

Hyperleder stellt von sich aus keine Kryptowährung zur Verfügung. Dies ist für die Funktion einer Blockchain auch nicht nötig. Da der Consensus Algorithmus bei Hyperledger auf einem Plug-In Mechanismus basiert, besteht die Option die jeweilige Blockchain Anwendung mit oder ohne Kryptowährung zu betreiben. Der Einsatz einer Kryptowährung ist in Szenarien sinnvoll, wenn die Knotenbetreiber für die Bereitstellung von Rechenzeit belohnt werden sollen.

Wird eine andere Methode zur Consensus-Findung verwendet, fällt diese Möglichkeit der Währungsgenerierung weg. Es ist aber dennoch möglich – auch mit nicht-byzantinischen Consensus Algorithmen – auf Hyperledger bestimmte Güter zu handeln. Diese müssen jedoch erst definiert und erzeugt werden. Hyperleder beschränkt sich nicht auf eine einzelne Art von Gut. Es können mehrere Währungen als auch andere limitierte Güter virtuell über Transaktionen erstellt und gehandelt werden. Es gibt zwei gängige Methoden solche „Assets" auf Hyperledger zu definieren. Das sogenannte „Stateless UTXO Model“ sowie das „Account Model“. Die Unterschiede werden im Folgenden erklärt.

Stateless UTXO Model
Beim Stateless UTXO Model steht UTXO für „Unspent Transaction Outputs“ und entspricht im groben den Buchungen in einem Buchhaltungssystem. Dieser von Bitcoin her bekannte Algorithmus berechnet aus allen historischen Transaktionen einen virtuellen Kontostand pro Teilnehmer. Da dieser Kontostand nie direkt auf der Blockchain gespeichert wird, bezeichnet man diesen Algorithmus als „stateless“. Die Blockchain stellt sicher, dass kein Teilnehmer mehr Güter in einer Transaktion verwenden (bzw. versenden) kann als er aktuell besitzt.

Account Model
Das Account Model entspricht eher einem virtuellen Konto bei dem ein Kontostand des jeweiligen Gutes sowie des aktuellen Besitzers auf der Blockchain abgelegt wird. Ein Teilnehmer kann nun die virtuellen Güter komplett oder in Teilmengen über Transaktionen gesichert anderen Teilnehmern senden.

Programmiersprachensupport / Chaincode Execution Model
Chaincode auf der Hyperledger Blockchain muss in der Programmiersprache „GO“ implementiert werden. Es wird aktuell jedoch auch an der Unterstützung von JavaScript und Java gearbeitet. Des Weiteren wird gerade untersucht ob Solidity, die Smart Contract Programmiersprache von Ethereum auch unterstützt werden kann. Man könnte somit einfach Chaincode bzw. Smart Contracts zwischen beiden Technologien migrieren.

Wie erwähnt ist Chaincode auf Hyperledger „Touring Complete“ und zusammen mit dem gesicherten und verteilten Datenspeicher auf der Blockchain lassen sich so sämtliche erdenklichen Applikationen entwickeln und gesichert auf der Blockchain ausführen.

3.4 Kryptographie – Plug-Ins

Die Anforderungen an kryptographische Algorithmen einer Blockchain können sehr vielfältig und technischer, systemischer sowie regulatorischer Natur sein. Das bekannteste Beispiel ist der SHA256 Algorithmus der bei Bitcoin eingesetzt wird. Dieser hat zum Problem geführt, dass durch Hardware-Beschleunigung praktisch verunmöglicht wird noch Blöcke auf gewöhnlichen Prozessoren wie CPUs oder GPUs zu signieren. Dies ist ein Beispiel für ein technisches Problem, welches einen systemischen Einfluss auf die Bitcoin-Blockchain hat, da Bitcoin nun von einigen wenigen Teilnehmern mit sehr hohem finanziellen Einsatz und Spezialhardware kontrolliert wird. Ein Beispiel für eine regulatorische Anforderung könnte das Verbot für bestimmte Algorithmen in einigen Ländern sein. Hyperledger definiert keinen bestimmten kryptographischen Algorithmus und je nach Plug-In können unterschiedliche Algorithmen zum Einsatz kommen.

4 Planungs- und Performance Aspekte

Bei der Planung und dem Aufbau einer Blockchain spielen verschiedene Aspekte eine Rolle. So hat die Verwendung spezifischer Consensus Algorithmen, Verschlüsslungs-Methoden, Transaktionsgröße, sowie die Komplexität potentiell ausgeführten Chaincodes einen großen Einfluss auf die Performance. Ein Kritikpunkt bei Bitcoin ist die Wartezeit von ca. 10 Minuten bis ein Block validiert wurde sowie eine Wartezeit von ca. einer Stunde bis ausreichend Revalierungen durch neuere Blöcke stattgefunden haben. Erst dann ist wirklich sicher, dass eine Transaktion irreversibel auf der Blockchain gespeichert ist.

Bitcoin hat aktuell nur einen Durchsatz von weniger als zehn Transaktionen pro Sekunde. Bei Ethereum schwankt dieser Wert zwischen 15 und 80 Transaktionen pro Sekunde bei einer durchschnittlichen Wartezeit von 12 Sekunden pro Transaktionskonfirmation. Tests auf Hyperledger haben ergeben, dass mit 15 validierenden Systemen die untereinander mit einer schnellen Netzanbindung verbunden sind bis zu 100.000 Transaktionen pro Sekunde möglich sind.

5 Fazit

Hyperledger ist ein sehr vielversprechendes Projekt, welches es ermöglicht eine sehr breite Palette von Anwendungen abzudecken. Durch die offene Plug-In Struktur besteht die Möglichkeit das System auch in Zukunft an neue Anforderungen anzupassen. Durch die Unterstützung der Linux Foundation und die breite Mitgliedschaft von Unternehmen aus unterschiedlichen Branchen wird die Gefahr eines Interessenkonflikts minimiert. Die Zukunft der Blockchain Technologien bleibt also weiterhin sehr spannend.

6 Literatur

[1] Linux Foundation, „Hyper Ledger Foundation“. [Online]. Verfügbar unter: https://www.hyperledger.org/.

[2] „Ethereum Homestead Documentation — Ethereum Homestead 0.1 documentation“. [Online]. Verfügbar unter: http://www.ethdocs.org/

Tarmo Ploom

Blockchains - wichtige Fragen aus IT-Sicht

1 Grundlegende Begriffe im Kontext Blockchain

In diesem Kapitel werden die wichtigsten Fragen aus IT-Sicht, insbesondere der Sicht der Enterprise Architektur, beantwortet.

1.1 Welche Typen von Blockchains gibt es?

Eine Blockchain ist eine geordnete Liste von Datenblöcken, bei der jeder Block mit dem vorherigen Block über kryptographische Funktionen verbunden ist, so dass sich eine Veränderung der Blocksequenz oder der Datensätze sofort feststellen lässt. Es gibt mehrere Kriterien, nach denen man Blockchains klassifizieren kann:

- Verteilte versus lokale Blockchains
- Scripting Fähigkeiten einer Blockchain
- Public versus private Blockchains
- Generische versus applikationsspezifische Blockchains

Verteilte versus lokale Blockchains: Die Bitcoin-Blockchain ist zurzeit die bekannteste Blockchain und auf vielen Rechner in der Welt verteilt. Wegen dem Ansatz der Verteilung bezeichnet man dieses Konzept auch als **verteiltes Register** (*distributed ledger*). Es gibt mehrere tausende Kopien der Bitcoin-Blockchain, welche auf der ganzen Welt verteilt sind und ein riesiges Peer-to-Peer (P2P) System bilden. Der Aufbau des Bitcoin-Netzwerkes hat Ähnlichkeiten mit anderen Peer-to-Peer Systemen wie z.B. BitTorrent.

Eine Blockchain muss nicht unbedingt verteilt sein. Sie kann auch als eine isolierte Instanz existieren, welche unabhängig von anderen Instanzen ist. Zudem sind Mischformen möglich, bei der Teile der Komponenten innerhalb einer Organisation installiert werden und nur bestimmte Informationen, wie z.B. Hashwerte, in einen globale Blockchain übermittelt werden. Ein Beispiel hierfür die die Guardtime-Blockchain [1].

Scripting Fähigkeiten der Blockchain: Der zweite Unterschied zwischen den verschiedenen Blockchain-Konzepten ist der Umfang der Programmiersprache. Die Transaktionen, welche die Blocks in der Blockchain bilden, sind nicht nur die Datenstrukturen, sondern die Blockchain kann auch kleine Programme beinhalten (welche auch Scripts genannt werden). Experten diskutieren wie mächtig ein solche Scripting Sprache innerhalb einer Blockchain sein sollte. In diesem Punkt gibt es unterschiedliche Vorstellungen.

Beispielsweise ist die Scripting Sprache der Bitcoin-Blockchain sehr limitiert. Sie bietet nur elementare Sprachkonstrukte an. Dies wurde absichtlich so gestaltet, um die Größe der Blocks in der Bitcoin-Blockchain und somit die Rechenanforderungen auf den einzelnen Rechnern zu minimieren.

Die Ethereum-Blockchain benutzt eine vollständige Programmiersprache, im Fachjargon wird es als *Touring complete* Programmiersprache bezeichnet, in welchem man alle gängige Programmkonstrukte (unter anderem Loops) abbilden kann. Somit ist die Ethereum-Blockchain eine Art objektorientierte Blockchain, in welche die Daten und Funktionalitäten zusammengefügt sind.

Public versus private Blockchains: Der dritte wesentliche Unterschied der verschiedenen Blockchain-Plattformen ist das Konzept der Zugangskontrolle. Die Bitcoin-Blockchain ist für jeden zugänglich (public) und jeder Nutzer kann sich die Bitcoin-Blockchain herunterunterladen und einen Node starten.

Das Konzept der Blockchain Hyperledger sieht vor, dass man den Kreis der Benutzer definieren kann: private/geschlossene oder öffentliche Benutzerkreise oder eine Kombination im Sinne einer hybriden Blockchain, bei der eine Zusammenarbeit zwischen authentisierten und nicht authentisierten Benutzern möglich ist. In dem Sinne wurde Hyperledger geschaffen, um Blockchain basierte Anwendungen insbesondere für Unternehmen zu entwickeln.

Generische versus applikationsspezifische Blockchains: Der vierte Unterschied zwischen den verschiedenen Blockchain-Softwarekonzepten ist, ob die Software generisch verwendet werden kann oder sie nur für ein bestimmtes Einsatzszenario gestaltet ist. Beispielsweise sind die Bitcoin-Blockchain, Ethereum und Hyperledger generisch, d.h. man kann basierend auf diesen Blockchains unterschiedliche Anwendungen entwickeln. Jedoch gibt es auch applikationsspezifische Blockchains, zum Beispiel „Namecoin", welches als alternatives System für die Verwaltung von DNS benutzt wird:

> Namecoin is an experimental open-source technology which improves decentralization, security, censorship resistance, privacy, and speed of certain components of the Internet infrastructure such as DNS and identities [2].

Eine grafische Darstellung in UML der Bitcoin-Blockchain ist in der folgenden Abbildung dargestellt. Die Blockchains Ethereum, Hyperledger oder Guardtime haben ähnliche Strukturen. Die Unterschiede in den publik verteilten Blockchains kommen erst auf der Transaktionsebene in den Blöcken raus.

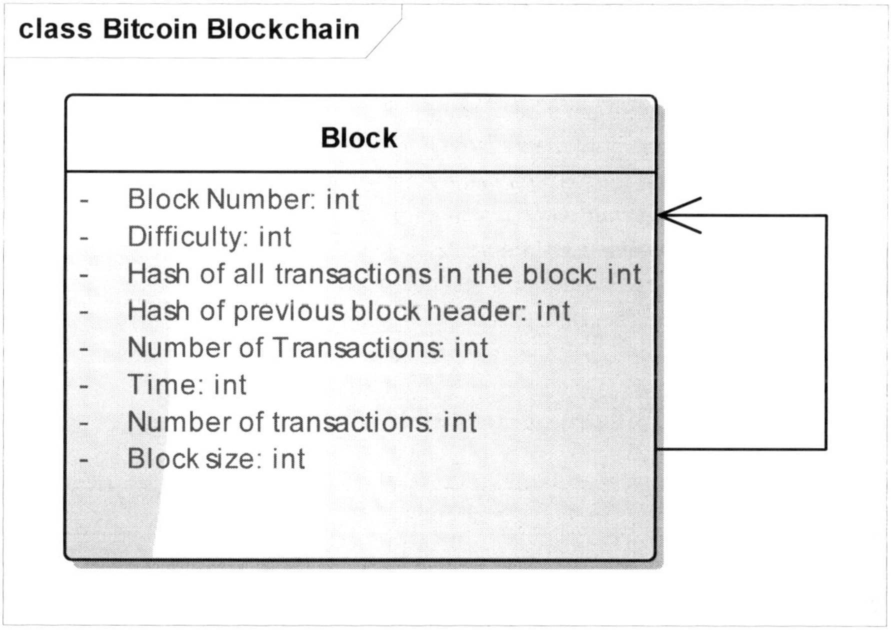

Abb. 1: Vereinfachtes UML Diagramm der Bitcoin-Blockchain

1.2 Wie groß sind Blockchain Netzwerke?

Die verteilten Blockchain-Netzwerke kann man anhand der Anzahl der Nodes in dem spezifischen Blockchain Peer-to-Peer Netzwerk vergleichen.

Das größte Netzwerk im Jahr 2016 ist das Bitcoin-Blockchain Netzwerk. Es zahlt zwischen 6000 – 6500 vollständige Nodes und diese Anzahl ist in den letzten Jahren relativ stabil geblieben. Die Betreiber der Blockchain-Nodes, auch Bitcoin-Miners genannt, werden für die Bereitstellung von Rechenleistung mit Bitcoins entschädigt. Ein Teil der Bitcoin-Miner macht dies aus Enthusiasmus während andere Teilnehmer sich davon einen kommerziellen Gewinn versprechen.

Das zweitgrößte Netzwerk ist das Ethereum Netzwerk. Die Anzahl der Nodes in Ethereum Netzwerk liegt in 2016 zwischen 4000 und 5000. Die Betreiber der Nodes im Ethereum-Netzwerk sind zum einen Enthusiasten und zum anderen Teilnehmer mit kommerziellen Interessen. Ähnlich wie beim der Bitcoin-Blockchain werden nur die Miners für das Betreiben der Ethereum-Nodes belohnt.

Das Namecoin-Netzwerk beinhaltet rund 200 Nodes, wobei dieser Anzahl über die letzten Jahre kontinuierlich gewachsen ist. Die Betreiber der Namecoin-Netzwerk Nodes werden aber nicht für den Betrieb bezahlt.

Die Bitcoin-Blockchain ist im Jahr 2016 das stabilste und größte, öffentlich verteilte Netzwerk. Hierbei kommen klassische Netzwerkeffekte zum Tragen, wie man sie aus der Telekommunikationsbranche kennt. Die erste brauchbare Lösung dominiert den Markt und es ist für Nachfolger schwierig, die führende Position zu übernehmen.

Der Erfolg und die zukünftige Größe von Blockchains auf Basis Hyperledger lassen sich Stand August 2016 noch nicht abschätzen, da die Software sich in der Entwicklungsphase befindet. Es ist anzunehmen, dass insbesondere Unternehmen im Bereich Business-to-Business ein Interesse haben einen eigenen Hyperledger Node zu betreiben und so in einem Netzwerk teilzunehmen oder als Alternative einen Blockchain-as-a-Service Dienst nutzen.

1.3 Was sind die Blöcke in einer Blockchain?

Die Blocks sind die Basisbestandteile der Blockchain. Die Blocks beinhalten die Transaktionen bzw. Daten in dem jeweiligen Blockchain-Netzwerk.

In der Bitcoin-Blockchain wird ca. jede 10 Minuten ein neuer Block generiert, welcher die Bitcoin Transaktionen der letzten Periode beinhaltet. In 2013 waren es durchschnittlich 120 Transaktionen pro Block, in 2016 sind es ca. 1400 Transaktionen pro Block geworden. Zum einen zeigt dies den massiven Zuwachs der Bitcoin-Benutzung. Zum anderen ist die Blockgröße ein Thema in den Fachdiskussionen in der Bitcoin Community.

Zurzeit ist die Blockgröße in der Bitcoin-Blockchain limitiert auf 1 MB. Bei einer durchschnittlichen Transaktionsgröße von 530 Bytes entspricht es ca. 1 048 576/ 500 = 1978 Transaktionen pro Block oder 3.3 Transaktionen pro Sekunde (oft wird die Berechnung mit der Transaktionsgröße von 250 Bytes durchgeführt, jedoch ist die durchschnittliche Transaktionsgröße in der Bitcoin-Blockchain 500 Bytes [3].

Im Unterschied zur Bitcoin-Blockchain hat Ethereum keine Blockgrößenlimitation. In Ethereum wird das Konzept „Gas“ verwendet. Jede Transaktion im Ethereum Netzwerk muss mit „Gas“ bezahlt werden und wird in der Kryptowährung „Ether“ verrechnet. Das Gas-Limit per Block in Ethereum wird dynamisch angepasst. Falls die Transaktionen mehr Gas brauchen wird das Gas-Limit in Ethereum dynamisch erhöht.

Die Blocks sind zueinander gelinkt über einen One-Way Hash basierend auf dem Hash-Baum Algorithmus (Merkle Baum Algorithmus). Der Hash von den Transaktionen aus dem vorherigen Block wird in den nächsten Block der Blockchain eingetragen. Somit garantiert man, dass die früheren Blocks in der Blockchain nicht unbemerkt modifiziert werden können, d.h. ein Nachweis der Integrität der Daten ist somit gewährleistet. Dieses Konzept wird zum Beispiel in der Guardtime-Blockchain benutzt, um die Integrität der Daten zu einem spezifischen Zeitpunkt in der Vergangenheit nachzuweisen.

1.4 Was sind die Transaktionen in einem Block?

Ein Block besteht aus Datensätzen z.B. Transaktionen. Diese Transaktionen können den Transfer von Werten von einem Besitzer zu einem anderen Besitzer repräsentieren. Hierbei sind die Besitzer durch Blockchain Adressen identifiziert.

Die Transaktionen in der Bitcoin-Blockchain, Ethereum und Hyperledger weisen Unterschiede auf. Eine Bitcoin-Transaktion beinhaltet ein Set von Inputs, ein Set von Outputs und die entsprechende Zeit. Die Struktur einer Bitcoin Transaktion ist in der folgenden Abbildung in der UML Repräsentation dargestellt.

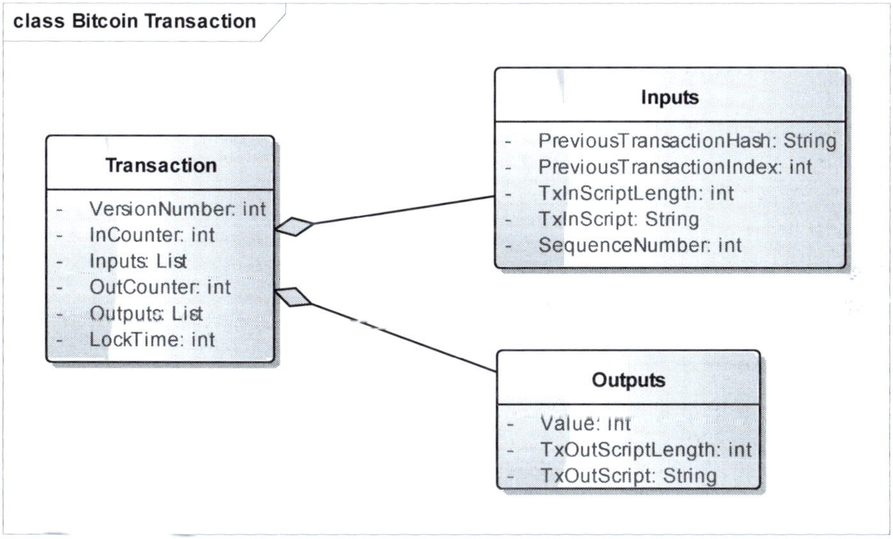

Abb. 2: Bitcoin-Blockchain Transaktion

Die durchschnittliche Größe von Bitcoin-Blockchain Transaktionen liegt bei 500 Bytes [4], für die Maximalgröße gibt es keine Limitationen außer der heutigen Bitcoin-Blockchain Blockgröße 1 MB.

Die Transaktionen in der Ethereum-Blockchain weisen mehrere Unterschiede zu den Bitcoin-Transaktionen auf. Ethereum-Transaktionen beinhalten folgende weitere Attribute – *nonce*, *gasprice*, *startgas*. *Gas* ist ein Konzept in Ethereum, welches die Anzahl von Berechnungen in den Ethereum Nodes limitiert. Ohne eine Kontrolle für die Berechnungszyklen wäre es theoretisch möglich, dass eine Ethereum-Blockchain Transaktion unendlich lange Berechnungen durchführen könnte und somit das ganze Ethereum Netzwerk lahmlegen könnte. Durch das Konzept *Gas* kontrolliert man die Anzahl der Berechnungen in einer Ethereum-Blockchain Transaktion.

Die maximale Transaktionsgröße in der Ethereum-Blockchain hat heute ein Limit von ca. 89 KB, welche durch das Konzept *Gas* bestimmt wird (*Gas* Limit per Block ist zurzeit ca. 3 100 000). Jedoch ist die Ethereum-Blockchain so gebaut, dass das *Gas* Limit per Block dynamisch erhöht werden kann, falls man das Limit erreicht. Folgende Abbildung zeigt die Ethereum-Blockchain Transaktion in einer UML Repräsentation.

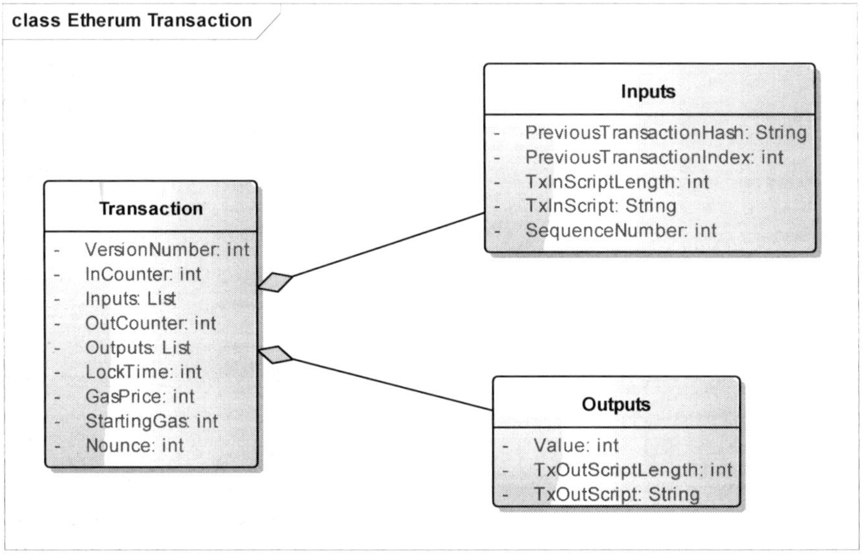

Abb. 3: Ethereum-Blockchain Transaktion

1.5 Was sind Smart Contracts?

Der Begriff „Smart Contracts" könnte leicht missverstanden werden. Es handelt sich nicht um einen „klugen Vertrag", sondern eher um Peer-to-Peer Applikationen, welche mit der zugrundeliegenden Blockchain-Technologie verteilt werden, z.B. in Bitcoin, Ethereum oder Hyperledger. In Hyperleder wird auch der Begriff „Chain Code" verwendet. So wird beispielsweise ein *Smart Contract*, welcher in der Ethereum-Blockchain implementiert wird, auf alle Rechner im Netzwerk in der ganzen Welt verteilt.

In der Vergangenheit war die größte Herausforderung bei der Einführung von Peer-to-Peer Applikationen der Aufbau des Netzwerkes und nicht so sehr die Programmierung der Applikation. So hat es beispielsweise vier Jahre gedauert bis die Bitcoin-Blockchain ihre heutige Netzwerkgröße erreicht hat. Durch die Nutzung von bereits etablierten Blockchain-Netzwerken ist die Verteilung einer neuen Peer-to-

Peer Applikationen deutlich erleichtert worden. Man muss nicht mehr Jahre warten bis ein neugegründetes Peer-to-Peer Netzwerke gewachsen ist, sondern man kann existierende Blockchain-Netzwerke als Grundlage für die neuen Applikationen benutzen. Somit vereinfacht die *Smart Contracts* Technologie die Erstellung und Verbreitung von Peer-to-Peer Applikationen massiv.

Smart Contracts sind die Programme (Skripte) die in der Blockchain gespeichert sind und dort ausgeführt werden. So werden die Smart Contracts im Bitcoin-Netzwerk mit Hilfe von Scripting erstellt. Die *Smart Contracts* von Ethereum-Blockchain werden mit der Programmiersprache „Solidity" entwickelt [5].

Die Bitcoin-Blockchain Scripting Sprache ist eine relativ limitierte und systemnahe Programmiersprache. Die Programmierung ist sehr maschinennah und in der Sprache fehlen mehrere Programmkonstrukte, insbesondere Schleifen. Jedoch ist zu betonen, dass die Bitcoin-Blockchain Scripting Sprache absichtlich so entwickelt wurde, um die *Smart Contracts* in der Blockchain klein zu halten.

Die Ethereum-Blockchain Scripting Sprache Solidity ist eine höherwertige abstraktere Sprache, welche der JavaScript Sprache ähnelt. Solidity bietet deutlich mehr Programmkonstrukte als die Bitcoin Scripting Sprache an und ist auch einfacher zu programmieren. Solidity wurde spezifisch für die Ethereum-Blockchain entwickelt, um die Entwicklung von den Peer-to-Peer Applikationen (*Smart Contracts*) zu vereinfachen.

Trotz unterschiedlicher Syntax und Abstraktionsniveau sind die Bitcoin Scripting Sprache und die Ethereum Programmiersprache Solidity sehr ähnlich, in dem die beiden die Inputs in der Transaktion in Outputs konvertieren. Jeder Node in dem entsprechenden Blockchain-Netzwerk führt das Programm, welches in die Transaktion eingeführt wurde, aus. Hierfür ist global ein enormer Rechenaufwand notwendig. Jedoch ist diese Redundanz notwendig, um Vertrauen in einem Netzwerk zu schaffen, welches aus unbekannten Teilnehmern besteht. Wenn die Mehrheit der Nodes bei einem *Smart Contracts* zu dem gleichen Resultat kommt, dann kann diesem Rechenergebnis vertraut werden. Durch die Verteilung der Ausführung von *Smart Contracts* entsteht eine Garantie, dass eine bestimmte Transaktion, welche an einen *Smart Contracts* gebunden ist, richtig ausgeführt wird, obwohl die Teilnehmer im Netzwerk möglicherweise anonym sind. Im Gegensatz hierzu stehen Blockchains, bei denen die Berechnung nicht durch „unbekannte" Teilnehmer, sondern durch bekannte Teilnehmer erfolgt, wie z.B. beim kommerziellen Betreiber der Guardtime Blockchain.

2 Vorteile der Blockchain Technologie

2.1 Welche Vorteile bringen Blockchains im Vergleich zu RDB/NoSQL?

Will man die Unterschiede zwischen einer Blockchain und den etablierten Konzepten von relationalen Datenbanken (RDB) bzw. NoSQL-basierenden Big Data Systemen verstehen, so sind zwei Begriffe zentral. Zum einen das Konzept „anonymes Vertrauen" und zum anderen das Konzept der Integrität.

„Anonymes" Vertrauen im Kontext von Blockchains bedeutet, dass man einem unbekannten Partner, welchen man nicht kennt und dessen Identität verdeckt ist, vertrauen kann. Per se ist „anonymes" Vertrauen ein Wiederspruch in sich, da wir gewöhnlich Vertrauen an eine Person oder an eine Institution verbinden. Die Blockchain-Technologie ermöglicht es, einem unbekannten Partner Vertrauen zu schenken und wird deshalb als „anonymes Vertrauen" bezeichnet.

Bei einem Geschäft im täglichen Leben sollte man zuerst den Geschäftspartner identifizieren und seine Glaubwürdigkeit bzw. Kreditfähigkeit bestimmen. Im Falle von Blockchains kann die Glaubwürdigkeitsbestimmung in bestimmten Szenarien entfallen, da das Vertrauen durch die Ansätze der Blockchain Technologie gewährleistet werden kann. Die Konsensus-Algorithmen in den verteilten Blockchains bieten anonymes Vertrauen an, welches bei den klassischen relationalen Datenbanken oder NoSQL Systemen nicht vorhanden ist.

Zusätzlich stellt es sich bei relationalen Datenbanken oder NoSQL Systemen die Frage, ob man den Daten der vergangenen Transaktionen innerhalb dieser Systemen vertrauen kann? Wurden diese Daten eventuell absichtlich oder durch Fehler modifiziert? Wurde eventuell etwas gelöscht? Selbstverständlich bieten die relationalen Datenbanken und NoSQL Systeme Mechanismen an, um entsprechende Garantien zu liefern. Nur haben die Systeme immer ein Schwachpunkt, nämlich den Systemadministrator, welcher immer Zugriff auf das System hat und die Daten verändern kann, um entweder Fehler zu beheben. Es ist aber nicht ausgeschlossen, dass der Administrator eine böswillige oder kriminelle Absicht verfolgt. Vertrauen in den relationalen Datenbanken oder NoSQL Systemen reduziert sich auf das Vertrauen der Organisation, die diese Systeme betreibt. Man nimmt an, dass sich die Organisation darum kümmert, dass die Daten nicht unerlaubt verändert werden.

Blockchains bieten zudem das zurzeit wirksamste Mittel **zum Nachweis der Datenintegrität** an und versuchen den Datenmissbrauch per Design zu eliminieren. Wenn die Daten und Transaktionen innerhalb einer Blockchain gespeichert werden, dann sind diese Daten über kryptographische Hashwerte miteinander verkettet. Verändert man einen Datensatz innerhalb von einem Block stimmen die kryptographischen Hashwerte nicht mehr und die gesamte Blockchain ist nicht konsistent. Somit bietet die Blockchain-Technologie die absolute Garantie, dass die Integrität der Daten nachgewiesen werden kann und die Daten nicht verändert wurden. Eine Verletzung dieser Garantie wäre nur möglich, wenn man die SHA-256 kryptographisches Hash Algorithmus hackt, was sehr unwahrscheinlich ist.

2.2 Lohnt es sich innerhalb einer Organisation eine Blockchain einzusetzen?

Will man die Frage beantworten, ob man Blockchains innerhalb einer Organisation einsetzen soll, sind zwei Aspekte besonders wichtig:

- Wie hoch ist das „Vertrauen" innerhalb einer Organisation?
- Muss die Datenintegrität der durchgeführten Transaktionen nachgewiesen werden?

Bezüglich der ersten Frage wäre anzunehmen, dass die Mitarbeiter innerhalb einer Organisation gegenseitiges Vertrauen aufgebaut haben, da dies Grundvoraussetzung für das Funktionieren der organisatorischen Abläufe ist. Doch gerade in globalen Unternehmen mit verschiedenen Kulturen oder in Organisationen mit hoher Fluktuation bzw. Jobrotation ist ein „blindes" Vertrauen nicht immer möglich, insbesondere, wenn sich die Beteiligten nicht kennen oder unterschiedliche Sprachen sprechen. In einem solchen Fall könnte die Blockchain Technologie innerhalb einer Organisation eine Einsatzberechtigung haben, da es das Vertrauen zwischen unbekannten Partnern herstellen kann.

Vertrauen braucht man vor allem zwischen den Organisationen, insbesondere in einer globaleren Gesellschaft, in welcher die beteiligten Parteien aus unterschiedlichen Ländern, Kulturen mit verschiedenen juristischen Rahmenbedingungen stammen. Hier könnte sich der Einsatz der Blockchain Technologie als wertvoll erweisen.

2.3 Muss man die Datenintegrität der durchgeführten Transaktionen nachweisen?

Es wäre selbstverständlich anzunehmen, dass jede Firma oder Organisation die Integrität der durchgeführten Transaktionen sicherstellen möchte. Jedoch besteht auch innerhalb eines Unternehmens das Risiko von Manipulationen aufgrund krimineller Absichten. Besonders schützenswert sind Transaktionen bezüglich von Besitzverhältnissen von physischen oder elektronischen Assets.

Der Aspekt der Integrität wurde bisher in den klassischen Enterprise Software Systeme in vielen Fällen vernachlässigt und wird gewöhnlich über Speziallösungen gelöst. In Blockchain basierenden Software Systemen ist die Integrität jedoch per Default gegeben. Somit lohnt es sich bei der Konzeption von zukünftigen Informationssystemen dem Konzept der Blockchain Beachtung zu schenken. Hierbei müssen aber auch andere nichtfunktionale Kriterien, wie Zeitverhalten, Skalierbarkeit, Zykluszeit, Latenz, mitberücksichtigt werden.

2.4 Was sind die Vorteile der Bitcoin-Blockchain?

Wenn eine neue Applikation auf Basis von Blockchain-Technologie konzipiert wird, und folgende Eigenschaften gefordert sind, kann es sich lohnen einen Blick auf die Bitcoin-Blockchain zu werden:
- Die Anwendung soll öffentlich verfügbar sein (public).
- Die Anwendung soll in einem Peer-to-Peer Netzwerk verteilt sein und für den Einsatz ist es ausreichend, dass die Betreiber der Knoten nicht mit Ihrer echten Identität bekannt sind.
- Die Anzahl der Transaktionen steigt nicht über 3 Transaktionen pro Sekunde
- Die Zykluszeit zwischen der Bildung der Blocks kann bis zu 10 Minuten betragen.
- Die Applikationsdaten pro Transaktion sind nicht über 40 Byte.
- Die limitierte Bitcoin-Blockchain Scripting Sprache ist ausreichend für die Applikationslogik.

Wenn die geplante Anwendung in Internet erreichbar sein soll und anonymes Vertrauen notwendig ist, kann die Bitcoin-Blockchain eine Alternative sein.

Wenn auch die weiteren nichtfunktionalen Kriterien wie Anzahl der Transaktionen pro Sekunde oder Zykluszeit von 10 Minuten ausreichend sind dann würde die Bitcoin-Blockchain auch diese Anforderungen abdecken. Die Zykluszeit von 10 Minuten bedeutet, dass die Zustände der Daten erst nach 10 Minuten transaktional gesichert werden.

Wenn man eine Trading Applikation für den Handel mit Aktien entwickeln möchte, dann würden 10 Minuten Zykluszeit nicht ausreichen, weil die Kurse in dieser Zeitdauer deutlich schwanken können. Wenn man jedoch die Besitzverhältnisse von Immobilien in einer Blockchain speichern möchte, dann stellt die Zykluszeit von 10 Minuten keine Begrenzung dar.

Ein weiterer wichtiger Punkt ist die Komplexität der Anwendung. Wenn die Applikation keine Zyklen-Programmkonstrukte benötigt, wäre die Bitcoin-Blockchain eine Option.

2.5 Was sind die Vorteile der Ethereum-Blockchain?

Die Ethereum-Blockchain ist insbesondere interessant für Anwendungen, welche folgende Eigenschaften vorweisen:

- Die Anwendung soll weltweit und öffentlich zugänglich sein.
- Die Anwendung soll verteilt sein und es ist nicht erforderlich, dass die Knotenbetreiber mit ihrer echten Identität registriert sind.
- Die Anzahl der Transaktionen steigt nicht über 10–20 Transaktionen pro Sekunde.
- Eine Zykluszeit von 12 Sekunden wäre akzeptabel.
- Die Größe der Applikationsdaten pro Transaktion liegt nicht über 89 KByte.
- Eine Applikationsprogrammiersprache ist für die Transaktionen notwendig.

Bei der Nutzung der öffentlichen Ethereum-Blockchain ist die Applikation im öffentlichen Internet verteilt und zugänglich. Als Alternative lassen sich mit Ethereum auch geschlossen Netzwerke realisieren.

Im Unterschied zur Bitcoin-Blockchain bietet Ethereum eine höhere Transaktionsrate an. Die Ethereum-Blockchain kann ca. 10 bis 20 Transaktionen pro Sekunde bearbeiten. Auch ist die Zykluszeit von Ethereum-Blockchain deutlich kürzer als bei der Bitcoin-Blockchain. Alleine wegen diesen beiden Eigenschaften (Anzahl Transaktionen pro Sekunde und Zykluszeit) ist Anwendungsgebiet von Ethereum-Blockchain deutlich breiter als das Anwendungsgebiet der Bitcoin-Blockchain.

Zusätzlich ermöglicht die Ethereum-Blockchain die Speicherung von transaktionsspezifischen Daten mit deutlich kleineren Restriktionen als die Bitcoin-Blockchain. Eine Ethereum Transaktion kann zurzeit bis zu 89 KByte Daten speichern, die Bitcoin-Blockchain jedoch nur 40 Byte.

Auch ist die Ethereum Scripting Sprache Solidity deutlich mächtiger und einfacher zu benutzen als die Bitcoin-Scripting Sprache. Die Programmierung in der Bitcoin-Scripting Sprache ist sehr systemnah und außerdem bietet sie keine Möglichkeit an um Schleifen als Programmierkonstrukte einzusetzen.

Zusammenfassend lässt sich sagen, dass Ethereum-Blockchain im Vergleich zu Bitcoin deutlich mehr Möglichkeiten anbietet, um verteilte Anwendungen zu erstellen.

2.6 Was sind die Vorteile der Hyperledger-Blockchain?

Die Software Hyperledger wird zurzeit aktiv entwickelt und eignet sich für Einsatzgebiete, in denen folgenden Eigenschaften gefordert sind:

- Die Teilnehmer eines Businessnetzwerkes wollen ihre eigene Infrastruktur aufbauen und nicht von branchenfremden oder unbekannten Knotenbetreibern abhängig sein.
- Die Anwendung soll verteilt sein und es besteht die Anforderung, dass gewisse Teilnehmer registriert sind.
- Tausende Transaktionen sollen pro Sekunde bearbeitet werden.
- Es soll keine Begrenzungen für die Speicherung der Applikationsdaten geben.

- Eine Applikationsprogrammiersprache ist für die Transaktionen notwendig.
- Smart Contracts müssen andere Applikationen über REST oder Web Service APIs aufrufen können.

Im Unterschied zur Bitcoin- oder der Ethereum-Blockchain liegt ein Anwendungsgebiet von Hyperledger im Aufbau von privaten bzw. geschlossenen Nutzerkreisen. Neben den geschlossenen Nutzerkreisen sind aber auch öffentliche und hybride Modelle möglich. Insbesondere für die Nutzung im Unternehmensumfeld wird der Einsatz von geschlossenen Teilnehmerkreisen gefordert. Es können mehrere solche Teilnehmerkreise existieren, wobei jeder eine eigene Instanz von dem Hyperledger-Blockchain haben kann.

Die Hyperledger-Blockchain berücksichtigt die Anforderungen des Enterprise Computings. Hier müssen oft Tausende Geschäftstransaktionen pro Sekunde bearbeitet werden. In Bitcoin- oder in Ethereum-Blockchain ist es zurzeit nicht möglich eine solch hohe Anzahl von Geschäftstransaktionen zu bearbeiten. Die Hyperledger-Blockchain wurde skalierbar aufgebaut und hat das Ziel tausende Transaktionen pro Sekunde zu bearbeiten.

Ähnlich wie Ethereum bietet Hyperledger auch eine Applikationsprogrammiersprache für die Geschäftstransaktionen an. Mit Hilfe dieser Sprache kann man die verteilte *peer-to-peer* Applikationen oder *Smart Contracts* in der Hyperledger-Blockchain implementieren.

Im Unterschied zu anderen Blockchains bietet Hyperledger die Möglichkeit die externen REST APIs oder Web Services aus den Geschäftstransaktionen aufzurufen. Somit lassen sich die Applikationen, welche auf der Hyperledger-Blockchain gebaut wurden, mit den Legacy- oder Cloud Applikationen der Unternehmen integrieren.

Man darf gespannt sein, ob sich Hyperledger für Unternehmensanwendungen durchsetzen wird. In 2016 wurden die ersten Softwareversionen veröffentlicht, so dass demnächst mit den ersten produktiven Pilotprojekten zu rechnen ist.

3 Wichtige Aspekte bei der Auswahl der Technologie

3.1 Wie werden Transaktionen in Blockchains implementiert?

Die Blocks in den bekannten Blockchain-Plattformen (z.B. Ethereum, Bitcoin, Hyperledger, Guardtime) bestehen aus Daten bzw. Transaktionsdaten. Ein wichtiges Unterscheidungsmerkmal ist der Zeitpunkt und die Methoden wie die Transaktionen in der Blockchain gespeichert werden.

In den auf Mining basierenden Blockchains wie Ethereum oder Bitcoin schreiben die Miner die Transaktionen in die Blöcke.

In der Ethereum-Blockchain findet das zurzeit jede 12 Sekunden statt, in Bitcoin-Blockchain ungefähr jede 10 Minuten. Das würde bedeuten, dass während dieser Zeit die Transaktionen noch nicht fest gespeichert sind. Erst nach dem der ausgewählte erfolgreiche Knotenbetreiber (Miner), welcher durch den Consens-Algorithmus bestimmt wurde, den Block geschrieben hat wird der Block zu den anderen Knotenbetreibern transferiert und dort gespeichert. Diese Propagation nimmt noch weitere Zeit in Anspruch bis die ganze Blockchain Netzwerk den gleichen Zustand erreicht.

In den klassischen relationalen Datenbanken werden Transaktionen nach dem ACID-Eigenschaften (*atomicity*, *consistency*, *isolation*, *durability*) aufgebaut. Auch die Blockchains weisen diese ACID Eigenschaften auf, jedoch ist zu berücksichtigen, dass der Zwischenzustand, in welchem die Transaktionen noch nicht genehmigt sind, in Mining basierenden Blockchains deutlich länger dauert als in den klassischen relationalen Datenbanken.

Es ist hervorzuheben, dass die Folge der Transaktionen in einem Block durch den Miner bestimmt wird. Der Miner kann bestimmen, ob er alle Transaktionen der letzten 10 Minuten mitnimmt oder nicht. Diese Entscheidung wird zum Beispiel von der Größe der Transaktionen beeinflusst. Insbesondere größere Transaktionen bergen die Gefahr, dass sie warten müssen bis sie in einen Block eingeführt werden.

Zusammenfassend haben die verteilten Blockchain eine nichtdeterministische Zeitlücke zwischen der Durchführung der Transaktion und der Einführung der Transaktion in einem Block und bei der Verteilung von der Transaktion im peer-to-peer Blockchain-Netzwerk. Im Falle von Bitcoin kann diese Zeitlücke deutlich länger werden als bei der Ethereum-Blockchain.

Nur die die nichtverteilten Blockchains weisen diesen Nachteil nicht auf. Auch bei den auf Consensus-Algorithmen basierenden Blockchains, wie Hyperledger, bestimmt ein Node der Blockchain die Folge der Transaktionen in einem Block und kann bestimmte Transaktionen in den nächsten Block verschieben.

3.2 Welche Zeit wird in einer Blockchain benutzt?

Die meisten Blockchains arbeiten mit der UTC Zeit (*Universal Time Coordinated* oder *Greenwhich Mean Time*). Leider gibt es keine Garantie, dass zwei Rechner in der Welt mit gleicher UTC Zeit arbeiten. Der Aspekt der Zeit ist besonders für zwei Bereiche wichtig.

– Blockgenerationszeit
– Transaktionszeit

In der Bitcoin-Blockchain gibt es zurzeit nur die Restriktion, dass der Zeitstempel von einem Block nicht mehr als zwei Stunden von dem Zeitstempel des letzten

Blocks abweichen darf. Bei Bitcoin und Ethereum werden die Blockgenerationszeitstempel von den Miner des Blocks bestimmt.

Die Transaktionszeit wird von den durchführenden Teilnehmern bzw. Kunden bestimmt. Jedoch wird die Folge der Transaktionen in den Block von den Knotenbetreibern/Minern bestimmt. Dadurch kann eine Situation entstehen, dass die Transaktionen in einem Block nicht nach der Transaktionszeit sortiert sind. Diesbezüglich gibt es in der Bitcoin-Blockchain nur eine Vorgabe, dass z.B. eine Transaktion B die Outputs von der Transaktion A braucht entsprechend verarbeitet wird und die Transaktion A vor der Transaktion B im Block positioniert wird.

Nur die nichtverteilten Blockchains sind frei von der Herausforderung die Zeit in einem verteilten Netzwerk zu koordinieren. Die UTC Zeitrichtigkeit wird beispielsweise in der Guardtime-Blockchain garantiert und somit kann diese Blockchain als zertifizierter Timestamping Dienst genutzt werden.

3.3 Wie werden Applikationsdaten in einer Blockchain gespeichert?

Bezüglich der Speicherung von Applikationsdaten im Blockchains gibt es zurzeit folgende Limitationen:
- Bitcoin-Blockchain – 40 Bytes
- Ethereum-Blockchain – 89 KByte

Die Bitcoin-Blockchain bietet nur die Möglichkeit an 40 Bytes in einer Transaktion zu speichern. Dies ist eine sehr begrenzte Speicherkapazität. Jedoch kann man in der Bitcoin-Blockchain auch Referenzen auf die Applikationsdaten speichern, sodass die Applikationsdaten zum Beispiel in einem Cloudspeicher gehalten werden. Durch einen solchen Mechanismus kann man die Größe von der Blockchain reduzieren.

Das Konzept von Ethereum ist die direkte Speicherung der Applikationsdaten in der Blockchain. Da alle Transaktionen in der Blockchain repliziert werden, wird er gesamt Speicherplatz natürlich größer. Das könnte dazu führen, dass durch die große Menge von Applikationsdaten die Ethereum-Blockchain schnell Größenlimitationen stößt.

3.4 Wie werden die User in einer Blockchain identifiziert?

Blockchains wie Ethereum und Bitcoin verwenden das Konzept von privaten und öffentlichen Schlüsseln. Zu jedem Account in einer Blockchain gehört ein privater und öffentlicher Schlüssel (die Länge der Schlüssel ist 256 Bytes). Der Public Key wird für die Erzeugung der Bitcoin Adresse in der Blockchain eingesetzt. Der private

Schlüssel dient für die Erstellung der Transaktionen in Verbindung mit einem Konto. Ohne privaten Schlüssel kann man keine Transaktionen von einem Konto durchführen.

Die Identifikation in einer Blockchain findet über die Adresse statt, welche aus dem öffentlichen Schlüssel und der Verwendung eines zweifachen Hash Algorithmus generiert wird. Eine Adresse in der Bitcoin-Blockchain hat eine von Länge 27 – 34 alphanumerische Zeichen und somit kann sich die Bitcoin-Adresse als eine Art „E-Mail-Adresse" vorstellen.

Jeder Benutzer kann beliebig viele Adressen generieren. Ähnlich wie bei E-Mail-Adressen lässt sich basierend auf der Bitcoin-Blockchain-Adresse nicht sagen, welcher echten Person die Adresse gehört. Dadurch wird die Anonymität in der Bitcoin-Blockchain erreicht.

Bei der Hyperledger-Blockchain kann man die Konfiguration so wählen, dass die Blockchain-Adressen eindeutig den Firmen oder Personen zugeordnet werden. In dem Falle führt man zusätzliche Register ein, so dass die Hyperledger Adressen eindeutig den beteiligten Parteien zugewiesen sind.

3.5 Wie setzt man mit Blockchains Know your Client um?

KYC ist die englischsprachige Abkürzung für „Know Your Client – Kenne Deinen Kunden". Insbesondere in der Finanzindustrie gibt es zahlreiche regulatorische Anforderungen bezüglich der Prüfung der Identität von Kunden, insbesondere bei Banken um u.a. Geldwäsche zu vermeiden. Wie kann man in einer öffentlichen Blockchain wie Bitcoin oder Ethereum das Konzept *„Know Your Client"* umsetzen? Aktuell bieten diese Blockchains keine Standard-Mechanismen an.

Jedoch wäre ein KYC-Ansatz in der Bitcoin-Blockchain von Vorteil. Man könnte dann in Bitcoin Transaktionen nicht nur Bitcoins übertragen kann, sondern auch Schulden transferieren. Für das Verrechnen von Schulden braucht man aber die verlässliche Identifikation von Handelspartner, u.a. um die Kreditwürdigkeit zu prüfen.

Als Zwischenlösung gibt es in den öffentlichen Blockchains sogenannte *permissioned* Sub-Teile von dem Blockchain in dem jeder Teilnehmer eindeutig identifiziert ist. In solchen *permissioned* Blockchain können die Teilnehmer die Kreditwürdigkeit der Partner in den Transaktionen identifizieren und basierend auf der Kreditwürdigkeit das Kreditrisiko verwalten. Bei der Hyperledger Blockchain lässt sich die Konfiguration so einstellen, dass sich die Teilnehmer nicht anonym sind, sondern ihre Identität bekanntgeben müssen.

3.6 Wie sicher ist eine Blockchain?

Mit der Blockchain Technologie lässt sich ein sehr hohes Sicherheitsniveau erreichen. Zum einen werden in Blockchain Transaktionen kryptographische Verfahren eingesetzt, welche je nach Länge der Schlüssel einen ausreichenden Schutz anbieten.

So gilt der SHA 256 Algorithmus, welcher in der Bitcoin-Blockchain einsetzt wird gilt als zurzeit nicht brechbar und wird auch im heutigen SSL Protokoll eingesetzt. Falls in Zukunft die 256 Bit Kryptographie nicht mehr sicher ist, könnte man für die Schlüssellänge in den Blockchain vergrößern.

3.7 Wo werden die privaten Schlüssel gespeichert?

Private Schlüssel ermöglicht Transaktionen von einem Bitcoin Konto. Jeder Teilnehmer im Netzwerk kann den Kontostand von einem Bitcoin-Konto einsehen. Jedoch nur die Person, die den privaten Schlüssel besitzt, kann Transaktionen mit dem Bitcoin-Konto durchführen. Aus diesem Grund muss man den privaten Schlüssel von einem Bitcoin Konto sehr gut schützen. Der private Schlüssel eines Bitcoin-Kontos wird in einem sogenanntem „Wallet“ gespeichert. Es gibt folgende Möglichkeiten, um den privaten Schlüssel zu schützen:

- Wallet auf einem Rechner
- Wallet auf einem USB Stick
- Wallet im Internet
- Wallet auf dem Papier
- Hardware Wallet

Ein Wallet auf einem Rechner bietet das niedrigste Sicherheitsniveau an, da der Rechner mit Keyloggers oder Trojaner identifiziert werden kann und so der private Schlüssel gestohlen werden kann. Wallets auf einem USB Stick oder auf Papier sind die sichersten Varianten, da die Speichermedien nicht an das Internet angebunden sind. Für die tägliche Benutzung von Bitcoins sind eher zwei Varianten zu empfehlen. Der private Schlüssel sollte auf einem Hardware-Wallet gespeichert werden oder in einem Internet-Wallet, wie z.B. Coinbase.

4 Welche technischen Limitationen gibt es?

4.1 Wieviel Transaktionen pro Sekunde kann eine Blockchain verarbeiten?

Die Anforderungen an die Skalierbarkeit einer Blockchain sind insbesondere in der Finanzindustrie sehr hoch (gemessen in Transaktionen pro Sekunde). Dies sollen Beispiele aus den Anwendungsbereichen Zahlungsverkehr und Wertschriftenhandel verdeutlichen. Die Zahlungen in diesen Netzwerken werden durchgeführt von den Banken und Nichtbanken (Amex, Visa, Master Card, PayPal). Durchschnittlich wurden in 2011 von Nichtbanken 11878 Zahlungen pro Sekunde durchgeführt [6]. Im PayPal Zahlungsnetzwerk werden pro Sekunde durchschnittlich 27 Zahlungen bearbeitet [7]. Jedoch gibt es immer auch Peaks in den Zahlungen. So hat das VISA Payment Netzwerk in 2013 mehr als 47 000 Zahlungen pro Sekunde bearbeitet [8].

Tab. 1: Beispiele von Transaktionen

Netzwerk	Transaktionen pro Sekunde	Kommentar
VISA	47000 Transaktionen pro Sek	Peakwert in 2013
Paypal	27 Transaktionen pro Sek	
Wertschriftenhandel	5700 Transaktionen pro Sek	
Bitcoin	3.5 Transaktionen pro Sek	
Ethereum	20 Transaktionen pro Sek	
Hyperledger	100000 Transaktionen pro Sek	
Guardtime	Bis zu 100 000 Transaktionen pro Sek	

Zusätzlich sollte man die Micropayments und die Länder ohne Banking Dienstleistungen in den Vergleich miteinbeziehen. Die heutigen Zahlungsnetzwerke sind nicht für Micropayments (Zahlungen kleiner als ein Euro) ausgelegt. Außerdem gibt es zurzeit in der Welt ca. 60 Länder, welche nicht an das internationale Zahlungssystem SWIFT angebunden sind. Verschiedene Blockchain-Startups versuchen die Blockchain-Technologie für den Einsatz von Micropayments und Zahlungen in Entwicklungsländern zu entwickeln.

Pro Tag werden rund 500 Millionen Transaktionen im Handel mit Aktien, Währungen und Obligationen getätigt. Die genauen Zahlen sind nicht verfügbar, da relativ viele Trades auch außerhalb von Börsen abgewickelt werden. Diese 500 Millionen Transaktionen pro Tag entsprechen ca. 5700 Trades pro Sekunde.

Jedoch werden heute beim Trading nicht alle Einsatzgebiete durch die etablierten Börsensysteme abgedeckt. Geschäftsbereiche wie Trading von Aktien vor dem Börsengang (pre-IPO Stocks) oder Trading von Schuldscheinen oder Wechseln sind hier als Beispiele zu nennen.

Aus den aufgeführten Anforderungen erkennt man das Potential für den Handel, welcher durch Blockchain Technologie unterstützt werden kann. Global könnte man schätzungsweise 18000 Transaktionen pro Sekunde bearbeiten. Zusätzlich sollte man auch die Peaks in der Verarbeitung berücksichtigen, in denen man oft das zehnfache Volume im Vergleich zum durchschnittlichen Transaktionsvolumen erreicht.

Beispiele für die transaktionsbezogenen Limitationen heutiger Blockchains sind im Folgenden aufgeführt:

- Bitcoin-Blockchain – 3.5 Transaktionen pro Sekunde
- Ethereum- Blockchain – 10–20 Transaktionen pro Sekunde
- Hyperledger-Blockchain – 100 000 Transaktionen pro Sekunde [4]
- Guardtime Blockchain – Pro Sekunde werden die Hashwerte aller erzeugten Daten der Teilnehmer in der globalen Blockchain aggregiert. Durch diese Aggregation lassen sich die Hashwerte von bis zu einer Milliarde Datensätze in der globalen Guardtime-Blockchain speichern.

Wenn man die heutigen Begrenzungen bzgl. Transaktion von Bitcoin und Ethereum anschaut, dann stellt sich die Frage, ob die Anforderungen aus dem Trading- und Zahlungsbereich abgedeckt werden können. Sollte man auf die Hyperledger-Blockchain warten, die mehr als 100 000 Transaktionen pro Sekunde verspricht [9]?

Bei diesem Vergleich muss man beachten, ob eine Blockchain als öffentliche Blockchain eingesetzt wird oder als geschlossenes Netzwerk, welches natürlich Einfluss auf die Skalierbarkeit hat. Aktuell wird auch bei Ethereum intensiv diskutiert, wie die Skalierbarkeit erhöht werden kann. Eine kurzfristige Möglichkeit ist die Erhöhung der Blockgröße. Bei der Bitcoin-Blockchain ist die gegenwärtige Blockgröße ca. 1 Mbyte. Wenn man die Blocks vergrößert, zum Beispiel auf 10 Mbyte, dann könnte man in einem Block 10-mal mehr Transaktionen speichern. Jedoch gibt es auch weitere Effekte, welche man zusätzlich zur Blockgröße berücksichtigen muss.

Die Zeitdauer für die Synchronisation im Bitcoin-Netzwerk nach der Generierung von einem neuen Block beträgt heute ca. 20 Sekunden. Wenn die Blockgröße wächst wird die Zeit, um die Konsistenz im Bitcoin-Blockchain Netzwerk wiederherzustellen, entsprechend zunehmen. Unter der Voraussetzung der linearen Skalierung würde die Konsistenzherstellung in der Bitcoin-Blockchain bei einer Blockgröße von 10 MB etwa 200 Sekunden dauern. Damit steigt aber auch die Wahrscheinlichkeit, dass das Bitcoin-Netzwerk die Konsistenz zwischen zwei Blockgenerierungen nicht erreicht. Somit ist die Erhöhung der Blockgröße nur eine kurzfristige Option, für die langfristige Skalierung von Bitcoin-Blockchain braucht man weitere Lösungsansätze.

Die weiteren Limitationen, welche man bei Bitcoin-Blockchain überwinden muss, sind die Limitationen bezüglich Netzwerk und der Rechenleistung der Computersysteme. Die Netzwerk Limitation entsteht über die Bandbreite, welche vom Internet Service Provider bereitgestellt wird. Bei einem 1MByte Download und 100KByte Upload Internetanschluss schafft ein Bitcoin-Blockchain Full Node ca. 100 Transaktionen pro Sekunde. Falls die Netzwerk Limitation gelöst wird, dann trifft man die nächste Limitation, nämlich die Rechenleistung von Standard Hardware Rechner. Die Rechenleistung von Standardhardware würde maximal für ca. 500 Transaktionen pro Sekunde in einem Bitcoin-Blockchain Full Node ausreichen.

Die diskutierten Limitationen bedeuten, dass die Bitcoin-Blockchain sich in der Zukunft transformieren muss, um eine höhere Anzahl an Transaktionen bearbeiten zu können. Ein Ansatz wäre ein Modell wie die Architektur von Skype. Hier ist das peer-to-peer Netzwerk geteilt in die „Super"-Nodes und in die einfachen Nodes (das sind die Benutzergeräte). Die „Super"-Nodes übernehmen im Skype peer-to-peer Netzwerk die Aufgaben, welche mehr Rechenleistung, Netzwerkkommunikation und Speicherplatz brauchen und gewährleisten so die Skalierung. Es ist möglich, dass die Bitcoin-Blockchain sich in der Zukunft in eine ähnliche Richtung entwickeln wird. In Bitcoin-Whitepaper hat Satoshi Nakamoto [10] die Möglichkeit vorgesehen, dass die Bitcoin Clients die Verbindung mit der Bitcoin Trusted Full Node aufnehmen und nur die minimalen Daten austauschen. Die Weiterentwicklung der Ethereum Blockchain von der Kapazität einiger Transaktionen pro Sekunde zu tausenden Transaktionen pro Sekunde wird für die Ethereum Community einfacher zu koordinieren sein, als in der dezentralen Bitcoin-Entwicklercommunity.

4.2 Wie groß ist eine Blockchain?

Die Bitcoin-Blockchain hat mit bisher 133 Millionen Transaktion [11] eine Größe von ca. 70 Gigabyte erreicht [4]. Dieses Speichervolumen passt noch auf eine handelsübliche Festplatte. Möchte man aber die Transaktionen von Kreditkartenunternehmen abbilden (Amex, Visa, Master Card, PayPal) würde man täglich 741 Millionen Zahlungen speichern müssen. Eine solche Anzahl der Zahlungen würde bei einer durchschnittlichen Transaktionsgröße von 530 Bytes in der Bitcoin-Blockchain ca. 365 GB Daten pro 24 Stunden erzeugen.

Tab. 2: Vergleich Anzahl Transaktionen

Netzwerk	Anzahl Transaktionen	Speichervolumen
Bitcoin	133 Millionen in 6 Jahren	70 Gigabyte in 6 Jahren
Transaktionen von Nichtbanken	741 Millionen Transaktionen pro Tag	365 Gigabyte pro Tag

Würde man weltweite alle Kreditkartenzahlungen auf Basis der Bitcoin-Blockchain abwickeln müsste sich die Bitcoin-Technologie in Bezug auf Performance und Skalierbarkeit stark weiterentwickeln. Ein realistisches Zwischenziel könnte die Abwicklungen von Zahlungen in vergleichbarer Größenordnung wie das PayPal-Netzwerk sein. Das PayPal Zahlungsnetzwerk bearbeitet pro Sekunde durchschnittlich 27 Zahlungen [7]. Um PayPal Zahlungen in Bitcoin-Blockchain zu speichern bräuchte man pro Tag ca. 1.2 GB Speicherplatz. Diese Anforderung wäre bei heutigem Bitcoin-Blockchain schon im realistischen Bereich.

Für die Abwicklung von Zahlung in einer Größenordnung wie dem VISA-Kreditkartennetzwerk mit der Bitcoin-Blockchain bräuchte man deutlich mehr Speicherplatz. Bei einer durchschnittlichen Zahlungsanzahl 2000 Zahlungen pro Sekunde bräuchte man dafür im Bitcoin-Blockchain täglich ca. 85 GB Speicherplatz.

Welche Speicheranforderungen würden entstehen, wenn man Blockchains für das Trading von Aktien oder Obligationen anwenden würde? Eine Zahlung in dem Bitcoin-Blockchain ist durchschnittlich ca. 530 Bytes, jedoch eine Wertschriftentransaktion ist deutlich grösser. Eine einfache Wertschriftenbeschreibung beinhaltet ca. 40 Attributen und im FIX Format wäre die Größe von einer solchen Wertschriftenbeschreibung mindestens 1 KByte.

Bei den Obligationen braucht man viel mehr Attribute, oft werden hunderte von Attributen gebraucht um Obligationen zu beschreiben. Und bei Derivaten, insbesondere bei Over-The-Counter Derivaten (OTC) steigt die Anzahl der Attribute für die Beschreibung der Finanzinstrumente weiter.

Um das durchschnittliche tägliche Handelsvolumen von 10 Millionen Trades am New Yorker Börsenplatz NYSE abzubilden, würde man mindestens 20 GB Speicherplatz brauchen. Um den weltweiten Handel abzubilden steigt die Speichergröße auf ca. 950 GB pro Tag.

Diese Abschätzungen zeigen, dass die zukünftigen Blockchain-Plattformen sich weiter in Bezug auf Skalierbarkeit und Performance entwickeln muss. Es ist zu erwarten, dass in der Zukunft deutlich größere Datenmengen, gemessen nach Größe der Daten in Blockchain, verarbeitet werden müssen und somit Big Data basierende Technologien für diese Zwecke zum Einsatz kommen. Die Datenmengen, welche potenziell in den Blockchains gespeichert werden, würden sogar die Grenzen von den klassischen Relationalen Datenbank Technologie überschreiten. Somit ist es möglich, dass in der Zukunft NoSQL Big Data Technologie mit der Blockchain Technologie verbunden wird.

Die aufgeführten Berechnungen zeigen, dass noch weitere Entwicklungen notwendig sind bis Systeme wie die Ethereum oder Bitcoin die Anforderungen von Unternehmen bezüglich Datenvolumen bewältigen können. Die Datenmengen welche Unternehmen z.B. Banken in Blockchains speichern werden riesig sein. Die Ansätze der Hyperledger-Blockchain zeigen Methoden auf, wie man mit den wachsenden Datenmengen in Zukunft umgehen kann.

4.3 Kann ich private Transaktionen durchführen?

In ausgewählten Einsatzgebieten besteht die Anforderung der Vertraulichkeit bzw. der „Nicht-Transparenz". Die Bitcoin- und Ethereum-Blockchain sind nach dem Grundsatz aufgebaut, dass alle Transaktionen in der Blockchain öffentlich sind und jeder diese Transaktionen einsehen kann. Durch die Anonymität der Ethereum bzw. Bitcoin Adresse wird gewährleistet, dass die Geschäftspartner quasi Pseudonyme benutzen und die echte Identität nicht ersichtlich ist.
Da die bisherigen Transaktionen in der Blockchain einsehbar sind, kann man sich über die Geschäfte eines Teilnehmers informieren. So gibt es Anwendungen die die Zahlungen an eine Spendenorganisation in einer Blockchain zugänglich machen. Falls dann noch die echte Identität der Person bekannt wäre, hätte man die volle Transparenz.

Die Anforderung der „Nicht-Transparenz" der Transaktionen in einer Blockchain und die Anonymität von Geschäftspartner sind zum Teil widersprüchliche Anforderungen. Von einer Seite möchten die Unternehmen eigene Geschäftstransaktionen nicht veröffentlichen, jedoch erfordern einige Use Cases dass die Identität der Geschäftspartner bekannt ist.

Die Anforderung der Blockchain Intransparenz stellt sich zum Beispiel im Settlement im Finanzwesen (Lieferung des Basiswerts durch den Verkäufer und der Bezahlung als Gegenleistung durch den Käufer). Wenn man die Settlementtransaktionen über eine öffentliche einsehbare Blockchain abwickeln würde, dann könnte man die Tradingpositionen von den beteiligten Geschäftspartnern eruieren und somit deren Tradingstrategien identifizieren. Im Trading Bereich wäre so etwas ganz gefährlich, da in diesen Fall nicht nur die Konkurrenten die Tradingpositionen von einer Institution sehen, sondern sie können die Information benutzen, um die Kontra-Trading Strategie zu entwickeln und von der Transparenz der Tradingpositionen von der „gläsernen" Blockchain profitieren.

Für die Benutzung der Ethereum-Blockchain oder Bitcoin-Blockchain in dem Bereich Trading oder Settlement braucht man somit „private" Transaktionen, welche nur von den Partnern in einer Transaktion gesehen werden konnen.

Zurzeit bietet nur Hyperledger-Blockchain diese privaten Transaktionen an. Es wäre zu erwarten, dass die privaten Transaktionen auch in Ethereum oder Bitcoin in der Zukunft eingeführt werden. Zum anderen besteht aber eine der Visionen der Community in einer öffentlichen und „gläsernen" Blockchain, in der alle Transaktionen transparent sind und somit zu neuen Möglichkeiten für Wirtschaft und Gesellschaft führen.

4.4 Was sind die Limitationen von Smart Contracts?

Aktuelle gibt es mehrere Projekte die Finanzverträge in einer Blockchain abbilden wollen. Insbesondere im Umfeld von Ethereum ist dies mit Smart Contracts möglich. Viele Ansätze scheitern aber an der hohen Komplexität von Finanzverträgen, insbesondere im Handel mit Derivaten.

Für die Beschreibung eines einfachen Aktien- oder Forwardvertrags benötigt man mindestens 30–40 Attribute. Bei Obligationen sind es mindestens 50 Attribute. Wenn man sich in den Bereich Derivatehandel und strukturierte Finanzprodukte bewegt, dann steigt Anzahl die Attribute zur Beschreibung der Finanzinstrumente erheblich an. Bei den OTC (Over-The-Counter) Produkten steigt Anzahl die notwendigen Attribute nochmals weiter und kann sogar über tausend Attribute umfassen.

Was bedeutet die Komplexität der Finanzinstrumente für die Abbildung in eine Blockchain? Zum einen werden die Smart Contracts groß und beanspruchen viel Speicherplatz. Zum anderen steigt die Komplexität der Geschäftslogik für die Bearbeitung von solchen Smart Contracts. Es handelt sich nicht nur um dem Lifecycle-Informationen, sondern auch die Validationslogik von Attributen im Vertrag. Je mehr Attribute der Smart Contract enthält, desto mehr Business Logik benötigt man.

Unter Berücksichtigung der Komplexität von heutigen Finanzinstrumente stellt sich die berechtigte Frage, ob man den Smart Contract in einer Blockchain implementieren soll oder den Vertrag außerhalb der Blockchain umsetzen kann, zum Beispiel in einem Cloudspeicher, und in der Blockchain nur eine Referenz verwaltet.

Ein weiteres Thema bei den Smart Contracts ist der Zugriff auf die weiteren Applikationen der Organisation mittels Web Services oder REST Services. Im Falle von Ethereum Smart Contracts hat man diese Möglichkeit absichtlich gestrichen. Aus einem Ethereum Smart Contract kann man die externen Web Services oder REST Services nicht aufrufen. Dies bedeutet, dass Ethereum Smart Contracts isoliert von den heutigen Unternehmensanwendungen sein werden, da man sie nicht aus dem Smart Contracts aufrufen kann. Eine solche Restriktion hat zwei Wirkungen. Erstens werden die Smart Contracts noch grösser, da man alle Referenzdaten für die Finanzverträge speichern muss. Zweitens wird die Migration von den heutigen Anwendungen zu den Blockchain basierenden Trading und Settlement Systemen massiv erschwert, da die „neue Welt" mit der „alten Welt" nicht kommunizieren kann. Die Migrationen von Legacy Enterprise Information Systems zu dem Ethereum-

Blockchain basierenden Trading und Settlement System wäre somit nur in einem „big bang“ Ansatz möglich, welcher unrealistisch ist.

Das Konzept der Hyperledger Smart Contracts (auch Chain Code genannt) versucht einige der beschriebenen Limitationen zu beseitigen. So kann man aus den Hyperledger Smart Contracts die externen Web Services oder REST Services aufrufen. Das würde bedeuten, dass z.B. die Finanzinstrumente in Hyperledger Smart Contracts etwa zwei Mal weniger Attributen haben würden als die Finanzinstrumente in den Ethereum, weil man kann die Referenzdaten über die externe Web Services oder REST Services bei Bedarf holen kann. Auch wird die Migrationsfähigkeit von den existierenden Enterprise Information Systems auf die Hyperledger basierenden Smart Contracts erleichtert, da man aus den Smart Contracts die Services von den „alten“ Enterprise Information Systems aufrufen kann.

4.5 Wer ist mein Handelspartner in einer Blockchain?

Bei der Ethereum und Bitcoin-Blockchain gibt es keine zentralen Systeme, in welchen man nachschauen kann, wem eine Adresse in der Blockchain gehört. In der „alten“ Welt haben wir ähnliches Probleme z.B. bei E-Mail-Adressen. Da sich jeder Besitzer eine Domain seine E-Mail-Adresse definieren kann, gibt es kein zentrales Verzeichnis. Nur im Fall, dass die Organisation, wie ein Unternehmen oder öffentlichen Organisation, ein zentrales Register führt kann die Person eindeutig einer E-Mail-Adresse zugewiesen werden. Bei dem Ethereum oder Bitcoin gibt es zurzeit keine solche Möglichkeiten. Es stellt sich auch die Frage, ob in Zukunft solche Register entstehen werden.

Für die Identifikation in Blockchains bauen Unternehmen heute geschlossene Benutzer Gruppen auf. Zum Beispiel könnten die Kunden einer Bank die Ethereum oder Bitcoin Adressen bei der Bank registrieren und dann miteinander die Geschäfte über die verifizierten Ethereum oder Bitcoin Adressen abwickeln. Hyperledger bietet die Möglichkeit ein Registry von Geschäftspartnern einzurichten. Diese Fähigkeit von Hyperledger ist zurzeit vor allem für die geschlossenen Benutzergruppen gedacht.

4.6 Wann findet eine Transaktion in Blockchain statt?

In Einsatzbereichen wie Handel/Trading hat der Aspekt der Zeit eine sehr grosse Bedeutung, da die Werte von Assets an den Börsen sich schnell verändern. Beim Aspekt Zeit in Blockchains gibt es zwei zentrale Fragen:

- Wie lange dauert die Abwicklung einer Transaktion?
- Zu welchem Zeitpunkt hat die Transaktion stattgefunden und verwenden alle Teilnehmer in der vernetzen Blockchain die identische Zeit?

Die Zeit um einen neuen Block in der in Bitcoin-Blockchain zu generieren beträgt ca. 10 Minuten (Zykluszeit), in der Ethereum-Blockchain sind es ca. 12 Sekunden, beim Hyperledger-Blockchain gibt es für die Zykluszeit noch keine Restriktionen. Will man eine Handelsapplikation auf Basis Blockchain entwickeln, so ist der Aspekt der Zykluszeit zentral.

Für die Bestimmung der Zeit in verteilten Systemen gibt es verschiedene Lösungsansätze. Es gibt Zeit-Server (Network Timing Protocol Server), welche die Uhren auf den Rechnern weltweit synchronisieren. Jedoch findet die Synchronisationen erst nach einem bestimmten Zeitintervall statt und die Kommunikation zwischen den Rechnern benötigt auch eine Zeitdauer. Somit kann es immer zu Abweichungen der Zeit auf den Rechnern kommen.

Wenn der Handel in einem peer-to-peer Netzwerk durchgeführt wird, stellt sich die Frage, zu welcher Zeit der Trade stattgefunden hat und wie diese Zeit bestimmt wurde. In den heutigen zentralisierten Börsen wie NASDAQ oder NYSE wird die Zeit zentral von der Börse bestimmt, jedoch welcher Rechner bestimmt die genaue Zeit in einem peer-to-peer Netzwerk?

Die Ethereum- und Bitcoin Blockchain haben bezüglich Zeitbestimmung keine strengen Vorgaben. Die einzige Richtlinie für die Zeitbestimmung in diesen Systemen ist, dass die Zeit zwischen zwei Blockchain Blocks nicht mehr als 2 Stunden abweichen darf. Eine mögliche Lösung für eine genauere Synchronisation der der Zeit in Blockchains wäre die Benutzung von Linked Timestamp Algorithmen [12].

5 Literatur

[1] Guardtime, „Guardtime Industrial Blockchain“. [Online]. Verfügbar unter: https://guardtime.com/. [Zugegriffen: 01-Aug-2016].

[2] „Namecoin“. [Online]. Verfügbar unter: https://namecoin.info/. [Zugegriffen: 01-Aug-2016].

[3] „Historical Data | TradeBlock“. [Online]. Verfügbar unter: https://tradeblock.com/bitcoin/historical/1h-f-tsize_per_avg-01101. [Zugegriffen: 29-Juni-2016].

[4] „Bitcoin-Blockchain-Größe“. [Online]. Verfügbar unter: https://blockchain.info/charts/blocks-size. [Zugegriffen: 29-Juni-2016].

[5] „Solidity — Solidity 0.2.0 documentation“. [Online]. Verfügbar unter: https://solidity.readthedocs.io/en/latest/. [Zugegriffen: 29-Juni-2016].

[6] „Payments Volumes Worldwide | Global Finance Magazine“. [Online]. Verfügbar unter: https://www.gfmag.com/global-data/economic-data/26gzj8-payments-volumes-worldwide. [Zugegriffen: 29-Juni-2016].

[7] N. Keith, „PayPal Handles Over $8,000 In Transactions Every Second | Digital Trends“, 22-Dez-2015. [Online]. Verfügbar unter: http://www.digitaltrends.com/web/paypal-ebay-amazon/#:Oh0lXuRJJH4wJA. [Zugegriffen: 29-Juni-2016].

[8] M. Trillo, „Stress Test Prepares VisaNet for the Most Wonderful Time of the Year « Visa's Blog – Visa Viewpoints“, 10-Okt-2013. .

[9] „Hyperledger Whitepaper". [Online]. Verfügbar unter: https://docs.google.com/document/d/1Z4M_qwILLRehPbVRUsJ3OF8Iir-gqS-ZYe7W-LE9gnE/pub. [Zugegriffen: 29-Juni-2016].
[10] S. Nakamoto, „bitcoin.pdf". [Online]. Verfügbar unter: https://bitcoin.org/bitcoin.pdf. [Zugegriffen: 29-Juni-2016].
[11] „Bitcoin Gesamtzahl der Transaktionen". [Online]. Verfügbar unter: https://blockchain.info/charts/n-transactions-total. [Zugegriffen: 29-Juni-2016].
[12] „Linked timestamping", *Wikipedia, the free encyclopedia*. 19-Mai-2016.

Bruno Wildhaber

Kann man Blockchains vertrauen?

Zusammenfassung: Nach der Euphorie über die Blockchain Technologie folgt die Frage nach dem Vertrauen in diese „neue" Technologie auf dem Fuß. Dabei spielt die technische Sicherheit meist die geringste Rolle. Vielmehr stellt sich die Frage: Was muss getan werden, damit die möglichen Nutzer das System nicht nur spielerisch, sondern im harten Geschäftsleben einsetzen. Eine zentrale Frage spielt dabei die Haftung und die Zuweisung von Verantwortlichkeiten.

1 Management Summary

Vertrauen entwickelt sich im Kontext der Anwendung, im kulturellen Kontext und ist nicht zuletzt auch eine Generationenfrage. Die Kernelemente des Vertrauens, nämlich Sicherheit, Haftung und Verantwortlichkeit sind nicht technologiebezogen.

Insofern dürfte sich an der Definition von Vertrauen nichts ändern. Darauf hat auch eine noch so gut (gemeinte) Technologie keinen Einfluss. Wir haben das mit digitalen Signaturen und Verschlüsselungsverfahren erlebt, die bis heute nur marginal eingesetzt werden.

Systeme, wie die Blockchains, können unterschiedlich implementiert werden und schlussendlich entscheidet die Implementation über die Frage: Wie vertrauenswürdig ist dieses System? **Denn eines ist sicher: es wird zu Fehlern kommen und dann stellt sich die Frage nach den Verantwortlichen.**

Die Blockchain ist folglich keine „Trust-Machine", wie es optimistisch im Economist formuliert wurde [1]. Sie kann zwar helfen, hochwertige Systeme zu schaffen und die Sicherheit zu erhöhen, ein Garant für die kommerzielle Akzeptanz wird sie aber damit nicht. Darum werden die meisten Blockchain-Systeme als geschlossene Systeme, ohne Anonymität und mit den bekannten Sicherheitsmechanismen, implementiert werden. Dies aber wiederum nur, wenn sich der Einsatz rechnet. Aus Erfahrung kann man nicht sehr optimistisch sein. Der Einsatz neuer Absicherungsverfahren wird so lange hinausgezögert, bis es keine Alternative mehr gibt.

Nach wie vor müssen sowohl das Sicherheitsdispositiv wie auch die organisatorischen und rechtlichen Rahmenbedingungen durchdacht und sauber aufgesetzt werden. Wer denkt, er könne ohne weiteres ein Blockchain-System ins Leben rufen, ohne diese Aspekte zu klären, sollte die Finger davonlassen.

Wirklich spannend ist die Frage, ob sich die anonymen Systeme durchsetzen können. So wünschenswert dies auch wäre, alle Zeichen deuten darauf hin, dass dies nicht der Fall sein wird. Der Druck der Nationalstaaten auf die Steuerung des Netzes wird einen wesentlichen Einfluss darauf ausüben, wie Blockchain-Systeme betrieben werden können.

2 Einleitung

Wer andern gar zu wenig traut, hat Angst an allen Ecken; wer gar zu viel auf andre baut, erwacht mit Schrecken (Wilhelm Busch).

Der Economist hat seine Ausgabe vom 31 Oktober 2015 [2] mit der Headline: „The Trust Machine“ betitelt. Der Titel erinnert fatal an den „Mechanical Turk“ [3] oder andere Versprechen lobreicher Erfinder, deren Namen meist schnell des Vergessens anheimfielen. Die Blockchain Technologie wird als Allerheilmittel für den Aufbau neuer Geschäftsmodelle gepriesen. Insbesondere die Fintech Missionare werden nicht müde, die unglaublichen und unschlagbaren Vorteile der Blockchain Technologie zu beteuern. Der Economist übernimmt diese Sicht eher unkritisch, ohne sich mit der Vertrauensfrage auseinanderzusetzen.

Nüchtern betrachtet handelt es sich bei einer Blockchain um ein zugegebenermaßen recht raffiniertes Mittel zur Integritätssicherung von Daten, mit der Möglichkeit, diese unbestreitbar zu überprüfen. Dabei geht es in erster Linie darum, Systeme zu schaffen, die es einer Vielzahl von Nutzern ermöglicht, den Bestand bestimmter Daten jederzeit zu verifizieren, bzw. feststellen zu können, ob Änderungen stattgefunden haben. Doch kryptologische Sicherheit bedeutet in keinem Fall auch Vertrauen.

Unabhängig davon, mit welcher Technologie ein solches System arbeitet, sollte man die Frage aufwerfen:
- Sind potenzielle Nutzer bereit, Daten in diesem System zu verwalten?
- Wann vertrauen sie dem „System“, bzw. was umfasst dieses System denn tatsächlich?
- Wie sieht das Spielfeld wirklich aus und was sind die Regeln des Spiels?
- Wie transparent ist sin solches System, d.h. dessen Beteiligte: die Anbieter, die Programmierer, die „Miner“, die Regulatoren u.a.m.?

Dieser Beitrag befasst sich mit einem Aspekt von Blockchain Systemen, welcher im Rahmen des Einsatzes im kommerziellen Umfeld von zentraler Bedeutung wird. Es handelt sich dabei um die Frage, wie man Blockchain basierten Systemen vertrauen kann und welche Rolle Technologie, Staat aber auch die Anwender dabei spielen und welche Art von Vertrauen erreichbar ist.

3 Entwicklung des Vertrauens im Internet

3.1 Vertrauen = Haftung?

Bedeutet Vertrauen gleichzeitig auch Haftung? Diese Frage kann man ohne weiteres mit „JA“ beantworten. In erster Linie bedeutet Vertrauen Verantwortlichkeit. Wie bei einem Gesellschaftsorgan (z.B. Aufsichtsrat, Verwaltungsrat) hat der Anbieter einer Blockchain grundsätzlich eine Vertrauensstellung, die er im ureigenen Interesse schützt und bewahrt. Solche Organe unterstehen den auch nationalen Verantwortlichkeitsregeln, die mehr oder weniger hart sind.

Nun werden die Blockchain-Missionare einwenden, dass die Blockchain grundsätzlich als „trustless“ gilt, d.h. eigentlich kein Vertrauen zwischen den Parteien herrschen muss. Das mag kryptologisch betrachtet stimmen, nicht jedoch aus Sicht der Haftung und der Verantwortlichkeit (vermutlich noch weniger aus Sicht der Verhaltenspsychologie). Die alleinige Aussicht auf ein Fehlverhalten wird dazu führen, dass die Anzahl der Teilnehmer abnimmt. Machen wir dazu ein Gedankenexperiment: Wieviel % ihres Vermögens würden Sie in Bitcoins anlegen? Mehr dazu am Schluss dieses Beitrags.

3.2 Vertrauen im Vor-Internet (Host) Zeitalter

Im Vor-Internet Zeitalter war das Vertrauensverhältnis klar geregelt. Hier der Kunde oder Anwender, dort das große Bankhaus, die Verwaltung oder der Automobilhersteller mit seinen potenten Hochleistungsrechnern und -systemen. Der Kunde als Datensatz in zentralen Systemen, die alle voneinander getrennt vor sich hinschlummerten. Sicherheitsfragen, sofern sie überhaupt aufgeworfen wurden, beschränkten sich auf die Analyse interner Angriffe und Fehlverhalten von Systemen, ev. noch Betrugsversuche durch interne Angestellte. Datenschutz beschränkte sich im Wesentlichen auf die Diskussion Abhängigkeit des einzelnen Bürgers vom Staat.

Elektronische Transaktionen fanden so gut wie keine statt und wenn dann über geschlossene Systeme (EDI) zwischen großen Industriepartnern. Das Vertrauen in die großen Anbieter war in der Regel groß, gab es doch kaum nennenswerte Probleme mit Daten (oder sie wurden nicht sofort sichtbar). Der Nutzer (Bürger, Kunde) traute den großen Anbietern in der Regel und stellte keine Fragen.

Merke: Vertrauen hat wenig mit Technologie, vielmehr mit einem Abhängigkeitsverhältnis und der Beziehung zum Partner zu tun.

3.3 Der Umgang mit Vertrauen im Internet-Zeitalter

Hier gilt es zuerst die mehr als schizophrene Haltung des Großteils der heutigen Benutzer herauszustreichen. Nach wie vor trauen sie den großen Anbietern grenzenlos, ohne zu hinterfragen, was mit ihren Daten eigentlich geschieht. Doch sind die „Großen" nicht mehr die Großbanken, Ämter oder Industriekonzerne, sondern Google, Microsoft, Amazon und allen anderen Anbietern die Jaron Lanier „Sirenen-Servern" nennt [4]. Noch schlimmer, für den Nutzer einer Leistung ist mittlerweile völlig intransparent, mit welchen Werten er sich diese erkauft.

Andererseits ist die Sicherheit noch immer auf einem bedenklichen Niveau. Obwohl die Mechanismen (digitale Signaturen, Verschlüsselungsmechanismen, Authentisierungsverfahren) zur Absicherung von elektronischen Transaktionen seit rund 20 Jahren verfügbar und einsetzbar sind, verzichtet ein großer Teil der Anbieter[1] auf sie –und jammert nachher über die so gewaltigen Schäden, die ihnen durch Internet-Angriffe entstanden seien. Erstens sind diese kaum zu belegen und zweitens bekennen Unternehmen ihre Sünden im Umgang mit Daten nur unter Zwang. Hinzu kommen drei zentrale Überlegungen:

1. Solange der Internet-Fraud als Teil der betriebswirtschaftlichen Kalkulation (=Risikoprämie) eingerechnet werden kann und diese Rechnung immer noch aufgeht, hat kein Anbieter ein Interesse daran, dem Kunden einen besseren Sicherheitsmechanismus (z.B. BC) anzubieten!

Merke: Wenn es um die Vertrauensfrage geht, geht es primär um Geld! Lohnt es sich, ein bestimmtes Risiko einzugehen oder misst man besser bedient, auf ein neues (Technologie)-Pferd zu setzen? Die Penetration des Marktes im Bereich der Digitalen Signatur spricht Bände: Sichere Methoden kommen nur dann zum Einsatz, wenn es nicht mehr anders geht (vgl. unten).

2. Solange das Risiko problemlos auf eine schwächere Partei abgewälzt werden kann, dann wird das auch getan (Internet-Banking, EDI, e-Commerce Verträge, Outsourcing)
3. Der durchschnittliche Benutzer fällt konsequent auf die Werbemaschen der Internetkonzerne hinein (Stichwort Datenschutz) [5]; Für den Datensammler tut es erst dann weh, wenn ein klarer Reputationsverlust in Aussicht steht. Das wird dann aber meistens mit Einsatz der Kommunikationsabteilung bewältigt.

Welche Schlussfolgerungen können daraus gezogen werden? Vertrauen ist ein vielschichtiges Thema, es spielen Sicherheitsaspekte, vor allem aber auch Verhaltenspsychologie und Erfahrung eine wichtige Rolle. Kommt da die Blockchain mit ihrem

---

1 Wenn hier primär von den Anbietern die Rede v.a. darum, weil der Anwender in den meisten Fällen keine Möglichkeit hat, die Sicherheit des Systems direkt zu beeinflussen.

Versprechen, „trustless" zu sein, gerade richtig?! Sind die heutigen Benutzer bereit und willens, auf einen zentralen Anbieter zu verzichten, stattdessen die Vertrauensfrage zu negieren?

Diese Fragen kann man nur beantworten, wenn man den „Begriff" Vertrauen oder „Trust" versteht.

3.4 Vertraue keinem Banker

Wir haben im Rahmen verschiedener EU-Forschungsprojekte zum Thema „Trusted Third Parties" und PKI (Public Key Infrastruktur) Mitte der neunziger Jahre den Begriff des Vertrauens intensiv untersucht. Aufhänger waren die Diskussionen um den Einsatz von Digitalen Signaturen und welchen Stellen man die PKI anvertrauen sollte, z.B. im SEMPER Projekt [6].

Interessanterweise standen die offensichtlichsten Verdächtigen, nämlich die Amtsstellen, welche bereits für die Identifikation zuständig waren, meistens nicht in erster Reihe. Vertrauen ist kulturgeprägt; der Begriff definiert sich in jedem Land anders. Während in einem Land die Verwaltung sehr hohes Vertrauen genießt, würden die Bürger des Nachbarlandes lieber zur nächstgelegenen Filiale des Großverteilers gehen, um sich registrieren zu lassen.

In der Schweiz genossen die Banken damals noch ein sehr hohes Ansehen und vermutlich wäre der Großteil der Bevölkerung bereit gewesen, ihre Identitäten auch im Bankensystem verwalten zu lassen. Das dies heute kaum mehr der Fall sein dürfte, zeigt eindrücklich, wie sich das Vertrauensbild verändern kann. Interessanterweise kam man aber immer wieder auf dieselbe Frage zurück: Was passiert, wenn jemand mit einer qualifizierten Signatur (= äquivalent zur eigenhändigen Unterschrift) Missbrauch betreibt und wer stellt sicher, dass solche Unterschriften auch in 30 Jahren noch verifiziert werden können?

Die meisten Staaten sind deshalb auf die einzig vernünftige Lösung zurückgefallen: Der Staat übernimmt zumindest eine subsidiäre Rolle bei der Absicherung solcher Instanzen oder betreibt sie gleich selbst. Das Ganze ist nicht neu und hat sich spätestens seit dem Aufkommen der Kernkraftwerke auch wissenschaftlich niedergeschlagen (Stichwort: Technologiefolgenabschätzung). Dies hat auch damit zu tun, dass ein Business-Case als PKI Anbieter kaum zu rechnen war und immer noch ist[2].

Dies hat dazu geführt, dass signaturbasierte Lösungen v.a. im Verwaltungsumfeld je länger je mehr zum Einsatz kommen, allerdings mit einer Verzögerung von rund 15 Jahren [7]!

---

2 Ausführliche Analyse des Business-Case für PKI Anbieter vgl. http://wildhaber.com/wp/wp-content/uploads/2015/04/PKI_BC.pdf

---

Merke: Vertrauen in eine Technologie muss sich also auch entwickeln, auch wenn dies heute vielleicht etwas schneller geht als vor einigen Jahren.

Hinzu kommen verkomplizierende Umstände: Während früher eine Vertrauensbeziehung primär zwischen zwei Parteien aufgebaut werden musste, haben wir es heute mit einer Mehrparteiensituation zu tun. Zudem interessieren sich v.a. auch die Staaten immer mehr für das Tun im Internet.

3.5 „Trustlessness" der Blockchain

Bei einem rein anonymen System ist die Haftungsfrage natürlich besonders interessant. Bedeutet die Tatsache, dass niemand für mögliche Schäden im System geradesteht, ein Vorteil? Fiktion von Bitcoin ist, dass keine Fehler passieren können. Eine Hypothese, die sich noch in keinem technologiebasierten System als verlässlich erweisen hat.

Merke: Früher oder später wird es also zu Fehlern kommen.

Wer übernimmt dann die Verantwortung? Diese Frage muss geklärt sein, sonst wird das System in sich zusammenbrechen. Dabei geht es nicht einmal um die Fehleranfälligkeit an sich, sondern vor allem darum, dass die Verunsicherung mit jedem Vorfall steigt. Man könnte überlegen, für solche Fälle eine Versicherungsprämie zu erheben, was allerdings die Anonymität beeinträchtigen würde.

Grundsätzlich interessant an der Blockchain-Technologie wäre eigentlich, dass sie keine zentrale Verwaltungsinstanz benötigt. Das stimmt bereits technisch gesehen nicht, denn alle Systeme müssen verbunden und erreichbar sein, wie z.B. im OSI-Modell gefordert [8], vgl. dazu auch die Aussagen zur Netzneutralität. Viel wichtiger aber ist die Tatsache, dass jeder Benutzer einer Blockchain grundsätzlich an einem Verbund teilnimmt, der an definierte Verhaltensregeln geknüpft ist.

Zweitens muss der Zugang zu einem solchen Netzwerk ebenfalls geregelt werden. Die meisten Blockchains werden als geschlossene Gruppe angelegt werden (vgl. Kapitel von Michael Merz in diesem Buch), mit identifizierten Parteien. Genau wie der Zugang zu Sirenen-Servern mit Daten erkauft wird, so muss auch das geschlossene System Regeln definieren, wie die Teilnehmer ihrer Blockchain beitreten können. Dies kann grundsätzlich risikobasiert geschehen, d.h. je weniger Risiko für den Betreiber bzw. die Beteiligten, desto offener das System.

Dann gibt es Spezifika, die nur Blockchains betreffen, z.B. die Entschädigung der Miner. In einem geschlossenen System muss definiert werden, wie diese zu geschehen hat und wie die Rollenverteilung aussieht. Zentral ist die Definition der Sorgfaltspflichten und den damit verbundenen Haftungsfragen.

4 Wichtige Einflussfaktoren

4.1 Typen von Blockchains

Eine Blockchain ist ein Basissystem, gleichermaßen einem Baukasten mit verschiedenen Bausteinen, die Unterschiedliches leisten. Während es bei einer PKI „nur" darum geht, Identitäten und Schlüssel zu verwalten, ist die Blockchain Funktionalität wesentlich umfangreicher.

Bevor die Vertrauensfrage sinnvoll beurteilt werden kann, gilt es z.B. zwischen verschiedenen Grundformen der Anwendung zu unterscheiden.

1. Offene oder geschlossene Benutzergruppe
2. Anonyme oder verlässlich identifizierte Benutzer
3. Nationale vs. multinationale Systeme
4. Geregelte vs. ungeregelte Systeme
5. Sichtbare / unsichtbare Systeme
6. Höhe der Beweiskraft
7. Zeitgerechtigkeit (garantierte Ausführung einer Transaktion innerhalb garantierter Frist)

u.a.m.

4.2 Eine Anmerkung zu Sicherheit und Risiko

Auf keinen Fall darf man von der Annahme ausgehen, BC-Systeme könnten fehlerfrei funktionieren. Das werden sie nicht und es ist nur eine Frage der Zeit, wann die ersten Fehler auftreten werden.

An dieser Stelle meine ich NICHT erfolgreiche Angriffe (bzw. Fehler) auf die Kryptoverfahren, sondern wie immer auf die fehlerhafte Implementierung. Dabei ist es irrelevant, ob eine Schwachstelle durch einen Blockchain spezifischen Fehler ausgelöst wurde oder dieser in vor- oder nachgelagerten Systemen/Verfahren (z.B. Authentifikation) entstanden ist. Am Schluss leidet immer das System als Ganzes (bzw. sein Betreiber).

Grundsätzlich gilt bei Blockchain-Systemen, dass während ihrer Gestaltung ein umfassendes Sicherheits-Konzept erstellt werden muss. Dabei ist darauf zu achten, dass Prävention, Detektion und Korrektur in einem vernünftigen Verhältnis stehen. Besonders ist darauf zu achten, dass dem Monitoring eine hohe Bedeutung beigemessen wird (betriebliche Maßnahmen zur Überwachung möglichen Fehlverhaltens).

4.3 Die Balkanisierung des Internets

Der Economist hat diesen Begriff aufgegriffen und die damit verbundenen Herausforderungen ausführlich beschrieben. Das Internet hat seine Jungfräulichkeit schon lange verloren. Dies bedeutet auch, dass jegliche Bestrebungen, die darauf abzielen, nationalstaatliche Interessen zu torpedieren, so rasch als möglich unter Kontrolle gebracht werden. Das gezielt für alternative Währungen wie Bitcoin oder analoge Systeme. Keine Währungshüter wird es erlauben, dass seine geldpolitischen Bestrebungen durch solche subversiven Systeme unterlaufen werden. Hier gilt genau der gleiche Grundsatz wie unter 3.3. bereits erwähnt: Solange die Angreifer unter dem Radar bleiben, sind sie zwar ärgerlich, aber noch keine echte Bedrohung. Sobald sie den Kopf über die Hecke stecken, wird er gnadenlos gekürzt.

Diskussionen um die sogenannte „Netzneutralität" oder „Internet Governance" sind Scheingefechte. Den Gestaltern des ursprünglichen Internets sind die Fäden schon lange aus der Hand genommen worden. Bei einem System, welches geostrategische Bedeutung besitzt, werden die Entscheide nicht mehr durch ex 68er oder Protagonisten der Dotcom Bewegung getroffen. Hier geht es nur noch um Macht und Wirtschaftsbeeinflussung.

Die Balkanisierung des Internets stellt eine kritische Bedrohung für viele Systeme dar. Sie ist auch für Blockchains höchst problematisch.

4.4 Hier bin ich Gesetzgeber – die Krux mit den Nationalstaaten

Wir kennen die Grenzen des nationalen Rechts im Zusammenhang mit Internet-Geschäftsmodellen zur Genüge. Den gleichen Hemmnissen müssen sich Blockchains fügen. So wie das Darknet immer stärker unter Beschuss gerät, so grösser wird der Druck auf Systeme, die sich keinem nationalen Gesetzgeber unterstellen (wollen). Dasselbe gilt für die Anbieter von neuen Geschäftsmodellen wie Uber und AirBnb, welche sich auch nationalen Anordnungen fügen müssen. Faktisch gibt es zwar durchaus Monopole wie z.B. die AGBs großer Konzerne, doch selbst diese werden auf Druck der nationalen Behörden angepasst werden. Insofern dürfte also die Zeit anonymer Blockchain Systeme bereits vorbei sein.

Zur Erläuterung eine Frage, welche den Juristen immer wieder gerne gestellt wird: Wie hoch ist die Beweiskraft von Daten in einem Blockchain System? Dummerweise kann man diese Frage NICHT beantworten, denn der Beweiswert von Daten (oder anderen Tatsachen die dazu geeignet sind, einen bestimmten Sachverhalt nachzuweisen), hängt vom nationalen Recht ab! Solange die elektronische Unterschrift nicht im nationalen Recht verankert war, hatte sie grundsätzlich keine Beweiskraft, Gleiches gilt für Blockchain-Systeme.

5 Anregungen für die Diskussion

Es wird sich zeigen, dass die meisten Blockchain-basierten Systeme mit traditionellen Mitteln aufgebaut werden. Dies bedeutet, dass das anonyme System eine Ausnahme bilden wird. Auch eine völlig offene, ohne Zugangsbeschränkung funktionierende Blockchain ist wohl eher Wunschtraum denn Wirklichkeit. Sobald eine hohe Vertrauensstufe angestrebt werden soll, werden auch die Blockchain-Betreiber nicht darum herumkommen, die klassischen Vertrauensmechanismen einzusetzen, nämlich klare vertragliche Regeln, nachvollziehbare Verhaltensregeln und Durchsetzung der Sicherheitsanforderungen.

Sicherlich interessant und weiter zu verfolgen ist die Ausgestaltung offener, multinationaler Systeme, die auch ohne die klassischen Vertrauensmechanismen auskommen. Ein Mittelweg wäre der Einsatz von intelligenten Regeln, die von der Blockchain selbst verwaltet werden (allerdings braucht es auch hier einen minimalen Grundkonsens = Bootstrap consent).

Ach ja, wie war das mit dem Anlegen Ihres Vermögens in Bitcoin? Denken Sie nun anders darüber? Wenn Sie mehr als 50 % Ihres Vermögens darin anlegen würden, freue ich mich auf einen spannenden Gedankenaustausch!

6 Literatur

[1] The Economist, „The trust machine“, *The Economist*. [Online]. Verfügbar unter: http://www.economist.com/node/21677198/print. [Zugegriffen: 30-Okt-2015].

[2] Economist, „Hype springs eternal“. .

[3] „Schachtürke“, *Wikipedia*. 03-Feb-2016.

[4] J. Lanier, *Who owns the future?*, First Simon & Schuster hardcover edition. New York: Simon & Schuster, 2013.

[5] M. Erner und B. Wildhaber, „Das Ende von Safe Harbor – was ist zu tun?“, 31-Okt-2015. .

[6] „SEMPER Home Page“. [Online]. Verfügbar unter: http://www.semper.org/. [Zugegriffen: 01-Juni-2016].

[7] W. Bieser und H. Kersten, *Chipkarte statt Füllfederhalter: Daten beweissicher „elektronisch unterschreiben“ und zuverlässig schützen*. Heidelberg: Hüthig, 1998; mit Sonderteil Schweiz von Bruno Wildhaber und Matthias Gut.

[8] „OSI-Modell“, *Wikipedia*. 24-Apr-2016.

Vladimir Tosovic

Der DAO-Hack – und die Konsequenzen für die Blockchain

1 Einleitung

Der „DAO-Hack" im Juni 2016 war einer der größten Finanzdiebstähle der Geschichte von Blockchains. Von der Öffentlichkeit kaum wahrgenommen, versetzt der Coup die gesamte FinTech-Branche in Alarm und wirft grundsätzliche Fragen zur Blockchain-Technologie auf.

Ich bin gerade am Telefon, als mir ein Kollege ein Post-it an den Bildschirm heftet: „Die DAO wurde gehackt" – deshalb kann ich die Nachricht nicht sofort wahrnehmen. Erst als ich den Zettel zum zweiten Mal lese, wird mir die Tragweite der Nachricht bewusst.

Diese für den Normalbürger unverständliche Botschaft löste in der Ethereum Community erhitzte Debatten aus und stellt grundsätzliche Fragen zur Blockchain Technologie. Der vermutliche Hacker (oder jemand der behauptet, es zu sein) hat den Gegenwert von 50 Millionen US$ der Kryptowährung Ether „gestohlen" – und nimmt nun sehr aktiv an der Diskussion teil und rechtfertigt dort seinen Coup. Die ganze Geschichte ist Hollywood-tauglich, bleibt aber von der breiten Öffentlichkeit weitgehend unbemerkt, was vermutlich daran liegt, dass die meisten Menschen mit Begriffen wie The DAO, Ethereum und Blockchain nichts anfangen können. In diesem Artikel werde ich versuchen, den Lesern das Thema näher zu bringen.

1.1 Am Anfang war die Blockchain

Bitcoin wurde von einer (oder mehreren) unter dem Pseudonym Satoshi Nakamoto auftretenden Person(en) 2008 zum ersten Mal beschrieben. Im Januar 2009 wurde der erste Bitcoin Client veröffentlicht und die ersten Bitcoins generiert, oder besser gesagt geschürft. Die zugrundeliegende Blockchain Technologie wurde inzwischen zum Liebling des Silicon Valley. Laut CoinDesk[1] wurde zum ersten Quartal 2016 bereits über 1.1 Milliarden US$ in Bitcoin- und Blockchain Startups investiert.

Zum Vergleich: CoinDesk schätzt das in Internet-Unternehmen investierte Venture Capital im Jahr 1995 auf 508 Millionen US$. Somit erreicht das VC Investment in

1 www.coindesk.com

die Blockchain-Unternehmen eine Größenordnung wie das Investment in Internet-Unternehmen vor 20 Jahren.

Bitcoin als Kryptowährung ist der erste Anwendungsfall dieser Technologie, viele sehen darin aber vielfältige, bisher ungeahnte Möglichkeiten. Analog könnte man sagen, dass E-Mail nur ein Anwendungsfall von „Internet-Technologie" ist. Diese Beschreibung ist technisch nicht richtig, eignet sich aber gut, um die Größenordnung der Entwicklung zu beschreiben.

Nun, das Internet ist viel mehr als E-Mail – was ist also mit der Blockchain? Die Blockchain Technologie soll dezentrale Konsensusmechanismen ermöglichen. Bitcoin als Währung ist dezentral, d.h. es gibt keine zentrale Organisation (weder staatlich oder privat), die sich für die Währung verbürgt. Es gibt keine Zentralbank, die Bitcoins generiert und keine Bank, die Bitcoins an die Wirtschaft verteilt. Das System wird von einem im Wesentlichen nicht manipulierbaren und öffentlich ersichtlichen Computercode kontrolliert, der unter anderem bestimmt, dass es nicht mehr als ca. 21 Millionen Bitcoins geben kann. Jeder kann zum Erhalt des Systems beitragen, indem er Bitcoins schürft und niemand kann die Blockchain ohne Zustimmung des Netzwerks manipulieren.

Im Jahre 2010 wurden auf behördliche Anordnung die weltweiten Zahlungssysteme (Kreditkarten, PayPal, Western Union) für Wikileaks blockiert. Die einzige Möglichkeit, Geld für Wikileaks zu spenden, war über Bitcoins. Weil nämlich keine Behörde der Welt in der Lage ist, Bitcoin-Transaktionen zu blockieren.

Wenn also eine Währung dezentral sein kann, warum sollen andere Güter und Dienstleistungen nicht dezentral sein? Wie wäre es mit einem dezentralen und nicht manipulierbaren Grundbuch? Oder mit einem dezentralen Dienst wie AirBnB – aber ohne AirBnB? Wie wäre es mit einer echten Peer-to-Peer Versicherung, bei der mir ein nicht manipulierbarer Code garantiert, dass ich im Schadensfall automatisch die Versicherungssumme ausgezahlt bekomme?

Um die Umsetzung dieser Ideen für die Entwickler einfacher zu machen, wurden weitere Blockchains entwickelt, die teilweise auch in Konkurrenz zu einander stehen. Unter anderem wurde vom damals 18-Jährigen Vitalik Buterin im Jahre 2013 das Ethereum beschrieben; bereits im Juli 2014 wurden die ersten Ether (die Tokens bzw. die Währung von Ethereum) durch ein öffentliches Presale alloziert [1].

Wenn man die obige Analogie zum Internet fortführt, kann man Ethereum mit dem HTTP-Protokoll vergleichen. So wie sich mit HTTP und weiteren Protokollen das WWW zu seiner heutigen Größe und Schönheit entwickelte, so sollen auf Basis von Ethereum sogenannte distributed applications und smart contracts prosperieren – und damit die neuen, dezentralen Geschäftsmodelle ermöglichen. The DAO, die digitale Organisation hinter Ethereum, stellt ein neues Geschäftsmodell dar und wurde zum Vorzeigeprojekt der Ethereum-Plattform.

2 Decentralizied Autonomous Organization

„The DAO" [2] sollte die erste weitgehend bekannte Implementierung von „distributed autonomous organization" oder „Decentralizied Autonomous Organization", abgekürzt DAO werden. Die Idee dahinter ist, dass man die Regelungen, die eine Organisation ausmachen, in einer Blockchain abbildet und somit eine dezentrale Organisation schafft, die autonom (also automatisch diesen Regelungen folgend) agiert. Konkret soll „The DAO" wie eine dezentrale Crowdfunding-Plattform fungieren.

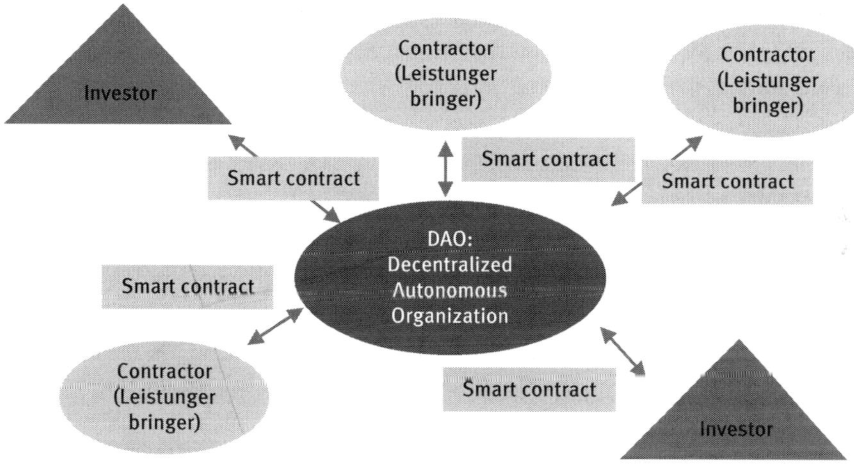

Abb. 1: Konzept einer DAO

Jeder kann Anteile an der The DAO erwerben, in dem er die entsprechenden DAO-Token, die im gewissen Sinne eine eigene kryptographische Währung darstellen, kauft. Mit jedem DAO-Token erhält er dazu proportional Stimmanteile, mit denen er über die Finanzierung einzelner Projekte abstimmen kann. Wenn ein Projekt angenommen wird, erhält er entsprechend seinem Stimmrechtsanteil die zukünftigen Erträge aus dem Projekt.

Zur Veranschaulichung lässt sich das mit Anteilen einer Genossenschaftsbank vergleichen, bei der die Teilhaber über die Kreditvergabe mitentscheiden können. Das Besondere bei The DAO sind aber die Anonymität, die Integrität und der Automatismus: Beim Erwerb von The DAO genauso bei der der Ausübung der Stimmrechte kann man völlig anonym bleiben. Außerdem stellt die Blockchain die Integrität des Codes und somit die Integrität bei Abstimmungsprozessen und Verteilung der Einkünfte aus den Projekten sicher.

Da die Blockchain öffentlich ist, kann jeder die Integrität validieren. Die Entwickler von The DAO haben betont, dass die Regelungen von „The DAO" ausschließlich auf der Blockchain abgebildet sind, somit soll „The DAO" tatsächlich eine dezentrale und autonome Organisation werden. Die dazugehörigen Webseiten, Blogs und ähnliches sollen nur informativen Charakter haben, die Regelungen sind aber im Code – und nur im Code –verankert. Der Code ist sozusagen das Gesetz.

Da der Code auf der Blockchain nicht manipulierbar sein darf, sollen auch die zugrundeliegenden Regeln unveränderbar sein. Das bedeutet: Jede Transaktion ist nur im Rahmen der ursprünglich definierten Regeln zulässig. Auch wenn es einen richterlichen Beschluss oder einer anderen Einwirkung von außen geben sollte, wären diese wirkungslos, wenn sie nicht den Regeln von „The DAO" entsprächen. Somit kann sich der Code von „The DAO" auch über gesetzliche und gesellschaftliche Regelungen erheben.

2.1 Der Automatismus

Der Abstimmungsprozess wird vom Code automatisch gestartet und abgeschlossen. Die Einkünfte aus den Projekten werden automatisch an die Anteilseigner verteilt. Da die Projekte selbst außerhalb der Blockchain ablaufen, ist zwar The DAO nicht zu 100 Prozent automatisiert und muss auf die Unterstützung sogenannter Kuratoren zurückgreifen. Dennoch gibt es eine enorme Steigerung des Automatisierungsgrads im Vergleich zu traditionellen Organisationsformen. Man stelle sich wieder die Genossenschaftsbank vor, bei der Statuten und Regeln in der Geschäftsordnung niedergeschrieben sind und automatisch ausgeführt und berücksichtigt werden. Auch der Gewinn wird automatisch an die Anteilseigner ausgeschüttet. Dieser Automatismus und diese Integrität der Regeln machen The DAO einzigartig.

Die Aussicht, bei einem The DAO-Projekt von Anfang an dabei zu sein und in spannende Projekte investieren zu können oder am Wertzuwachs von The DAO selbst zu profitieren, hat viele begeistert. Das Crowdfunding von The DAO wurde die erfolgreichste Kapitalsammlung aller Zeiten: Innerhalb von 28 Tagen wurden DAO-Tokens im Wert von über 150 Millionen US$ erworben. Insgesamt wurden über zehn Prozent aller verfügbaren Ether in The DAO investiert. Somit bekam The DAO auch eine große Gewichtung innerhalb des Ethereum-Ökosystems. Kurz nach dem Start von The DAO kam es aber zu mehreren Warnungen über eine Sicherheitslücke – wie beispielsweise wie von Professor Emin Gün Sirer von der Cornell University. Wenige Tage nach seiner Warnung [3], am 17. Juni 2016, kam es tatsächlich zu einem Angriff, bei dem ein Drittel der DAO-Tokens im Gesamtwert von über 50 Millionen US$ in eine Subentität von The DAO – in der Community als „Dark DAO" bezeichnet – abgezweigt wurde. Somit hatte The DAO plötzlich über ein Drittel ihres Kapitals auf einem eigenen Unterkonto geparkt – auf das sie selbst keinen Zugriff mehr hatte. Der Hacker konnte aber ebenfalls nicht sofort über diese Tokens verfügen, da entsprechend dem Code die Tokens in einer Subentität vorerst für vier Wochen gesperrt sind.

3 Der Hard Fork der Ethereum Blockchain

An dieser Stelle muss angemerkt werden, dass zwar The DAO gehackt wurde, nicht aber das Ethereum-Netzwerk. Da aber The DAO das Vorzeigeprojekt von Etherum war und noch dazu ein großer Teil der Ether-Token in DAO-Token gelockt worden war, wurden die Entwickler von Ethereum selbst involviert. Der Gründer Vitalik Buterin meldete sich dementsprechend schnell mit einem Lösungsvorschlag. Vereinfacht ausgedrückt hat er vorgeschlagen, zuerst mehr Zeit zu gewinnen, in dem durch ein „Soft Fork" sichergestellt wird, dass die DAO-Token auch nach Ablauf der vier Wochen nicht aus der Sub-DAO bewegt werden können. Danach sollte ein „Hard Fork" erfolgen und dadurch die Einträge in der Ethereum-Blockchain so angepasst werden, dass alle betroffenen DAO-Token an die ursprünglichen Inhaber zurückbezahlt werden können.

In der heutigen zentralisierten Welt wäre dies auch ein logischer Schritt. Wenn Software einen Fehler hat, wird der Fehler behoben und alle sind glücklich. Bei den Blockchains ist Dezentralität jedoch das Grundprinzip. Daher löste dieser Vorschlag heftige Diskussionen in der Ethereum- und sogar in der Bitcoin-Community aus. Einer der größten Versprechen der Blockchain ist für viele die „immutability" – also die Unveränderbarkeit. Wenn etwas in die Blockchain geschrieben wird, ist es für immer dort und keiner kann die Historie manipulieren. Damit wird unter anderem die Sicherung von Rechten an digitalen Gütern in der Blockchain beworben.

Das Blockchain Start-Up Everledger.io zertifiziert Diamanten und wirbt mit dem Slogan „PERMANENT. IMMUTABLE" auf seiner Webseite.

Nun stellt sich aber heraus, dass weder die Ethereum- noch die Bitcoin- Blockchain unveränderbar sind. Bei einem ausreichenden Konsensus der beteiligten Parteien kann man jede Blockchain, auch rückwirkend, verändern. Wenn eine Blockchain aber veränderbar wäre, würde dann ihre Value Proposition nicht zunichtegemacht? Für viele in der Community wurde der Vorschlag von Vitalik Buterin als Verrat an den Grundprinzipien von dezentralen Systemen, wie Ethereum oder Bitcoin, angesehen.

Dieser Auffassung war auch „The Attacker" selbst, also der vermutliche Hacker von The DAO. Er beteuerte, nichts Unzulässiges getan zu haben. Die Schöpfer von The DAO haben ja selbst immer behauptet, dass die einzigen gültigen Regeln im Programmcode von The DAO definiert sind. Wenn also der Programmcode eine Aktion zulässt, wie zum Beispiel den Transfer auf ein Sub-DAO, dann ist das laut diesen Regeln eine zulässige Aktion, auch wenn sie zu Lasten anderer erfolgt. „The Attacker" war sogar der Meinung, dass der „Hard Fork" – also die Rückabwicklung des Hacks – eine unzulässige Maßnahme bzw. ein Diebstahl wäre, da er selbst ja auf zulässige Weise in den Besitz der Tokens gekommen war. Außerdem kündigte er an, ein „Hard Fork" mit allen Mitteln zu verhindern – inklusive Bestechung der beteiligten Parteien.

Auch wenn er über die Tokens in der Sub-DAO noch nicht verfügen kann, hat er wahrscheinlich bereits vom Wertverlust von The DAO und Ethereum stark profitiert. Ether hat in den ersten zwei Stunden nach Bekanntwerden des Hacks über 400 Millionen US$ an Wert verloren, der Hacker hätte also mit Wetten auf den Wertverlust sehr viel verdienen können. Um seine Macht und seinen Einfluss zu demonstrieren, hat er in einem Slack-Kanal öffentlich angeboten, Bitcoins zu „spenden". Er wurde in diesem Kanal schnell gesperrt, konnte aber anscheinend bereits mehr als sechs Bitcoin, umgerechnet rund 3.500 Euro, „spenden".

Dennoch schien zumindest die Ethereum-Community – im Gegensatz zur Bitcoin-Community – den Vorschlag von Vitalik Buterin zu unterstützen. Einige sahen sogar die Ethereum-Plattform durch diese Aktion gestärkt, da man damit den Weg ebnen könnte, wie sich die Plattform in der Zukunft entwickeln könnte. Dabei wäre „immutability" auch nicht völlig verworfen, sondern eher durch „immutable by consensus" zu ersetzen. Um einen „Hard Fork" praktisch durchzuführen, bedarf es eines breiten Konsensus der beteiligten Parteien, der sehr schwer zu erreichen ist. In diesem Fall entschied sich die Community jedoch tatsächlich für den „Hard Fork".

Am 20. Juli 2016 wurden dann die ersten Blocks generiert, die die Attacke auf The DAO rückgängig machten. Damit kam es zu einer Gabelung des Ethereums in zwei Blockchains: Ethereum und Ethereum Classic – bei letzter wurde die Attacke nicht rückgängig gemacht. Die neue Ethereum-Blockchain erhielt die größere Unterstützung durch die Community, dennoch findet Ethereum Classic ebenfalls Unterstützer. Deren Währung ETC avancierte in der Folge des "Hard Forks" zur sechsgrößten Kryptowährung mit über 80 Millionen US$ Marktkapitalisierung zum 26. Juli 2017.

Dennoch sind die meisten Nutzer und Miner auf die „Hard Forked" Version umgestiegen und die Investoren von The DAO konnten ihre DAO-Token ohne Verluste in Ether umwandeln.

Mittlerweile stellen sich viele die Frage, ob Ethereum im speziellen und die Blockchain-Technologie insgesamt nicht unter dem "Hard Fork" gelitten haben. Sind Blockchains also doch manipulierbar – und wer entscheidet in Zukunft, ob wieder eingegriffen werden soll?

Die Antwort liegt möglicherweise bei der Community. Wie man in diesem Fall gesehen hat, ist es auch bei so einem schwerwiegenden Fall äußerst schwierig eine Zustimmung für ein Hard Fork zu finden. Außerdem wird es mit zunehmender Komplexität auch praktisch schwieriger, eine solche Anpassung durchzuführen.

Somit wäre Ethereum weiterhin ausreichend vor Manipulationen geschützt. Außerdem sehen viele im Hard Fork einen positiven Präzedenzfall, der die Kosten für zukünftige Attacken auf Ethereum erhöht. Je schwerwiegender die Attacke, desto größer die Wahrscheinlichkeit, dass es eine Reaktion gibt und sich ein Konsensus bildet, der das Ergebnis der Attacke zunichtemacht.

4 Wettbewerb ist gut fürs Geschäft

Das gilt auch für Kryptowährungen und die Blockchain. Es gibt inzwischen über 400 Kryptowährungen, die auf der Blockchain-Technologie basieren. De facto wird die Welt aber von Bitcoin mit über 10 Milliarden US$ Marktkapitalisierung dominiert. Ether gibt es seit weniger als einem Jahr, hat es aber bereits auf den zweiten Platz mit über 800 Millionen US$ Marktkapitalisierung geschafft. Die von Ethereum propagierten Smart Contracts stoßen auf großes Interesse von großen und etablierten Firmen. Die beiden scheinen aber unterschiedliche Philosophien zu verfolgen. Während die Bitcoin-Community an der Unveränderlichkeit des Bitcoin-Protokolls festhält, scheint Ethereum pragmatischer zu sein und bereit die Veränderungen voranzutreiben. Beides sind aber sehr junge Technologien, die noch viel Entwicklungspotenzial haben. Vielleicht stehen wir wirklich erst am Anfang und werden eine ähnliche Entwicklung sehen wie bei der Webtechnologie vor 20 Jahren. Und vielleicht hat das World Economic Forum [4] ja recht mit der Einschätzung, dass bis 2027 rund zehn Prozent des weltweiten BIP auf der Blockchain abgebildet sein werden.

5 Literatur

[1] „History of Ethereum — Ethereum Homestead 0.1 documentation“. [Online]. Verfügbar unter: http://ethdocs.org/en/latest/introduction/history-of-ethereum.html. [Zugegriffen: 18-Aug-2016].

[2] „The DAO - Home“. [Online]. Verfügbar unter: https://daohub.org/. [Zugegriffen: 18-Aug-2016].

[3] „A Call for a Temporary Moratorium on The DAO“. [Online]. Verfügbar unter: http://hackingdistributed.com/2016/05/27/dao-call-for-moratorium/. [Zugegriffen: 18-Aug-2016].

[4] WEF World Economic Forum, „WEF_GAC15_Technological_Tipping_Points_report_2015.pdf“. [Online]. Verfügbar unter: http://www3.weforum.org/docs/WEF_GAC15_Technological_Tipping_Points_report_2015.pdf#page=24. [Zugegriffen: 08-Okt-2015].

Autorenverzeichnis

Dr. Daniel Burgwinkel ist diplomierter Wirtschaftsingenieur und hat an der Universität St. Gallen zum Thema digitale Verträge promoviert. Aktuell führt er verschiedene Blockchainprojekte in den Bereichen Pharma und eHealth durch. Er ist Partner des Kompetenzzentrums Records Management und hat als Programm-Manager für globale Unternehmen wie Novartis, Credit Suisse und Vodafone gearbeitet (E-Mail: daniel.burgwinkel@blockchain.jetzt).

Romeo Kienzler ist Chief Data Scientist bei IBM Watson. Nach seinem Masterstudium an der ETH Zürich hat er sich auf verteilte, massiv parallele Systeme zur Datenanalyse konzentriert. Als Bitcoin Enthusiast ist er nun auch IBM Sachverständiger für das Thema Blockchain und Hyperledger (E-Mail: romeo.kienzler@ch.ibm.com).

Dr. Michael Merz studierte Informatik und Betriebswirtschaftslehre an der Universität Hamburg und promovierte dort zum Thema „Electronic Commerce". Im Jahr 2001 gründete er das Softwareunternehmen PONTON GmbH und leitet dieses als Geschäftsführer. Schwerpunktmäßig befasst er sich mit Fragen der B2B-Integration, des Energiehandels und der Entwicklung von Softwareplattformen für die Energiewirtschaft (E-Mail: merz@ponton.de).

Martin Ploom ist Senior Business Projekt Manager bei Credit Suisse in Zürich. Er ist Diplominformatiker und hat einen MBA absolviert und ist als Chartered Financial Analyst (CFA) zertifiziert. Er beschäftigt sich seit mehreren Jahren mit Bitcoin und Kryptowährungen (E-Mail: martin.ploom@credit-suisse.com).

Dr. Tarmo Ploom ist Enterprise Integration Architect bei Credit Suisse in Zürich. Er ist seit 2012 in Bereich Bitcoin und Blockchain aktiv und ist Mentor und Angel Investor für verschiedene Blockchain Startups (E-Mail: tarmo.ploom@credit-suisse.com).

Vladimir Tosovic ist Relationship Manager bei LinkedIn. Er ist ein Krypto-Enthusiast und hat unter anderem den ersten Bitcoin-Automaten in Süddeutschland aufgestellt. Außerdem hat er über 9 Jahre bei Swiss Re gearbeitet und beschäftigt sich aktuell mit den Projekten im Bereich Smart Contracts in der Erst- und Rückversicherung (E-Mail: vtosovic@linkedin.com).

Dr. Bruno Wildhaber ist Geschäftsführer des Kompetenzzentrums Records Management und Verwaltungsrat eines IT-Sicherheitsunternehmens. Er hat im Themenbereich Recht und IT promoviert und hat mehr als fünfundzwanzig Jahre Erfahrung im Bereich IT-Audit, Informationssicherheit und Information Governance (E-Mail: bruno.wildhaber@informationgovernance.ch).

Index